大学生职业生涯规划
理论、方法、云服务平台

戴良铁　余家军　著

Career Planning for College Students

Theory，Method and Cloud Service Platform

暨南大学出版社

JINAN UNIVERSITY PRESS

中国·广州

图书在版编目（CIP）数据

大学生职业生涯规划：理论、方法、云服务平台/戴良铁，余家军著．—广州：暨南大学出版社，2022.12

ISBN 978 - 7 - 5668 - 3529 - 1

Ⅰ.①大…　Ⅱ.①戴…②余…　Ⅲ.①大学生—职业选择　Ⅳ.①G647.38

中国版本图书馆 CIP 数据核字（2022）第 191795 号

大学生职业生涯规划——理论、方法、云服务平台

DAXUESHENG ZHIYE SHENGYA GUIHUA——LILUN FANGFA YUNFUWU PINGTAI

著　者：戴良铁　余家军

出 版 人：张晋升
责任编辑：曾鑫华
责任校对：刘舜怡　林玉翠
责任印制：周一丹　郑玉婷

出版发行：暨南大学出版社（511443）
电　　话：总编室（8620）37332601
　　　　　营销部（8620）37332680　37332681　37332682　37332683
传　　真：（8620）37332660（办公室）　37332684（营销部）
网　　址：http://www.jnupress.com
排　　版：广州市天河星辰文化发展部照排中心
印　　刷：广东信源文化科技有限公司
开　　本：787mm×1092mm　1/16
印　　张：16
字　　数：389 千
版　　次：2022 年 12 月第 1 版
印　　次：2022 年 12 月第 1 次
定　　价：49.80 元

自 序

自 1991 年在中科院心理所读博士起，我便将计算机软件开发与人工智能技术应用于人力资源管理中，先后开发了"博瑞人力资源管理集成化办公系统""人力资源管理云服务平台""镇选关人才测评 SaaS 系统"等。

在推广这些系统时，我接触到了"大学生职业生涯规划"领域的测评软件，发现这些测评软件仅限于一些心理测验，但对于这些心理测验的结果并没有合适的智能算法去具体指导大学生选择职业，因而开始关注这一领域。

在深入研究了大学生职业生涯规划的有关理论、方法后，我结合长期积累的云计算软件开发技术，带领团队开发了"大学生职业生涯规划云服务平台（择业宝）"（国家版权局计算机软件著作权证书号：9097824）。

在这个平台上，学生可便捷地开展自我认知（智力、职业能力、职业兴趣、职业价值观、成就动机、人格的认知）、能力水平判断（判断适合在哪个职业层级从事工作）、职业认知（各行业的特点、各岗位的职责与要求）、职业匹配度计算、职业能力不足判断与改进方法、拟定职业生涯规划书等操作，从而为学生的职业生涯规划提供指导。

本书及"择业宝"平台为广大学生与从事就业指导工作的教师提供了翔实的大学生职业生涯规划的理论、方法及在手机和电脑上可方便操作的云服务平台。

衷心祝愿每一位阅读本书及使用"择业宝"的学生能够有所收获，可以科学地规划自己的职业生涯，拥有一个光明灿烂的明天！

暨南大学人力资源管理研究所　戴良铁

2022 年 8 月 15 日

目　录

自　序 ……………………………………………………………………… 1

1　唤醒大学生职业生涯规划的意识 …………………………………… 1
　1.1　职业生涯规划的有关理论 ……………………………………… 1
　1.2　不同阶段大学生面临的困惑与误区 …………………………… 3
　1.3　大学生职业生涯规划云服务平台（择业宝）简介 …………… 6

2　自我认知 ……………………………………………………………… 9
　2.1　心理测验概述 …………………………………………………… 9
　2.2　心理测验工具的编制 …………………………………………… 11
　2.3　自我认知要做哪些心理测验 …………………………………… 13

3　职业认知 ……………………………………………………………… 18
　3.1　职业选择的宏观环境 …………………………………………… 18
　3.2　职业选择的微观环境 …………………………………………… 21
　3.3　职业分类 ………………………………………………………… 24

4　职业生涯规划决策 …………………………………………………… 34
　4.1　职业生涯决策的理论 …………………………………………… 34
　4.2　职业生涯规划决策的方法 ……………………………………… 35
　4.3　职业生涯决策的影响因素与主要任务 ………………………… 43
　4.4　大学生多元化的职业生涯目标 ………………………………… 47

5　大学生职业生涯规划书 ……………………………………………… 54
　5.1　职业生涯规划书的写作要点 …………………………………… 54
　5.2　职业生涯规划书的内容 ………………………………………… 55

6　职业生涯规划的实施与调整 ………………………………………… 63
　6.1　职业生涯规划实施的内涵 ……………………………………… 63
　6.2　大学生职业生涯规划实施的策略 ……………………………… 71
　6.3　大学生职业生涯规划的调整 …………………………………… 72

7　角色转换与就业准备 ·· 77
　　7.1　从学生到职业人的角色转换 ··· 77
　　7.2　做好求职与就业的准备 ··· 83
　　7.3　制作与投递求职简历 ·· 89
　　7.4　多种就业途径解析 ·· 94

8　企业招聘 ··· 98
　　8.1　企业人员招聘 ·· 98
　　8.2　企业人员甄选 ··· 107
　　8.3　大学生如何应对企业招聘 ··· 117

9　职业胜任力培养 ··· 123
　　9.1　职业胜任力 ·· 123
　　9.2　大学生职业胜任力培养 ··· 131
　　9.3　大学期间职业胜任力培养路径 ·· 133

10　职业生涯规划早期管理 ·· 135

11　大学生职业生涯规划云服务平台（择业宝） ····························· 147
　　11.1　择业宝单位用户操作指南 ·· 147
　　11.2　择业宝个人用户操作指南 ·· 211

参考文献 ··· 247

1　唤醒大学生职业生涯规划的意识

职业生涯规划是指基于个人和行业、岗位方面需要而制定个人职业发展目标与发展道路的活动。

职业生涯规划的内容主要包括职业选择、职业生涯目标（可分为人生目标、长期目标、短期目标）的确立、职业生涯路径的设计等，还包括与人生目标及长期目标相配套的职业生涯发展战略，与短期目标相配套的职业生涯发展策略等。

1.1　职业生涯规划的有关理论

学生设计构想自己的职业蓝图，尤其是在学校帮助学生建立职业规划之前，有必要先了解一些问题，如职业生活是怎样度过的？在什么阶段会碰到什么样的问题？我们怎样才能知道自己适合做什么工作？职业发展理论试图解答上述问题并成为职业生涯规划的理论指导。关于职业发展有若干理论，这里介绍的是职业发展阶段理论和"职业锚"理论。

一、职业发展阶段理论

职业发展阶段划分是职业生涯规划的一个重要内容。不同的学者有不同的观点，有的提出三阶段论，有的提出四阶段论，也有的提出五阶段、六阶段论。

职业生涯发展理论专家金兹伯格将人生职业生涯发展划分为三个阶段，即幻想期（11岁以前）、尝试期（11～18岁）和实现期（18岁以后）。从金兹伯格划分的三个阶段来看，他着重研究的是一个人的早期生涯发展。

职业生涯发展理论专家休普将人生职业生涯发展划分为四个阶段，即试探阶段（25岁以前）、创立阶段（25～45岁）、维持阶段（45～65岁）和衰退阶段（65岁以上）。维持阶段又分为成长与停滞两种状态，有的在此时期继续成长，有的在此时期停滞不前。

职业生涯发展研究领域权威人物萨珀将人生职业生涯发展划分为五个阶段，即成长阶段（0～14岁）、探索阶段（15～24岁）、创业阶段（25～44岁）、维持阶段（45～64岁）和衰退阶段（65岁以上）。探索阶段分为试探期、转变期、尝试和初步承诺期；创业阶段分为建立期和稳定期。

美国学者利文森将人生职业生涯发展划分为六个阶段，即拔根期（12～22岁）、成年期（22～29岁）、过渡期（29～32岁）、安定期（32～39岁）、潜伏的中年危机期（39～43岁）和成熟期（43～59岁）。

我国古代孔子根据自己的亲身经历，将人生十年作为一个阶段。孔子曰："三十而立，四十而不惑，五十而知天命，六十而耳顺，七十而从心所欲，不逾矩。"（《论语·为政》）其基本含义是：三十岁确立人生目标，四十岁就不会困惑了。五十岁会知道哪些事可以做，哪些事不能做，较客观地了解自己。六十岁则更能理解他人，判别是非，分清真假。七十岁便能随心所欲，任何念头都不越出规矩。

美国钢铁大王卡耐基也将人生每十年划分为一个阶段。他的观点是：变化的二十岁，充实的三十岁，成熟的四十岁，秋暮的五十岁。其基本含义是：二十岁至三十岁是变化期；三十岁至四十岁是充实期；四十岁至五十岁是成熟期；五十岁至六十岁是秋暮期。对此观点，有人认为把五十岁至六十岁定义为秋暮期，对于五十多岁的人来说，有点太伤感了，使人感到有点心灰意冷。这种观点确实不妥，但其每十年作为一个阶段还是有其道理的，值得借鉴。

以上划分各有其特点，对于不同的人有其不同的作用。因为，人生发展极为复杂，有的人的最高学历是高中，有的是大专，有的是本科，有的是研究生，其学历不同，参加工作的时间就不同。参加工作的时间不同，其生涯阶段的划分也就不同。即使是学历相同、同年毕业，每个人的发展速度也不一样。因此，职业生涯阶段的划分，宜粗不宜细。对职业生涯进行阶段划分，也只是提供一个粗线条的轮廓。每个人可根据自己的具体情况，划分自己的生涯阶段。

二、"职业锚"理论

"职业锚"是从麻省理工学院斯隆管理研究院毕业生的纵向研究中形成的。简而言之，"职业锚"指的是"自省的才干、动机和价值观的模式"。具体说，职业锚是指学生在日常学习、生活中逐渐对自我加以认识，从而发展出的清晰全面的职业自我价值观。

1. 职业自我价值观的内容

自我价值观主要包含三部分内容，这三部分内容共同组成"职业锚"：①自省才干和能力——以多种作业环境中的实际成功为基础；②自省的动机和需要——以实际情境中的自我测试和自我诊断以及他人的反馈为基础；③自省的态度和价值——以自我与雇用组织和工作环境的准则及价值观之间的实际遭遇为基础。

2. "职业锚"的特点

要明确"职业锚"的概念，还要了解其以下三个特点：

（1）"职业锚"定义工作价值观，对工作动机的概念更具体、更明确。"职业锚"产生于最初的工作价值观和工作动机，但又受到了学习、生活体验和自我认识的具体强化。

（2）"职业锚"强调了能力、动机和价值观的互动作用。我们可能喜欢某类职业，故不断提高能力，对此职业的擅长又使我们更喜欢自身的职业。或者，我们可能发现自己擅长某职业，渐渐培养起兴趣和感情，后来就越发精通了。职业取向中单独的动机、能力、价值观概念是意义不大的，重要的是突出三者相互作用的整合。

（3）"职业锚"概念倾向于寻求个人稳定的成长区域，它并不意味着个人停止变化或成长。"职业锚"本身会发生变化。

3. "职业锚"的类型

斯隆管理研究院的 E. H. 施恩教授总结出五种类型的"职业锚"，在此加以简要介绍。

（1）技术/职能型职业锚。此类人认为自己的职业成长只有拥有特定的技术或在特定的职能领域才意味着持续的进步。这些领域包括工程技术、财务分析、营销、系统分析等各种领域。比如，一个技术/职能型职业锚的财务分析员希望成为公司的会计或审计员，最高理想是成为公司的财务副总裁。他们只接受同自己的区域有关的管理任务，对全面管理则抱有强烈的抵触。在传统的由职能型向全面管理型职业发展的通道上，这一锚型的个体常常经历严重的冲突。为了不损害职业，他们通常无法拒绝一些全面管理工作，可是这使他们感到害怕或是心烦，无法胜任。

（2）管理能力型职业锚。此类人根据需要在一个或多个职能区展现能力，但他们的最终目标是管理本身。他们具有三种能力的强强组合：分析能力——在信息不全或不确定的情况下识别、分析和解决问题的能力。人际能力——能影响、监督、领导和操纵组织各级人员更有效地完成组织目标的能力。感情能力——能够为感情危机和人际危机所激励，而不会被打倒；能承担高水平的责任，而不是变得软弱无力；能使用权力而不感觉内疚或羞怯的能力。其他类型的人可能拥有一两项更强的单项能力，但是管理能力型职业锚的人拥有最完善的三项能力的组合。

（3）安全/稳定型职业锚。此类人追求稳定安全的前途，比如工作的安全、体面的收入、有效的退休方案和津贴等。他们仰赖组织或社区对他们能力和需要的识别与安排。为此他们会冒险，也愿意以高度服从组织价值观和准则作为交换。安全/稳定型职业锚的人可以区分出两种取向：有些人的安全感和稳定感来自组织中稳定的成员资格；而另一些人的安全、稳定源则是以地区为基础，包括定居、使家庭稳定和使自己同某一社团的感情稳定。

（4）创造型职业锚。此类人时时追求建立创造完全属于自己的成就。他们以自我扩充为核心，对创建新的组织、团结最初的人员、为克服初创期难以应付的困难废寝忘食却又乐此不疲。而一旦建成，他们就会因厌倦或不适应正规的工作而退出领导层，自愿或不自愿地让位于总经理。成功的企业家大多出自这种锚型，而他们大多无法成为出色的经理。

（5）自主/独立型职业锚。此类人追求的主要目标是随心所欲地制定自己的步调时间表、生活方式和工作习惯，尽可能少地受组织的限制和制约。他们可能是自主性较强的教授、自由职业者，或是小资产所有者、小型组织的成员。技术/职能型职业锚的个体也可以从事各种职业，但是他们可能很少为了自由而放弃晋升的机会，为了更高的地位、收入，他们可以自由的个人生活方式做交换。创造型职业锚的个体同样会拥有很多自主权，但他们关心的不是自由本身，而是全力以赴地建立自主的职业目标。

1.2　不同阶段大学生面临的困惑与误区

一、面临的困惑

根据埃里克森的心理发展观来看，18～25岁属于成年早期，此阶段心理发展的主要任务是获得亲密感以避免孤独感。埃里克森认为，这时青年男女已具备能力并自愿准备分担相关责任，以期最充分而满意地进入社会。这时，需要在自我统一性的巩固基础上获得共享的同一性，才能成就美满的婚姻而获得亲密感，但由于寻找配偶包含着偶然的因素，因此也孕育着害怕独身生活的孤独感。大学阶段刚好处于这个阶段，是大学生逐渐接触社会、步入社会的阶段；大学生如果无法获得共享的同一性，那么就会导致一些心理问题。

其主要表现如下：

1. 不适应带来的困惑

从中学时代走来，每位大学新生都面临着一个全新的世界。无论是生活环境、人际交往、学习方法还是个人社会角色，都面临着全面的适应与调整，而现代家庭舒适的生活条件、父母的过分关爱，使许多大学生缺乏独立生活和独立判断处理问题的能力。离开家乡熟悉的环境，大学生面临着依赖与独立的矛盾，同时又有理想与现实的落差。因此，大学新生的不适应主要有生活的烦恼、角色的困惑、学习的不适以及暂时的孤独。

2. 人际交往中的心理困惑

刚进大学的大学生处于一种渴望交往、渴求理解的心理发展时期，人际交往成了大学生活一个棘手的问题。在陌生的大学校园里，他们渴望人与人之间的交往，渴望获得友谊、获得亲密感，但同时有些大学生又不愿敞开心扉。有些大学生过分自负，在人际交往中目中无人；有些会因嫉妒而表现出强烈的排他性；有些又因为性格原因而害怕交往；还有些是因为缺乏相应的交际技巧与基本态度，经验不足，导致人际关系紧张。于是一系列的问题，如人际关系失调、社交恐惧、异性交往障碍等，层出不穷。

3. 恋爱的心理困扰

恋爱在当今大学校园中是一种很普遍的现象，从埃里克森的心理发展观来看，是可以理解的。但是有些大学生因为坠入爱河缺乏理性，从而陷入烦恼与困惑中不能自拔。许多大学生在恋爱问题上有很多说不明白的心理困扰。有些大学生因为缺乏勇气、自信与理智，被单相思折磨得万分痛苦；有些女大学生在男友有性冲动时不知所措；也有些同学因为失恋感到空虚绝望与孤独，从而产生抑郁、报复甚至自杀等不良心理与行为。

4. 自我意识的冲突与缺失

许多刚进大学的大学生，有着很强的优越感和自尊心，他们对自己的能力、才华充满自信，对未来充满信心，抱负高，成就欲强，但由于大学校园汇聚着全国各地优秀人才，多数学生会从中心角色向普通角色转换，昔日那种鹤立鸡群的感觉荡然无存，内心就会产生一种失落；加上社会对大学生的期望与要求比中学生高得多，而大学生的生活范围相对较窄，社会交往比较单一，缺乏社会阅历，对自我意识的参照点较少，从而形成了"理想我"与"现实我"的冲突，并带来一系列的心理缺失，如：虚荣、自负与任性；自卑、从众与逆反。

5. 择业压力引发的心理障碍

随着我国高等教育体制的改革，大学生已经走上自主择业的道路，这一方面给大学生带来更多的择业机会和更大的自由度，另一方面也给大学生带来极大的挑战与压力。2022年全国应届高校毕业生人数高达1 076万人。"智联招聘"发布的一项关于职场生存焦虑的调查数据显示，新冠肺炎疫情期间，57.7%的企业提高了人才招聘标准。超七成企业提高了岗位核心职责的要求，其中雇主最看重的三项核心加分技能包括沟通协作、心理抗压和数据处理。2020年以来，在新冠肺炎疫情冲击下，许多企业进行了人员精简与组织重构。调查数据显示，新冠肺炎疫情期间有15%的白领经历了企业缩招，12%的白领有被企业取消录用的经历。

随着高等教育进入新的发展阶段，毕业生人数年年攀升，加上受全球新冠肺炎疫情影响，大学生就业问题较严峻。而处于就业抉择期的大学生，若前期职业生涯规划准备不充分，职业生涯选择就会变得尤为艰难。之所以有些学生到大三、大四的职业生涯抉择期时仍然感觉很茫然，很大程度上是因为当初他们填报志愿时缺乏对自我的系统认识，入学后对个人、所学专业、职业缺乏足够的探索，逐渐习惯于每天的舒适圈，面对社会检验时，缺乏竞争力的他们焦躁起来，面对择业时，缺乏追梦精神的他们不知如何是好。而那些一开始就清楚自己优劣势，明晰自己未来目标的学生，沿着明确的行动路径，做好各个方面的准备，就会从容自信。由此可见，职业生涯规划起着至关重要的作用。

二、大学生职业生涯规划存在的问题

很多学生由于对所在高校专业的认识不足，导致了他们进校后对毕业去向不确定、对就业前景产生担忧，而不理解人才培养过程中的课程设置，进一步促使他们对学业、生活等各方面充满困惑。就业质量是衡量高校人才培养质量的重要指标，只有充分了解高校在人才培养过程中对核心能力的培养，充分挖掘学校、专业、个人的竞争优势，明确大学四年的行动路径，培养核心竞争力，才能有效实现职业生涯目标。

高校在人才培养定位上具有职业适应性和多样性的特点，在专业导向和专业设置上有适切性和灵活性的特点，在人才培养过程中具有实践性和跨领域合作的特点，在师资配备上具有多元性的特点，在课程体系上具有以职业能力培养为核心的特点。深化产教融合、产学研协同创新和改革人才培养模式，这些特色的突显对学生个体的职业生涯提出了更高的要求。它需要学生很好地将个人优势与学校优势相结合，将个人的发展目标与学校的培养定位和地区行业发展相结合，主动了解学校和区域行业发展，培养与行业发展相适应的能力，制定与行业发展相适应的职业生涯规划。

然而，大学生在进行职业生涯规划过程中仍存在一系列问题，主要表现在以下三方面：

1. 职业生涯目标模糊

大学生由于入学之前对大学生活缺乏必要了解，对高校缺乏基本认识，对自己上大学的目的也缺乏深入思考，加上难以快速适应从紧张的、按部就班的高中生活到自主安排、自我规划的大学生活转变，许多大学生缺乏职业生涯规划意识，一时不知如何进行职业生涯规划，也不知道从哪些地方着手准备，导致职业生涯目标模糊甚至缺失，更无法激发规划职业生涯的行动力。针对这类大学生，我们需要帮助他们树立职业生涯规划意识，明确上大学的目的，激发内在动力，进行职业生涯探索和准备，从而有效实施职业生涯规划策略。

2. 职业生涯决策茫然

高校里存在着一部分这样的大学生，他们很焦虑；这种焦虑来自理想与现实的差距，来自自我定位与外界定位的矛盾，来自个人兴趣与所学专业的不匹配等。他们对未来有想法，但由于信息不匹配或没有很好地将个人与周围环境、现实与未来准确对接，导致了做职业生涯决策时感到茫然和犹豫不决。针对这类大学生，我们有必要指导他们明确职业生涯目标，做出决策并付诸实施，提升他们的职业能力，并进行就业实践指导。

3. 职业生涯规划功利性强

大学阶段思考最多的应该是学习目标和职业生涯目标。但是，不少学生在报考时就选择热门且好找工作的专业。进入大学后，他们觉得部分课程不实用就进行自我筛选，择业时更是不愿意下一线、去基层，认为"钱多活少离家近"的工作才是首选。这样的学习目标和职业生涯目标都是从个人现实出发，这种充满理想色彩和功利色彩的职业价值观并不能使个人实现真正的职业价值。作为有学识、有技术的大学生，应该将个人的发展与行业的发展相结合，并与社会发展的需要相结合。

三、职业生涯规划书制定的误区

有些大学生在制定职业生涯规划书时，未能充分认识到这份规划书的重要性，使它未能充分发挥作用，这主要体现在以下几个方面：

1. 敷衍了事

有些大学生在制定职业生涯规划书时未能充分认识到职业生涯规划的重要性，态度不端正，敷衍了事。思想上的不重视导致行动上的敷衍和怠慢，对内缺乏对个人的深入思考，对外缺乏对宏观环境与微观环境的认识。同时，缺乏认真细致的规划导致了他们大学期间的迷茫和毕业时的失落。

2. 缺乏逻辑

有些大学生撰写职业生涯规划书时未能把握其内在逻辑关系，出现因果错位、资料不齐、结论不明、分析不全、措施不当的状况。

3. 目标模糊

有些大学生在制定职业生涯规划书时未能认真进行内外部探索和规划，目标模糊粗放，导致目标得不到落实。缺乏时间性和测量性的阶段性目标，永远只能停留在书面上，得不到有效执行和落实。

4. 缺乏针对性

有些大学生撰写职业生涯规划书时缺乏"对症下药"的阶段性目标和措施。这些针对性不强的阶段性目标和措施主要体现为"什么都想要"和"什么都没用"。以商科学生为例，"什么都想要"表现为规划书中的阶段性目标几乎囊括了常见的"教师资格证""初级会计证""证券从业资格证"等职业证书；"什么都没用"则表现为缺乏针对性的职业生涯实施措施，例如，立志从事人力资源管理类工作的学生却将考取一些与此职业不相关的职业资格证书作为职业生涯实施措施。

缺乏针对性的职业生涯目标和措施的根本原因仍在于未能对目标职业有深入而透彻的分析与了解。因此，深入了解外部职业环境也是许多大学生在制定职业生涯规划书时缺失的环节。当前，重视校企合作也是解决这类问题较合理有效的措施。希望同学们在日常生活中抓住机会多了解社会，多了解不同职业，从而做出合理有效的职业生涯规划。

1.3 大学生职业生涯规划云服务平台（择业宝）简介

"大学生职业生涯规划云服务平台（择业宝）"是笔者带领人资易数字科技公司的开发团队新开发的云计算软件。通过"择业宝"，学生可任意选择职业，系统会根据学生所完成的测评项目实时输出其测评结果与职业选择的匹配度，并提供发展指导意见，学生可从中选择适合自己的职业。

基本功能如下：

一、自我认知

学生可通过智力、职业能力、职业兴趣、职业价值观、人格特点等测验，全面了解自己。

（一）智力

智力主要指智力商数，即 IQ。

（二）职业能力

其包括：①空间知觉；②字词知觉；③逻辑推理；④数字计算；⑤言语理解。

（三）霍兰德职业兴趣

其包括：①现实型；②艺术型；③研究型；④社会型；⑤企业型；⑥常规型。

（四）职业价值观

其包括：①自由型；②自尊型；③支配型；④自我实现型；⑤志愿型；⑥技术型。

（五）大五人格测验

其包括：①外向性；②宜人性；③责任心；④稳定性；⑤开放性。

二、自身能力水平判断

学生可判断自身能力水平适合在哪个职业层级：决策层、高层、中层、基层、技能层、普通层。

三、职业认知

22 个行业，677 个典型职业（含岗位职责、岗位要求、对口专业），可谓职业查询百科全书。

四、职业匹配度计算

学生可根据"平衡单"全面评估各种职业对自己职业生涯的价值并排序。

五、职业能力不足判断与改进建议

学生可通过智力、职业能力的测验，分析能力不足之处，并给出职业能力提升的具体操作方法。

六、职业发展路径与指导书目

按照所选择的职业，平台在如何培养适合的职业兴趣、职业价值观等方面给出可参看的书籍建议。

七、大学生职业生涯规划书的撰写与实施

（一）环境与个人情况分析

其包括：①家庭环境分析；②学校环境分析；③行业环境分析；④职业环境分析；⑤企业环境分析；⑥个人情况分析。

（二）卡茨模式职业选择与排序

在面临多个职业选择时，平台使用"卡茨模式"职业决策方块作为工具，将每个职业在"回报"和"机会"两个维度的结果呈现在职业决策方块中，回报与机会乘积最大的职业，就具有最大的期望价值，并将各种职业期望值进行排序。

（三）平衡单法职业选择与排序

1. 确定职业决策要素

（1）自我精神，包括自己的能力、兴趣、价值观、心理需求（自尊、自我实现），生活方式的改变、成就感、自我实现的程度、兴趣的满足、挑战性、社会声望的提高、发挥个人的才能等；

（2）自我物质，包括升迁机会、社会地位、工作环境、工作发展前景、工作内容、休闲时间、生活变化、对健康的影响、足够的社会资源、能提供的培训机会、就业机会等；

（3）外在精神，包括父母、师长、配偶、家人的支持；

（4）外在物质，包括家庭经济收入、择偶及建立家庭、与家人相处的时间、家庭地位。

2. 要素赋权

根据不同权重对决策要素进行赋权。

3. 打分

根据"职业决策要素"给每个职业方案打分，得分越高，该职业方案就越适合。

4. 排序

根据各个职业选择方案的得分进行排序。

2 自我认知

大学生做职业规划应该先从自我认知开始，即通过心理测验的方式了解自己的智力、职业能力、职业兴趣、职业价值观、成就动机、人格特点。

2.1 心理测验概述

心理测验是现代人才测评过程中一种非常重要的技术手段，它是经过科学研究后而精心设计的产物，被广泛运用于人力资源开发与管理的各个领域。心理测验的思想和实践可以追溯到 2 000 多年前的春秋时期，我国古代教育家孔子在《论语》中提出"中人以上，可以语上也；中人以下，不可以语上也"。这是对学生的个别差异层次的评价，并且将学生分为中人、中人以上、中人以下三个级别。隋末出现的科举制度可以说是现代人员选拔测验的雏形，但真正意义上的心理测验是 20 世纪初才发展起来的。

一、心理测验的含义

对于心理测验的定义，目前存在许多不同的阐述。F. A. Brown 认为"所谓测验，是对一个行为样组进行测量的系统程序"；陈选善认为"测验是一个或一群标准的刺激，用以引起人们的行为，根据此行为以估计其智力、品格、兴趣、学业等"；而现在普遍使用的是 A. Anastus 对于心理测验的定义，他认为"心理测验实质上是对行为样组的客观和标准化的测量"。虽然上述三个定义的侧重之处各不相同，但综合起来，可以归纳出心理测验的三个要素：行为样组、标准化、客观性，行为样组的代表性和测验程序的标准化都是为了保证心理测验的客观性。

二、心理测验的分类

心理测验是以一些测验题来间接测量人的智力、能力、成就、人格等心理特性中的个体差异的测量方法。它是一种科学与经验有机结合的方法，其特征是：针对评价目标，通过定性、定量的方式对人的能力、个性等心理特征进行测试、分析和评价。根据不同的标准和途径，可将心理测验分为以下几种不同的类型。

（1）个别测验：指主试在进行心理测验时，一次只能给一个被试进行测验。

（2）集体测验：指主试在进行心理测验时，一次可以给很多的被试进行测验。

（3）速度测验：指主试在进行心理测验时，每一次的测验都在规定的时间内完成，时间一到，测验一律停止。

（4）难度测验：指主试在进行心理测验时，难度测验的题目比速度测验的题目难度大，被试需要多长时间，主试就给予多长时间。

（5）书面测验：指主试在进行心理测验时，把试题印在纸上，被试的答案也写在纸上。

（6）操作测验：指主试在进行心理测验时，要求被试以操作的形式呈现。主试通过观察来评定被试某一种或几种能力。

三、心理测验的基本方法与一般程序

心理测验的基本方法是依据对评价目标的分析，进行合理的结构分解，并分别予以测试度量，再依据结构关系合成各方面的测量结果，从而形成对人员的分析评价结论，供服务对象使用。

一般的程序是：目标确定→测验项目的编选→预备实验→原始测验的研究及修正→标准化与信度、效度的检验→常模的设立→测评实施→数据处理→综合分析→提供咨询结果和服务。

四、心理测验的作用与功能

心理测验具有两种最基本的功能：①诊断：测量出个体心理特性方面的差异，以判断其是否适合某种职业；②预见：预测不同人在将来的职业活动中所表现出来的差别。

心理测验在人力资源中有如下六方面的应用：

1. 人员选拔中的心理特点评估

不同的组织由于其结构、性质、规模等不同，其所要求的职位、工作也不一样，要使组织和谐、高效地运转，除了管理等因素外，选拔或安置合适的工作人员也十分重要。由于工作不同，其对人的心理特点的要求也就不一样。评估人的心理特点可以有效地提高人岗匹配度。组织通过对候选人进行评估，可以为人员选拔提供有效的甄选信息。对人的心理特点的测量主要涉及两个方面：①一般心理品质测量，主要指智力、个性等；②专业知识和特殊能力测量。这些心理特点的测量都要借助一些经典的心理测验。

2. 员工选拔

组织通过员工测评，可测出员工的领导类型、工作能力、职业兴趣、个性特点等，从而为员工选拔提供了基本数据。此外，对员工人格类型的测量也能为组建工作团队提供参考，将最匹配的人员安置在一个团队，有利于提高团队的工作效率，创造和谐的工作氛围。

3. 人员资源调查

对组织内人力资源的构成和分布的了解，是进行有效人力资源配置的重要前提。识别潜在人员，提供人员资源结构状况分析信息，能够勾画出人员结构分布图，发现不合理配置时及时调整，以顺应组织的战略发展趋势。

4. 人员培训

在许多情况下，选拔的新员工在上岗前或老员工在重新安置前都要进行专门的培训，以使他们能尽快提高工作技能、了解工作任务，做好工作，因此培训或选拔安置的有效性是一个值得考虑的问题。组织通过心理测验识别人员的发展潜力和发展局限性，了解人员的个性发展机制，然后在此基础上拟定培训方案，有针对性地实施培训。

5. 职位安排

"人尽其才"是人才选拔与安置最基本的原则，也就是根据个人的特质安排相应的岗

位。心理测验不仅可以测量出个人的特质，其测验结果还可以为人才选拔和安置提供参考依据，实现人岗匹配的目标。有了人员测评的数据，就可根据人员的特点进行科学的职位安排。

6. 为心理辅导和心理咨询服务

目前，心理测验已经成为开展心理辅导和心理咨询的重要程序之一。实施心理测验不仅可以帮助当事人发现自身情绪困扰和心理障碍的原因，还有利于其自身潜力的发掘，这对被试的升学、择业等都具有非常重要的参考价值。

五、心理测验的意义与目的

当今社会已把人力资源作为一种最宝贵的资源来看待。企业的竞争，最终集中到对人力资源的竞争。从经济学观点来看，人力与物力都是经济发展中不可缺少的资源或资本。人的体力、智力、能力、知识、技能以及积极性、主动性、创造性等，都是宝贵的财富，同时又是创造财富的资本。因此，活用这些人力资源已是当今世界各国发展经济最重要的方面之一，也是参与国际竞争最重要的条件之一。

由于人与人之间在能力、兴趣、个性、知识、经验等方面都存在着个体差异，因此，他们所能发挥作用的领域、范围和效能的大小也各不相同。只有根据工作任务的性质要求和个人的特长进行合理的安置，方能使人的才能得到充分的发挥，激发人的工作积极性，提高生产效率，增加工作满意度，培养职工对组织的热爱和忠诚，从而达到对人力资源的充分利用。

如何达到此目的呢？这就要借助有关人的个体差异的科学理论和方法，研制出各种测量工具，以便对人的职业能力、职业兴趣和职业人格等心理品质和特性进行科学而客观的评价，心理测量学则能提供这样的方法和工具。

2.2 心理测验工具的编制

心理测验工具的编制，涉及人事心理学、心理测量学、心理统计学等专业知识和技能。测验的编制过程，叫测验的标准化过程。它要求以标准化的程序进行，并按标准化的程序去使用。这种经过标准化的测验，才具有实际使用价值。另外，需要特别指出的一点是，使用者（主试）必须经过专门的培训才能真正掌握心理测验工具的操作并对测验结果做出正确的解释；否则，会出现极大的偏差，造成极为不良的后果。

一、标准化的测评工具必须满足的条件

1. 有效的问卷

按照测验的性质，选定能代表所要测定的心理特性或行为特征的问卷。这样的问卷需要通过项目分析才能得到。

2. 测验的常模

根据被试集团的标准化样本施测，可获得一个具有代表性的结果，就叫常模，作为评判个别差异的依据和进行比较的标准。所测集团的标准化样本的平均值，通常被视为该测验的常模。因标准化时选取的样本不同，常模的种类也不同。最常见的有年龄常模、性别常模、全国常模、地区常模等。

3. 必须通过信度与效度检验

这是决定一个测验是否有效的最重要条件。信度是指测量结果的可靠性或一致性。信度只受随机误差的影响，随机误差越大，信度越低。效度是指测验结果的正确性、有效性程度，即测量工具能测出其所要测量特质的程度。效度越高，测量工具与所测特质的对应程度越高。

4. 实施方法标准化

标准化是指测验的编制、实施过程、计分方法、结果解释都要有严格的标准，要保证测验的条件对所有的被试都相同、公正，不论谁都必须以规定的方法施测。为此，要编制出测验手册，注明实施方法、指导语、施测时间等。

5. 计分标准明确

不同的计分者对于同一被试的同一份测验答案的计分方法和计分结果是一样的。此外，原始分数的计算、原始分数向其他分数的换算以及如何使用常模来解释分数等，都应在测验手册中加以详细的规定。

二、标准化测验的编制过程

1. 确定测验目的与对象

不同的测验有不同的目的，测验的编制程序由于其目的不同而不同，明确测验目的是编制测验最基本的步骤。

2. 测验项目的编选

任何一个测验都是按照各自目的编制的。根据所确定的测验目的，确定测定目标。接着，就要分析这些测定目标所包含的心理过程或心理特性。要甄选企业管理人员，就要分析作为企业管理者应具备哪些心理品质和行为因素。这种分析是测验编制的出发点。为了测定这些因素和内容而去设计和选择测量项目，从而编制出测验的原始方案。

在编制测验草案的过程中，应考虑以下几点：①测验的长短，即问卷的项目数和所需时间测验的长度与测验的整体信度有一定的关系。②测验草案的试行中应该准备的问题项目数。根据预备测验的结果，肯定会有些项目是不适合的。因此，作为草案所准备的项目，应远比正式测验所预定的项目数多得多。③测定使用什么样的问题形式。④取分标准：确定各个测验的原始得分及综合分数的标准。

3. 预备实验

一个原始测验编成后，要在少数的特定团体内进行试测，以检验问卷项目的合适度、困难度、所需时间等。试测人数为 500～1 000 人即可，一般选择与适用对象相近的集团进行这种试测。

4. 原始测验的研究及修正

根据预备测验的结果，留下有效的项目，舍去或修订不适当的问题项目，对原始测验进行修正，定出正式测验的问题项目。所谓测验中好的项目，必须具备以下性质：

（1）好项目不是多义的和模棱两可的。对于问题的解释只能有一个，正确答案很明确。提问的方法能使解答者清楚地知道所要求的是什么。

（2）好的项目使测验编制者能正确测定所要测验的项目。这就是所谓测验项目的效度问题，它可以通过项目分析来实现。一个测验要排除测定项目以外的不合适因素，其方法之一就是考察其内部一致性。如果一个项目所测定的内容相同，则该项目与测验全体的得分相关度应该是很高的。根据两者相关值的大小，可以数量化地表示各个项目的好坏。

（3）好的项目对所有的被试来说，应尽量以相等的经验和环境为前提。比如智力测验，由于特殊经验和教育以及环境的影响，使智力发展产生差异。因此，与这些有关的内容不应包括在问卷项目中，而应使用对被试来说都一样的全新经验的问题，或者过去经验和环境的影响对任何被试都相等的材料。

（4）好的测验项目应具有适当的困难度。

5. 正式测验的实施

测验项目做成之后，就要制定出实施这个测验时所必须注意的事项。测验手册应包括给被试的指导语、时间限制、取分法、得分的解释等。从该测验所使用的集团中选定代表性的对象（样本集团），对其实施测验。抽样施测时应考虑：①为了建立常模，所使用的人数是否充分；②这个集团作为样本是否代表了全体适用对象。样本人数过少，所得到的常模很可能不正确，人数过多又造成不必要的浪费。

6. 常模的建立

根据正式测验的结果，可以按年龄类别、地区类别等进行整理，定出常模，这就是样本的平均分。个人的得分可以同这个常模进行比较，以判断其成绩好坏。

7. 标准化、客观化及信度与效度的检验

（1）标准化：指进行心理测验时，测验的条件和程序要始终保持一致，保证所有人在完全相同的条件下接受测验。每个测验必须有自己的标准程序，每次测验必须严格按照标准程序进行。例如，给予所有被试相同的指导语，控制相同的测验时间，在相似情况下进行测验等。将国外的心理测验引进本国时，由于民族、文化、社会条件的不同，往往也需对该测验进行标准化后才能使用。

（2）客观化：指评定心理测验的成绩时，要按统一的客观标准给予评分，而不要受评分人的个人偏见影响。

（3）信度与效度：信度是指测验的可靠性，是衡量测验质量高低的重要指标之一；效度是指测验的有效性，它衡量的是一个测验测量某种特质的正确性和准确度。信度一般只与随机误差有关，而效度与随机误差和系统误差都有关。

对心理测验应该具备的必要条件加以检查，这种过程叫测验的检验，即用各种方式对测验的信度、效度等进行检验。其结果记载在测验手册中，可以据此作为评价测验的客观材料。

2.3　自我认知要做哪些心理测验

"择业宝"为大学生自我认知提供了以下五项心理测验：①瑞文智力；②职业能力；③霍兰德职业兴趣；④职业价值观；⑤大五人格。

一、瑞文智力

瑞文标准推理测验（Raven's Standard Progressive Matrices，SPM）是英国心理学家 J. C. Raven 在 1938 年设计的非文字智力测验。我国于 1985 年开始修订，本书使用的版本为 1996 年修订版（CRT）。

该测验的优点是适用年龄范围广（5 岁至成人），测验对象不受文化、种族和语言的限制，并适用于生理缺陷者。测验使用方便，省时省力，结果解释直观简单，有较高的信度和效度。

本测验共有 72 道题，分 6 组，每组 12 题，每组难度逐步增加，每组内部题目也是由易到难排列。每组题目所用解题思路基本一致，而各组之间则有差异。本测验可以测定知觉辨别、图形比较、图形想象、类同、比较、图形组合、推理、系列关系、图形套合和互换等推理能力。一般来说，完成前面的题目对解决后面的题目有帮助，完成先前一组题目也对后面各组题目的解答有学习效应，这正是题目排列的用意所在。

二、职业能力

职业能力是指人们从事某种职业的多种能力的综合。职业能力测验则是指通过某些能力测验来预测被试的职业定位以及适合的职业类型。

"择业宝"的职业能力测验分为以下五项：

（1）空间知觉，包括 3 项测验：①相同图案；②图形组合；③立体图案。

（2）字词知觉测验，包括 3 项测验：①字符差异；②完成句子；③同义词、反义词。

（3）逻辑推理。

（4）数字计算与数量关系判断。

（5）言语理解。

三、霍兰德职业兴趣

兴趣是个体力求认识某种事物和从事某项活动的意识倾向，在职业活动中则被称为职业兴趣。霍兰德将职业兴趣定义为喜欢且持久的一种取向，是了解一个人的职业和教育行为的有用工具。我国学者也对职业兴趣的定义做出了界定。我们通过总结可以看出，职业兴趣是职业活动与兴趣的结合，并表现出选择性的态度和积极的心理反应。职业兴趣在发展的过程中受个体人格和心理特征的影响，并表现出极大的年龄差异。

职业兴趣不仅影响个体的职业方向选择，还有助于探索和激发个人的能力，增强职业适应性。而在学生群体中则更多地体现为对所学专业的好恶、升学还是就业的抉择以及未来的工作走向。

霍兰德认为，个体对职业的选择不仅取决于自身的动机和爱好，更重要的是受到兴趣和人格因素的影响。霍兰德的职业兴趣理论是以人格类型学说为基础的，并将职业兴趣分为社会型、企业型、常规型、现实型、研究型、艺术型六种类型（如图 2-1 所示）。

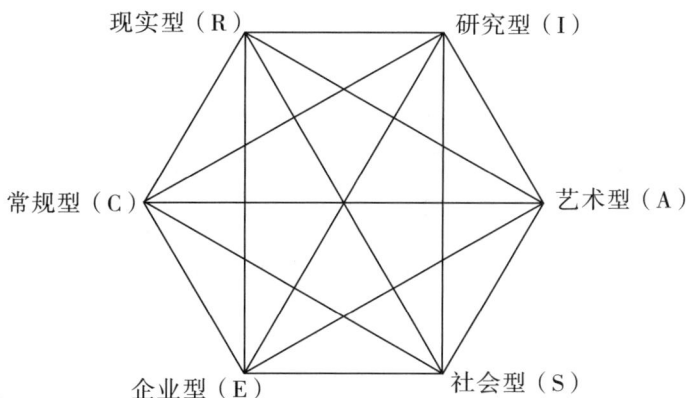

图 2-1 霍兰德的六边形结构模型

1. 社会型（S）

共同特征：喜欢与人交往、不断结交新的朋友、善言谈、愿意教导别人。关心社会问题，渴望发挥自己的社会作用。寻求广泛的人际关系，比较看重社会义务和社会道德。

典型职业：喜欢做与人打交道的工作，能够不断结交新的朋友，从事提供信息、启迪、帮助、培训、开发或治疗等事务，并具备相应能力。如：教育工作者（教师、教育行政人员）、社会工作者（咨询人员、公关人员、人力资源经理）。

2. 企业型（E）

共同特征：追求权力、权威和物质财富，具有领导才能。喜欢竞争、敢冒风险、有野心和有抱负。为人务实，习惯以权力、地位、金钱等来衡量做事的价值，做事有较强的目的性。

典型职业：喜欢做要求具备经营、管理、劝服、监督和领导才能，以实现机构、政治、社会及经济目标的工作，并具备相应的能力。如：项目经理、营销总监、政府官员、企业领导、法官、律师。

3. 常规型（C）

共同特征：尊重权威和规章制度，喜欢按计划办事，细心、有条理，习惯接受他人的指挥和领导，自己不谋求领导职务。喜欢关注实际和细节情况，通常较为谨慎和保守，缺乏创造性，不喜欢冒险和竞争，富有自我牺牲精神。

典型职业：喜欢要求注意细节、精确度，有系统、有条理，具有记录、归档、依据特定要求或程序处理数据和文字信息的职业，并具备相应能力。如：秘书、记事员、会计、出纳员、行政助理、图书馆管理员、编辑、打字员、投资分析员。

4. 现实型（R）

共同特征：愿意使用工具从事操作性工作，动手能力强，做事手脚灵活，动作协调。偏好于具体任务，不善言辞，做事保守，较为谦虚。缺乏社交能力，通常喜欢独立做事。

典型职业：喜欢使用工具、机器，需要基本操作技能的工作，对要求具备机械方面才能、体力或从事与物件、机器、工具、运动器材、植物、动物相关的职业有兴趣，并具备相应能力。如：技术性职业（计算机硬件人员、摄影师、制图员、机械装配工）、技能性职业（木匠、厨师、技工、修理工、农民、一般劳动工作者）。

5. 研究型（I）

共同特征：思想家而非实干家，抽象思维能力强，求知欲强，肯动脑，善思考，不愿动手。喜欢独立的、富有创造性的工作。知识渊博，有学识才能，不善于领导他人。考虑问题理性，做事喜欢精确，喜欢逻辑分析和推理，喜欢不断探讨未知的领域。

典型职业：喜欢智力的、抽象的、分析的、独立的定向任务，具备智力或分析才能，并将其用于观察、估测、衡量、形成理论、最终解决问题的工作，并具备相应的能力。如科学研究人员、教师、工程师、电脑编程人员、医生、系统分析员。

6. 艺术型（A）

共同特征：有创造力，乐于创造新颖、与众不同的成果，渴望表现自己的个性，实现自身的价值。做事理想化，追求完美，不重实际。具有一定的艺术才能和个性。善于表达、怀旧、心态较为复杂。

典型职业：喜欢的工作要求具备艺术修养、创造力、表达能力和直觉，并将其用于语言、行为、声音、颜色和形式的审美、思索和感受，具备相应的能力。不善于事务性工作。如：艺术方面的职业（演员、导演、艺术设计师、雕刻家、建筑师、摄影家、广告制作人），音乐方面的职业（歌唱家、作曲家、乐队指挥），文学方面的职业（小说家、诗人、剧作家）。

四、职业价值观

职业价值观是指人生目标和人生态度在职业选择方面的具体表现，也就是一个人对职业的认识和态度以及他对职业目标的追求和向往。

职业价值观一般分为六种类型：

1. 自由型

特点：不受别人指使，看重自由和独立，凭自己的能力拥有自己的工作特长，能充分显示本领。

职业：室内装饰专家、图书管理专家、摄影师、音乐教师、作家、演员、记者、诗人、作曲家、编剧、雕刻家、漫画家等。

2. 自尊型

特点：关心地位、声誉和头衔，受尊敬的愿望很强。

职业：会计、银行出纳、法庭速记员、成本估算员、税务员、核算员、打字员、办公室职员、统计员、计算机操作员、秘书等。

3. 支配型

特点：想当组织上的一把手，喜欢解决问题，希望能够领导和控制别人，飞扬跋扈，无视他人的想法，且视此为无比快乐。

职业：推销员、进货员、商品批发员、旅馆经理、广告宣传员、调度员、律师、政治家、零售商等。

4. 自我实现型

特点：对诸如平常的幸福、一般的惯例等毫不关心，一心一意想发挥个性，追求真理，不考虑收入、地位及他人对自己的看法，尽力挖掘自己的潜力，施展自己的本领，并视此为有意义的生活。

职业：气象学者、生物学者、人文学家、药剂师、动物学家、数学家、实验员、科研人员、科技工作者等。

5. 志愿型

特点：富于同情心，乐于助人，把他人的痛苦看作自己的痛苦，不愿干表面上哗众取宠的事，是把默默地帮助不幸的人视作无比快乐的公益事业的热心人。

职业：社会学者、导游、福利机构工作人员、咨询人员、社会工作者、社会科学教师、护士等。

6. 技术型

特点：认为立足社会的根本是要有一技之长，总是围绕自己正在从事的工作进行挑战，因此，他们都用心钻研一门技术，并认为靠本事吃饭既可靠，又稳当。

职业：木匠、农民、操作 X 光的技师、工程师、飞机机械师、野生动物专家、自动化技师、机械工（车工、钳工等）、电工、火车司机、长途公共汽车司机、机械制图员。

五、大五人格

1949 年，菲斯克从卡特尔的词汇表中选出了 22 个用于分析，他对比了在这些特质上自我评定和同伴评定、心理咨询师评定之间的关系，发现有五个因素总是最先出现在列表上，这就是后来的大五人格因素。十几年后，由两位心理学家组成的研究小组检验了包括大学生和空军职员在内的 8 个样本的数据，也发现了同样的五个因素。随后多年，在更大范围的样本研究中，大五人格因素一直被不断地重复发现，直至成为一个西方心理学界公认的人格特质模型。

这五个因素是：

1. 外向性

高分特点：爱交际，表现出精力充沛、乐观、友好和自信。

低分特点：含蓄、自主与稳健。

2. 宜人性

高分特点：乐于助人、可靠、富有同情心，注重合作而不是竞争。

低分特点：为人多疑，喜欢为了自己的利益和信念而争斗。

3. 责任心

高分特点：做事有计划、有条理，并能持之以恒。

低分特点：马虎大意，容易见异思迁，不可靠。

4. 稳定性

高分特点：自我调适良好，不易出现极端反应。

低分特点：容易因为日常生活的压力而感到心烦意乱。

5. 开放性

高分特点：喜欢新事物，独立思考，不墨守成规。

低分特点：比较传统，喜欢熟悉的事物多过喜欢新事物。

3 职业认知

职业选择的影响因素有很多。不同的学者对影响因素有着不同的分类，这里主要将职业选择的影响因素划分为内部因素和外部因素。

个人特质和家庭因素为内部因素，个人特质主要指个人在性格、职业兴趣、能力、价值观等方面的特点；家庭因素主要包括家庭社会关系和家庭背景，通过为个人提供经济支持和对职业的初步认知的形式影响学生的职业选择。绝大多数的家长会引导孩子选择长辈熟悉的职业。

学校因素和社会因素为外部因素。社会因素包含经济发展状况、社会资本、人力资本、政策法规、社会舆论等。社会政治、经济和文化的发展决定个体发展的方向和进程。学校因素是指学校中的专业学习、同伴学习、生活环境等也会影响学生的职业认知、职业选择等。人力资本理论认为，教育促进个人人力资本的增长，进而提高个人的就业能力和收入水平。其中，大学的类型、层次和声誉作为一种平台发挥了品牌效应，也作为一种教育力量促使人力资本的增长，从人力资本的角度看，学校作为一种外在力量发挥着作用。

3.1 职业选择的宏观环境

1999年以来，随着全国高校扩招，高等教育逐步由精英教育转向大众教育，大学生人数逐年递增，大学生的就业环境发生改变，就业竞争日益激烈，就业形势愈发严峻。"自主择业、双向选择"使得大学生同资金、技术等生产要素一样，成为人力资源的重要组成部分，主要依靠市场来选择、配置和优化。随着我国经济体制改革的不断推进，大学生就业市场逐步确立，大学生就业的宏观环境也发生了诸多变化。因此，大学生应及时了解影响其职业生涯发展的宏观环境，敏锐捕捉就业市场的契机和变化，才能少走不必要的弯路，从容应对变革与挑战，顺利实现职业理想。

宏观环境由那些较大的、影响整个微观环境的社会因素构成，包括人口的、经济的、自然的、技术的、政治的和文化的因素。下面仅从经济制度、就业市场、不可控的危机、行业更新、新就业形态五方面来分析职业选择的宏观环境。

一、经济制度

改革开放后，我国形成了社会主义初级阶段的基本经济制度：以公有制为主体，多种所有制经济共同发展。这也决定了大学生基本的就业市场。

公有制经济主要包括国有经济、集体经济和混合所有制经济中的国有成分和集体成分。国有经济的主导作用体现在控制力上，大型国有企业有中国石油、中国建筑、中国工商银行等。集体经济是社会主义公有制经济的重要组成部分，华西村、南街村等作为地方集体经济，在实现全体人民共同富裕方面发挥了重要作用。但是随着近年来的改制，许多集体经济发生了重大变化，如海尔等的前身是集体经济的代表，目前已走向了新的方向，而以农村和城镇为代表的集体经济在社会主义建设上发挥了独特作用。混合所有制经济中的国有成分和集体成分是近年来大部分企业改革的方向。中国平安作为中国混合所有制企业，在2021年《福布斯》上市企业排名中位列第六，足见混合所有制企业在推进产业结构优化和升级中的作用。

非公有制经济已经成为我国社会主义市场经济的重要组成部分，在我国社会主义初级阶段，非公有制经济主要包括个体经济、私营经济和外资经济。个体经济作为吸引大学生创业的初步平台，在大学生创业初期发挥了主要作用。私营企业以营利为目的，虽然影响了大部分大学毕业生的就业选择，但是以华为、美的等为代表的优秀民营企业，给大学生的就业选择带来新取向。外商投资企业是经国家批准在我国境内合法开办的企业，主要包括中外合资经营企业、中外合作经营企业和外商独资企业三种形式，如宝洁、上海大众等。

从单位性质分布看，企业是吸纳毕业生就业的主要单位，2021年在已确定工作单位的毕业生中，大约有四分之三（73.8%）去了企业。其中，民营企业的占比最大，吸纳了毕业生总人数的35.2%；国有企业的占比排在第二位，为25.0%；"三资"企业占比为6.6%。显然，民营企业吸纳应届毕业生的就业比重超过三分之一，是吸纳就业的主要载体。

二、就业市场

大学生就业市场是社会主义市场经济体制下劳动力市场的一个重要组成部分，也是高校毕业生就业制度的重要参考依据。大学生就业市场，从狭义上来说是毕业生求职择业和用人单位选拔人才的场所，从广义上来说是毕业生在就业过程中涉及的各种关系的总和。大学生就业市场是以高校毕业生为对象的初次就业市场，包括供给方、需求方、中介组织与就业信息资源等要素。

以往影响大学生择业的重要因素如专业、兴趣、关系网等均属个人因素。如今，经济制度改革、就业市场变化、新兴行业发展等外在因素越来越影响大学生的职业选择。如互联网、新媒体作为近年来的热门行业，极大吸引了大学生的注意力。高校的出现正是高等教育为适应新形势、新变化而做出的在供给方面的结构性改革，高校的人才培养从学术型向应用型转变，专注于为经济转型升级培养人才。因此，高校大学生应更加注重就业导向，关注就业方向，明确自身的职业定位。

从2020年应届生求职趋势报告看，文化旅游行业岗位在当年迅速增加。选择文化、体育、影视、电竞、教育、培训、制药、医疗、直播等职业的应届生岗位激增；互联网和金融业入门岗位增长较为缓慢。以直播、短视频、新媒体策划等为代表的新兴行业催生了大量新岗位，但应届生的技术岗位仍然是供需不匹配，致使平均薪资上升。

当前大学生的职业规划正极大地受到不可控因素的影响，如经济危机、人类疾病、气候变化等，特别是新冠肺炎疫情。我国的就业总量压力持续，就业结构性矛盾突出，人口结构深刻调整，世界经济格局和外部环境不确定性增加，新技术和新业态等对就业产生深刻而广泛的影响。

三、不可控的危机

地球上的危机从未休止，如新冠肺炎疫情、全球变暖、地震、经济危机等。面对未来不可控的危机，应对复杂环境的危机意识需要纳入大学生的职业生涯规划中。增强危机意识，关注时事和科技；增强体魄，应对工作压力和挑战；加强自己的理财和生活能力，以应对随时随地的挑战。

随着中国经济步入新常态，大学生就业市场发生了巨大变化。世界正经历"百年未有之大变局"，加上百年未有之新冠肺炎疫情的影响，催生了一大批新模式和新业态的就业岗位，也促进了更多新兴行业的发展。资源整合和行业交叉对复合型人才的需求，使得市场对毕业生的要求越来越高。

四、行业更新

职业受到社会阶层、经济发展、社会文化、政治等因素的影响，现代科学技术的发展也将成为影响职业选择的极其重要的因素。

操作类职业正被自动化和智能化的科技取代，未来的一些职业被科技取代后，我们面临的最大挑战可能是再就业问题。

应对未来危机，大学生可以从以下三点入手：

①培养自己积极乐观的心态，学会自立，从心理上建立对未来的自信；

②保持积极进取、不断学习的心态，更新自己的知识内容和结构，提高自己应对未来危机的能力和素养；

③留意关于外部世界的信息，培养自己敏锐捕捉信息的能力。

五、新就业形态

近年来，随着数字经济异军突起，依托互联网平台的新就业形态脱颖而出，从业人员规模迅速扩张，形态种类日趋多样，推动劳动力市场发生深刻变革。新就业形态因就业容量大、进出门槛低、灵活性和兼职性强，成为吸纳就业的重要渠道，对提高劳动参与率、增强就业弹性、增加劳动者收入的作用日益凸显。根据国家信息中心分享经济研究中心发布的《中国共享经济发展报告（2020）》，2019 年平台带动的就业人数已达 7 800 万人。

在新冠肺炎疫情防控中，新就业形态对稳就业、保民生的作用进一步凸显，不仅保障了人们的日常生活和工作，而且创造了大量灵活的就业岗位，缓解了部分困难群体的就业压力，帮助大量低收入家庭稳住了生计。

新就业形态是新一轮科技革命和产业变革的产物。互联网、大数据、人工智能等新一代信息技术改变了建立在工业化和工厂制度基础上的传统生产方式与企业形态，改变了传统劳动关系的从属性特征。从发展趋势看，后疫情时代，全球将迎来新一轮科技创新浪潮，加快推动产业数字化、智能化，并构建新的产业生态和企业形态，重新定义就业方式。我们要顺势而为，落实就业优先政策，加大政策支持力度，鼓励支持新业态、新模式发展，创造更多新就业形态增长点。

3.2　职业选择的微观环境

职业生涯微观环境是指家庭环境、学校环境、工作环境等与人发生直接或紧密关系的微观因素。家庭环境从经济状况、个性养成等方面影响着个体职业兴趣、职业价值观的形成。学校环境在人才培养定位、专业设置、地理位置等方面影响着个体的专业方向、求职领域和职业选择。工作环境包括行业环境、职业环境和企业环境，其中企业环境（工作单位环境）则从类型性质、组织架构、发展愿景、文化氛围等方面影响个体的职业生涯定向和转换。

一、家庭环境

个人的成长离不开家庭环境的影响，在个人的职业生涯成长中，家庭环境有时甚至会发挥主导作用。家庭影响是以情感为基础的，具有潜移默化的特点，而这种特点会左右大学生的职业生涯决策。因此，在职业生涯决策上家庭环境是极其重要的因素，对择业产生十分重要的影响。在职业生涯决策中，家庭因素作为认知的外在因素影响着大学生的决策。大学毕业之后是去从事父母推荐的工作还是选择自己喜欢的工作？是留在大学所在地还是回家乡工作？工作后是和父母一起住还是自己单独住？这些职业生涯规划的纠结与家庭因素交织在一起。

家庭是建立在血缘关系或认领关系基础上的社会单位。从生命周期来看，不同年龄阶段的人对家庭的定义有所不同。对大学生而言，他们正值18~22周岁，假设在一所自我认同度不高的普通高校，他们既有想摆脱家庭试图独立的渴望，又有对家庭经济、情感等的依赖。这些对待家庭的态度，需要家庭理论方面的解释和指导，进而帮助理解影响大学生职业行为的家庭因素。

家庭中总有一股力量在驱使着大学生做出职业生涯决策，这些决策和行为也在反映着家庭的特点。家庭作为一个社会单位，家庭成员在进行职业生涯规划时，使得家庭与学校、社会的关系交织在一起。

家庭社会背景体现家庭的整体经济、教育和情感特点，如收入、职业、学历、户籍等。家庭的物质环境是大学生成长的基础，家庭社会背景较好的学生相对自信，而且敢于冒险。

家庭教育通过言传身教和耳濡目染影响大学生的认知与眼界，尤其是家庭成员的受教育程度，这对大学生价值观塑造、职业兴趣、专业选择产生巨大的影响。

家庭情感关系为个体成长创造了家庭环境，其稳定性对个体性格塑造和职业选择方式产生了影响，父母感情稳定能够让孩子放手一搏，父母感情不稳定在一定程度上会让孩子在未来对家庭避而远之。在职业生涯规划中，大学生认清自己的家庭社会背景，可以判断家庭对自己的帮助，在选择自己职业和工作地点时可以有更好的参考。

家庭的关系网是获得工作的重要渠道之一。家庭关系主要是基于社会关系网络结构建立的家庭成员与亲属、朋友的联系，这些联系为大学生提供了信息渠道、资金、情感和其他帮助，有助于大学生进行职业生涯规划。

家庭关系网也可以被认为是一种社会资本，成为大学生的就业渠道之一，可以帮助大学生找到工作。书香门第等的家庭背景确实能为大学生职业生涯决策提供更多的可能性，但其他的家庭背景对大学生的职业生涯规划也存在有利因素。

学生的职业选择里暗含着家庭成员的行为和活动对自己的影响。如果父母总是忙于工作致使子女缺乏陪伴，那么渴望自己未来职业有更多的自由时间则会被纳入子女的职业生涯决策。如果父母本身对长辈孝顺依赖，其子女的职业选择往往也会更多地考虑家庭。这些潜移默化的影响，是大学生需要去感受和发现的。

家庭因素引发大学生思考以下两个问题：①如何正确地认清家庭影响因素，从而对个人发展做出理性规划。②当家庭和个人发生冲突时，如何平衡好两者的关系。

前一个问题是认识问题，后一个问题是选择问题。在现实生活中，不乏这样的大学生，或抱怨家庭环境不好，或抱怨就读学校太差，却忽略了人生是自己努力的结果。作为一名新时代高校大学生，应学会理性思考，正确看待家庭因素带来的影响，强调通过个人努力达到自我实现，以期既能为家庭带来荣光，又给自己带来不断前行的动力。

二、学校环境

学校环境指的是所在学校的地理位置、区域定位、办学特色、专业设置、就业优势等方面的内容。如何评估学校有很多不同的方法，尤其是在大学生的职业生涯规划中，更要借助学校优势发展自身的能力，形成自己理性的职业生涯规划，从而提升自己在就业市场上的竞争力。

对学校环境的分析可从以下方面入手：

（1）学校硬件：教学设备、地理位置、高校经费、校企合作企业等。

（2）学校软件：师资力量（特别是教授、院士等人数）、在校生人数、生源质量、学科优势（一流学科、省重点学科等）、科研水平等。

（3）就业形势：社会、经济和政策现状，当前就业环境的特点和发展趋势等。

（4）行业需求：所学专业类别、行业现状和未来发展前景等。

（5）地理位置：学校所在地的地理和经济状况等。

（6）社会环境：大众观念、同龄人影响、校友和榜样的影响、校外的影响等。

（7）就业能力：教育水平、学校排名、重点学科、特色专业等。

（8）职业技能训练：学校提供的专业培训、证书考试、学习交流、实习机会等。

（9）职业指导水平：学校职业指导服务水平、职业生涯课程、职业发展教育力度、职业生涯规划活动、教师职业咨询专业度等。

（10）学校风气：师生关系、家校关系等。

（11）就业状况：总体数据、以往就业率、薪资水平等。

（12）行业数据：职业选择的数据（出国、留学、创业等）、行业结构、地区分布、公司分布等。

根据学校的特点，打造属于自己的核心竞争力。

三、工作环境

1. 行业环境

对于大学生而言，绝大多数人毕业后从事的工作是进入制造业，小部分进入第三产业。为什么制造业到现在一直在稳健拉动就业？传统意义上拉动国家经济的三驾马车——投资、消费和出口，尤其是出口对国家 GDP 的贡献程度十分明显。毋庸置疑，贸易在经济中的地位举足轻重，但第三产业的贸易以第二产业为支撑，因此各国在工业上强调了产品的竞争力，力图主要从提高劳动水平和技术入手，促进产业结构的调整。随着近年来各国工业改造致使西方工业在产业中地位下降，使得其对国际市场的依赖度增强，回归实体经济成为未来发展趋势。

我国重视制造业的原因主要有：①制造业仍是我国经济增长的主要引擎，也是国际竞争的核心领域，更是当前我国经济中的突出问题；②受国际形势所迫，当前全球局势仍然不太稳定，影响了贸易的稳定性，尤其对制造业产业链的影响非常剧烈，如 2008 年金融危机、2020 年新冠肺炎疫情给全球产业链带来的冲击；③制造业作为促进第三产业发展的引擎，在各国经济中备受重视；④当前制造业正向高质量化方向发展，这种高质量像各国在工业计划中强调的一样，趋向信息化和技术改进，同时重视劳动力素质的提高。这些因素对全球各国制造业提出了更高的自我供给要求，也对当前大学生就业技能和人才培养方案提出了更高的要求。

2. 职业环境

职业环境包括所选职业在社会大环境中的发展现状、技术要求、社会地位、未来发展趋势等方面的内容。

中国的新兴行业是新媒体和高科技。近年来新媒体发展火热，带动了线上消费和网络娱乐的发展，从而拉动了新媒体人才的需求。在行业趋势上，中国的第三产业仍占据主导地位，制造业行业面临产业结构升级，如汽车的新能源升级。在就业机会上，中国的行业发展聚集在一线城市，而这也可能成为未来中国城市化的特点，如雄安新区成为疏散北京非首都功能的集中承载地。政策因素影响着行业发展和职业更替，从而在极大程度上影响大学生的未来职业生涯规划。

3. 企业环境

企业环境包括就职企业的单位类型、组织架构、企业文化、发展前景、战略目标、发展阶段、产品服务、团队氛围等内容。单位类型按照性质主要划分为政府单位、事业单位、企业单位。企业单位主要包括国有企业、民营企业、外商投资企业等。对于大学毕业生而言，绝大多数人会到企业单位就业。在 2019 年广东某理工学院毕业生就业去向中，88.74% 的毕业生选择去企业就业，而且其中去制造业的占比高达 24.43%，7.31% 的学生去向为中等和初等教育单位及其他事业单位，仅有 2.10% 的学生去向为国家机关。随着近年来国家战略突出重视向制造业强国发展，未来的制造业也将为大学生提供更多的就业机会。

企业作为一个生态系统，是一个需要不断适应外部环境变化、自我运作与发展的生命有机体。了解清楚企业的组织结构会对未来职业的发展空间有清晰的认识，这对大学生而言尤为重要，多数大学生毕业后都是从基层一线的岗位开始逐步成长起来的，了解企业的组织架构有利于更清楚地认识企业的职业发展路径，有助于职业生涯目标的实现。

3.3 职业分类

职业是指人们从事的有收入的、相对稳定的、专门类别的工作。它是对人们的经济状况、文化水平、生活方式、行为模式与思想情操的综合性反映。它是一个人的权利和义务，也是一个人社会地位的一般性表征。

职业是服务于社会并作为主要生活来源的工作，是参与社会分工，利用专门的知识和技能，为社会创造物质财富和精神财富，从而获取合理报酬作为物质生活来源并满足精神需求的工作。

结合当前职业发展的新趋势及大学生在平台上操作的方便性、灵活性需要，我们在"择业宝"职业生涯规划系统中将行业划分为22大类，有677个典型职业（如表3-1所示），部分不需要学习和培训的低技能岗位没有列入平台。此外，"择业宝"中详细列出了每个岗位的岗位职责和任职要求。

表 3 - 1 职业分类表

1. 高层管理				
决策层				
董事长	总经理	副总经理		
管理层				
营销总监	销售总监	采购总监	生产总监	技术总监
质量总监	工程总监	物流总监	物业总监	公关总监
财务总监	行政总监	客户服务总监	人力资源总监	总经理助理
2. 市场营销				
市场				
市场经理	市场主管	市场调研主管	市场推广主管	市场企划主管
市场品牌主管	市场公关主管	广告媒介主管	市场专员	市场调研专员
市场推广专员	营销企划专员	产品企划专员	品牌专员	公关专员
广告专员	媒介专员	文案专员		
销售				
销售经理	区域经理	销售主管	促销主管	渠道主管
办事处主管	大客户销售主管	销售专员	大客户销售专员	销售助理
销售代表	促销专员	渠道专员	销售督导	销售内勤
电话销售员	网络销售员			

（续上表）

3. 生产运营				
生产人员				
生产经理	生产主管	车间主任	生产计划主管	生产设备主管
生产调度主管	生产安全主管	动力设备主管	生产班组长	生产工艺员
生产计划员	生产调度员	生产技术员	生产跟单员	生产采购员
生产安全员	设备管理员	设备维修员	生产统计员	车间领料员
生产操作员				
质量管理				
质量管理经理	质量检验主管	质量认证工程师	质量控制工程师	来料检验主管
制程检验主管	成品检验主管	质量管理专员	质量检验员	来料检验员
质量监督员	质量改进专员			
4. 技术研发				
技术				
技术经理	技术主管	技术专员		
研发				
研发经理	研发主管	研发专员		
5. 物流采购				
仓储				
仓储经理	仓储主管	入库管理员	出库管理员	仓库管理员
装卸搬运工				
运输				
运输经理	运输主管	车辆调度员	驾驶员	
配送				
配送经理	配送主管	接单员	备货员	拣货员
包装员	配送员			
货运代理				
货运代理经理	货运代理员	单证员	报关员	报检员
跟单员				
采购				
采购经理	采购主管	供应商主管	采购计划专员	供应商管理专员
采购专员	采购助理			

（续上表）

6. 工程项目				
工程项目管理				
工程经理	质量经理	工程主管		
工程造价				
造价工程师	土建预算员	安装预算员		
工程技术				
土建工程师	暖通工程师	电气工程师	建筑设计师	园林工程师
7. 财务审计				
会计				
会计经理	往来会计	成本会计	预算会计	
税务				
税务经理	税务主管	税务筹划专员	税务核算专员	
审计				
审计经理	审计主管	审计专员		
资金管理				
投资主管	融资主管	投资专员	融资专员	投资分析员
出纳员				
8. 行政人事				
行政人员				
行政经理	后勤经理	办公室主任	后勤主管	食堂主管
车辆主管	总经理秘书	行政秘书	行政文员	前台接待
法律顾问	司机	宿舍管理员	网络管理员	档案管理员
人事管理				
人力资源经理	培训经理	招聘主管	培训主管	绩效主管
薪酬主管	员工关系主管	招聘专员	培训专员	培训讲师
职业规划师	课程研发设计师	人事助理		
9. 物业服务				
工程技术				
工程管理经理	维修主管	维修工	水暖工	电工
绿化保洁				
环境管理经理	绿化主管	园艺技师	绿化员	保洁员

（续上表）

10. 咨询顾问				
咨询				
咨询项目经理	项目咨询师	咨询顾问	课程顾问	人力资源顾问
外包服务				
人力资源外包经理	人力资源外包服务专员	人力资源外包销售顾问		
11. 金融证券				
银行				
大堂经理	信贷主管	理财主管	银行柜员	信贷专员
信用卡专员				
证券				
证券主管	证券经纪人	证券分析师		
保险				
业务经理	保险理赔主管	保险销售员	保险培训师	保险精算师
保险产品开发/项目策划	保险业务经理	保险核保	保险客户服务	理财顾问/财务规划师
保险代理/经纪人/客户经理				
12. 中介服务机构				
会计师事务所				
主任会计师	审计经理	审计项目主管	资产评估师	审计员
律师事务所				
主任	律师	律师助理	专利代理人	
猎头公司				
猎头顾问	猎头助理			
13. 呼叫中心				
通信运营商呼叫中心				
呼叫中心经理	呼叫中心督导	培训主管	座席班长	座席代表
医院呼叫中心				
呼叫中心主任	座席主管	话务座席员		
14. 销售企业				
直营店				
店长	销售员	销售统计员		

（续上表）

代理店				
店面经理	理货员	收银员		

网店				
网店店长	网店客服	网店文员	网店美工	

电器销售公司				
门店店长	售后服务中心经理	营业组组长	营业员	

百货销售公司				
总经理	营运经理	商品经理	楼层主管	客户服务人员
导购员				

15. 生产制造企业				

机电设备制造企业				
生产经理	技术经理	设备经理	销售经理	产品开发工程师
机电设备工程师	机电技术员	工艺员	销售员	

食品加工制造企业				
产品经理	车间主任	食品研发经理	食品质量经理	质量管理工程师
食品质检员	采购员	食品业务员		

服装制造企业				
总经理	设计经理	品管经理	服装设计师	服装制版师
服装工艺师	面料质检员	裁剪工	缝纫工	整烫工

化工/生物/制药				
研发中心主任	药品研发工程师	化工设备工程师	化工电气工程师	安环工程师
药物制剂员	药品注册专员	医药代表	生物工程/生物制药工程师	临床试验/药品注册工程师
化学分析测试员				

电子/电器/半导体				
电子元器件工程师	电路工程师（模拟/数字）	模拟电路设计工程师	集成电路IC设计工程师	自动控制工程师
嵌入式系统软件开发工程师	家用电器/数码产品研发工程师	产品工艺/制程工程师	半导体工程师	FAE现场应用工程师
版图设计工程师	音频/视频工程师	电声工程师		

能源/电气/动力				
电气工程师	水利/水电工程师	光源与照明工程师	机电工程师	电力工程师

（续上表）

电池/电源开发工程师				
机械/仪表/仪器				
机械工程师	模具工程师	工程/机械绘图员	精密机械/仪器仪表工程师	铸造/锻造工程师
注塑工程师	冲压工程师	焊接工程师	夹具工程师	机械维修工程师
结构工程师	汽车/摩托车工程师	船舶工程师		
16. 建筑地产企业				
房地产企业				
总经理	营销副总经理	投资发展经理	项目开发经理	造价管理经理
售楼处经理	立项主管	投标主管	融资主管	审计主管
策划主管	施工员	资料员	售楼员	仓库保管员
房地产评估师	房产项目配套工程师	房地产中介/交易员	房地产销售人员	物业顾问
物业管理经理	物业管理专员			
建筑工程公司				
总经理	总会计师	总经济师	总工程师	市场开发经理
材料设备经理	工程管理经理	安全管理经理	土建工长	水电工长
预算员	核算员	质检员	安全员	材料员
图纸审核员	合同管理员	建筑工程师	结构/土木/土建工程师	制图工程师
工程监理	岩土/基础地下工程师	电气工程师	工程造价师/预结算师	建筑工程验收项目经理
测绘/测量员	施工员	城市规划与设计师	公路/桥梁/港口/隧道工程师	园艺/园林/景观设计师
给排水/强弱电/制冷暖通工程师	室内外装潢设计师			
17. 酒店餐饮企业				
酒店				
营销经理	前厅经理	客房经理	康乐中心经理	管家经理
采购经理	工程经理	安保经理	销售主管	接待主管
楼层主管	康乐中心主管	洗衣房主管	维修主管	营销专员
公关专员	前厅接待员	行李员	客房服务员	康乐服务员

（续上表）

工程维修员	送餐员	安保员	收银员	
餐饮企业				
餐厅经理	行政总厨	管事经理	厨师长	餐厅领班
面点厨师	调酒师	订餐员	迎宾员	划菜员
传菜员	餐厅服务员	酒水员	外卖员	物资管理员
18. IT、互联网、通信				
IT 管理及支持				
总经理（CEO）	技术总监	信息技术经理	信息技术专员	项目总监
项目经理	项目主管	项目执行	产品经理	品质经理
系统管理员/网络管理员	技术支持经理	技术支持工程师	技术文员/助理	ERP 技术开发
互联网				
系统分析师/架构设计师	系统集成工程师	系统工程师	需求工程师	系统测试
UI 设计师	软件工程师	架构设计师	网站维护/管理	网站/产品策划
网站运营经理	网页设计/制作/美工	网站编辑	多媒体/游戏开发工程师	网络信息安全工程师
数据开发/管理				
通信技术				
通信技术工程师	通信电源工程师	无线通信工程师	移动通信工程师	电信交换工程师
电信网络工程师	有线传输工程师	数据通信工程师	测试工程师	通信项目总监
通信项目经理	通信项目主管	通信项目执行/协调		
19. 医疗、卫生				
医院				
院长	党委书记	业务副院长	行政副院长	总会计师
工会主席	办公室主任	行政干事	文秘干事	党群工作部主任
工会干事	人力资源部主任	财务部主任	会计	物价管理员
核算办主任	质控部主任	医教部主任	营销部主任	护理部主任
护理部护理质量控制员	感染管理部主任	预防保健部主任	审计部主任	医保合疗部主任
后勤保障部主任	物资采供部主任	信息管理部主任	信息管理部计算机工程师	信息管理部病案管理员

（续上表）

信息管理部统计员	基建维修管理部主任	设备维修管理部主任	安全保卫部主任	门诊部主任
门诊部护士长	急诊科主任	急诊科主任医师	急诊科副主任医师	急诊科主治医师
急诊科医师	急诊科护士长	急诊科副主任护师	急诊科主管护师	急诊科护师
临床科主任	临床科副主任医师	临床科主治医师	临床科医师	临床科护士长
临床科副主任护师	临床科主管护师	临床科护师	临床科护士	
乡镇卫生院				
院长	医务科主任	医技科主任	急诊值班医师	主任医师
主治医师				
社区卫生服务中心（站）				
主任	全科医师	公共卫生医师	健康教育工作人员	计划免疫工作人员
康复工作人员				
20. 教育、培训				
幼儿园				
园长	保教助理	保健医	教师班长	教师
保育员				
小学				
校长	党支部书记	副校长	语文教师	数学教师
英语教师	音乐教师	体育教师	美术教师	
中学				
校长	副校长	校长办公室主任	政教处主任	教务处主任
总务处主任	教科室主任	语文教师	数学教师	英语教师
物理教师	化学教师	生物教师	地理教师	历史教师
音乐教师	体育教师	美术教师	思考政治教师	信息科学教师
心理辅导员				
大学				
秘书科科长	行政科科长	督办科科长	信息科科长	本科生院院长
教务处处长	本科生招生办主任	教师发展中心主任	研究生院院长	研究生招生办主任
学位办主任	科学技术研究处处长	社会科学研究处处长	学生处处长	人力资源开发与管理处处长

（续上表）

学生就业指导中心主任	图书馆馆长	网络与教育技术中心主任	学报编辑部主任	心理健康教育中心主任
助教	讲师	副教授	教授	
培训机构				
校长	教学部门总监	代课教师	助教	教学管理员
课程顾问				
职业院校				
党委书记	校长	副校长	办公室主任	办公室副主任
组织人事处处长	组织人事处副处长	纪检监察室主任	教务处处长	教务处副处长
教务科科长	教务科副科长（理论教学）	教务科副科长（实习教学）	教研室主任	教研组组长
学生工作处处长	学生工作处副处长	招生就业处处长	招生就业处副处长	继续教育处处长
继续教育处副处长	计划财务处处长	后勤处处长	保卫处处长	党政办公室干事
图书馆馆长	图书馆管理员	实验室管理员	实习仓库保管员	模型室管理员
教授	副教授	讲师	助教	高级实验师
实验师				
21. 文化、影视、戏剧				
新闻				
新闻中心主任	新闻传播主管	新闻编辑	新闻记者	
出版				
社科图书编辑	外语图书编辑	人文与古典图书编辑	艺术编辑（艺术出版中心）	教材出版中心教材营销专员
教材出版中心社科教材编辑	基础教育出版中心市场/营销专员	少儿分社图书编辑	数字出版中心项目运营主任	
影视戏剧				
编辑部主任	文学责任编辑	发行经理	策划部主任	策划总监
编剧	导演	演员		
22. 其他（旅游、电竞、艺术、体育、直播运营）				
旅游				
总经理	副总经理	外联部经理	国内部经理	前台接待部主管
前台接待员	导游部经理	导游员		

（续上表）

电竞				
电竞主播	电竞社区运营	电竞赛事运营	电竞新媒体运营	电竞编辑
电竞数据分析师	电竞馆店长	电竞销售主管	电竞经纪人	电竞项目经理
艺术				
摄影师	书法老师	绘画师	舞蹈老师	
体育				
健身教练	运动队教练员	管理中心主任		
直播运营				
直播运营总监	直播艺人	直播网站管理员		

4 职业生涯规划决策

4.1 职业生涯决策的理论

决策主要指做出决定或选择。决策主要有三种情境：①提出问题，确立目标，设计和选择方案；②从几种备选的行动方案中做出最终选择，选取最优方案；③在未知情况下遇到偶发事件所做的处理决定，这样的事件既无先例借鉴，也无可遵循的规律，做出选择存在一定的风险。

职业生涯决策者在了解自我却不了解环境的情况下做出的直觉性决策，属于冲动型、直觉型决策风格。以下是八类职业生涯决策风格的特征：

（1）计划型：在全面了解自我和环境的基础上做出职业生涯决策。

（2）顺从型：通过顺从别人的安排做出职业生涯决策，而不是个体独立地做决策。这类风格的决策者相信其他人的安排而忽略自我感受。

（3）宿命型：将决定留给命运，依赖外在环境，被动地做出职业生涯决策。这类风格的决策者往往人生态度比较消极，对自己和环境表现出无助感。

（4）烦恼型：收集了大量的信息，却犹豫不决、瞻前顾后，不能果断地做出职业生涯决策而陷入无限烦恼中。

（5）延迟型：往往喜欢把职业生涯决策往后推，害怕承担决策的结果，选择其他方式回避决策。

（6）瘫痪型：接受职业生涯决策的责任，但往往因为过于焦虑而不能对决策做出有建设性的工作，导致出现想到这事就害怕的局面，以至于无法决策、无法承担决策的后果。

（7）冲动型：抓住遇到的第一个选择而不再考虑了解其他选择或者拒绝收集了解其他职业生涯信息。比如，选择了一份工作后，就拒绝再了解其他工作的信息。

（8）直觉型：因为自己感觉是合适的、正确的而做出职业生涯决策，但无法说出原因。直觉是人们对环境无法做出判断时的处理方式，但可能日后会发现不合适。

以上八类职业生涯决策风格没有绝对的优劣之分，各有各的适应性和局限性。职业生涯决策风格既受个体性格影响，更受个体所在环境影响。职业生涯决策风格是可以改变的。

美国心理学家克朗伯兹提出职业生涯决策社会学习理论，认为职业生涯决策过程受四类因素影响：①遗传天赋和特殊能力（如内在素质、身体障碍、音乐和艺术能力等）；②环境条件与事件（如劳动法规、技术进步、社会机构变化、家庭资源等）；③学习的经验（如各种工具性学习、行为和认知反应、观察学习）；④完成任务的技能（如设定目标、工作习惯、情绪反应等）。

基于社会学习理论提出的决策模式包括以下七个步骤：

（1）界定问题：描述必须完成的决策，估计完成所需时间并设定确切的时间表。

（2）拟订行动计划：描述决策所需采取的行动，并估计所需时间和完成的期限。

（3）澄清价值：描述个人将采取哪些标准，以作为评价各种可能选择的依据。

（4）描述可能的选择：搜集资料，论证可行的方法。

（5）评价各种可能的选择：依据自己的标准，对各种可能的选择方案进行评价。

（6）权衡方案：比较各种选择，从中选取最符合决策者理想的方案。

（7）开始执行方案：方案确定以后开始实施。

职业生涯决策社会学习理论重视个人环境和事件的作用，提醒个人保持开放的心态采取行动。虽然没有人能掌控结果，但是积极的行为可以增加出现期待成果的可能性。克朗伯兹也称这一过程为职业生涯行动的学习或者职业生涯学习的行动。

4.2　职业生涯规划决策的方法

为了更加清晰明确地做出职业生涯决策，大家可以采用以下四种常见的职业生涯决策工具，即 SWOT 分析法、5 "WHAT" 分析法、卡茨模式和平衡单法。

一、SWOT 分析法

SWOT 分析法是基于内外部竞争环境和竞争条件下的态势分析，即将与研究对象密切相关的各种主要内部优势、劣势和外部的机会和威胁等，通过调查列举出来，并依照矩阵形式排列，然后用系统分析的思想，把各种因素相互匹配起来加以分析，从中得出一系列相应的结论，而结论通常带有一定的决策性。

运用这种方法，可以对研究对象所处的情景进行全面、系统、准确的研究，从而根据研究结果制定相应的发展战略、计划以及对策等。

S（strengths）是优势、W（weaknesses）是劣势、O（opportunities）是机会、T（threats）是威胁。按照竞争战略的完整概念，战略应是一个企业"能够做的"（即强项和弱项）和"可能做的"（即环境的机会和威胁）之间的有机组合。

SWOT 分析能帮助毕业生成功地认识自我、规划自我和管理自我，帮助个人挖掘自身优势，找出劣势，并综合分析外部环境的机会和威胁，找到定位，调整自己，做出适合自己的职业生涯决策。

优势和劣势都是针对自身的分析，即"知己"；机会和威胁是针对外部环境的分析，即"知彼"。大学生通过分析知道自己的优势和劣势在哪里，并仔细地评估自己感兴趣的不同职业道路的机会和威胁，从而做出适合自己的职业生涯决策。

（一）SWOT 分析法的四个步骤

1. 认识自己的优势

（1）分析自己的长处。比如你从学校学到什么有价值的东西，获得哪些方面的知识和能力，在校期间获得过什么奖励，获得过什么证书或者有什么特长。

（2）了解自己的优点。比如做事细心，能够洞察细节，迅速适应环境。

（3）思考自己的资源。比如你的亲友在某公司任职，可以帮助你更好地了解和应聘该公司。

（4）找到自己的强项。如你做过的最成功的事情是什么？如何成功的？通过分析，可以发现自己的长处，比如坚强的意志、创新精神，以此作为个人深层次挖掘的动力之源和闪光点，从而形成职业生涯设计的有力支撑。

（5）对比自己的竞争对手。如他们在哪些方面不如我。

2. 认识自己的劣势

（1）分析自己的短板。如什么事情是你没有把握做好的，做不好的原因是什么，如何努力克服和提高。

（2）思考自己的弱点。人天生都有弱点，这是我们与生俱来且无法避免的。比如性格过于内向，不敢在公共场所演讲等。

（3）找到自己的不足。如你做过的最失败的事情是什么？如何失败的？通过分析失败原因来避免在以后的职业生涯中再次失败，防止在跌倒过的地方再次跌倒。

（4）对比自己的竞争对手。如他们在哪方面比我强。

3. 发现外部的机会

（1）社会层面。经济快速发展为我们提供了发展空间，网络技术的发展使我们能了解更多的信息，出国深造的途径多了，择业的双向选择给了我们自主选择权。

（2）学校层面。不断改进和完善就业工作，积极拓展就业市场和渠道，为大学生提供了更多的就业选择。

（3）行业环境。了解自己要从事的行业有哪些潜在优势，比如亟须什么样的人才。

（4）企业发展。了解自己有意向加入的企业的发展前景是否广阔，比如是否有很好的培养机制和多种人才晋升渠道。

4. 发现外部的威胁

机遇与挑战并存。虽然外部环境的很多挑战和威胁无法控制，但是通过提前分析和了解能够在职业生涯决策中及时规避风险。

（1）社会层面。毕业生人数的逐年增加以及近几年受经济下行的影响，就业和创业机会减少，岗位竞争越来越激烈。

（2）学校层面。同专业毕业的竞争者以及名校毕业的竞争者都是潜在的威胁。

（3）行业环境。了解自己想要从事的行业的专业领域发展是否受限。

（4）企业发展。初出茅庐的毕业生可能会受到具有丰富技能和经验的求职者的威胁以及工作晋升机会的限制。

（二）SWOT 战略选择

SO 战略：着重考虑优势因素和机会因素，目的是努力使这两种因素都趋于最大。

ST 战略：着重考虑优势因素和威胁因素，目的是努力使优势因素趋于最大，使威胁因素趋于最小。

WO 战略：着重考虑劣势因素和机会因素，目的是努力使劣势因素趋于最小，使机会因素趋于最大。

WT 战略：着重考虑劣势因素和威胁因素，目的是努力使这两种因素都趋于最小。

（三）用 SWOT 分析法进行职业生涯决策的实例

案例 1

Q 同学，财务管理专业应届毕业生，他面临的职业生涯决策有三个：直接参加工作、报考财务专业研究生、参加公务员考试。其 SWOT 如下：

S：对财务专业比较感兴趣，专业课成绩不错，而且愿意从事专业相关工作，适应、沟通、组织能力强，曾担任学院学生会主席，策划过多场大型活动，逻辑性和条理性好，有一定的书面表达能力。

O：财务管理专业发展前景广阔，人才需求量大，就业渠道广，就业领域选择机会多，身边有很多优秀的同学，可以向他们学习，构建良好的人际关系。

W：在校期间基础学科，如英语、政治等成绩一般，自制力不强，经常容易被琐事干扰。工作、学习上比较保守，冒险精神不够，缺乏长远计划。

T：毕业生人数增加和经济下行压力让就业市场竞争更加激烈，公务员录取指标少，不确定因素增多，学校社会认可度不高，这些都给求职增加了难度。

Q 同学可以选择 SO 战略将优势因素和机会因素发挥到最大，可以直接就业，选择财务相关岗位。

二、5"WHAT"分析法

1.5"WHAT"分析法的概念

5"WHAT"分析法，即在职业生涯规划过程中通过回答如下五个问题，找到它们的最大共同点，从而做出最适合自己的职业生涯决策。

What are you?（你是谁？）应该对自己有一个深刻的反思，清醒地认识到自己的优点和缺点，并按重要性一一列举出来。

What do you want?（你想做什么？）这是对自己职业生涯发展的一个心理趋向检查，每个人在不同阶段的兴趣和目标是不尽相同的，但是随着年龄和阅历的增长最终会逐渐固定，并确定自己的终生理想。

What can you do?（你能做什么？）这是对自己能力和潜力的全面总结，一个人的职业定位最根本还要归结于自身的能力，你的职业生涯发展空间取决于自身的潜力，比如对事的兴趣、做事的韧力、临事的判断力以及自身知识结构的完整度等，把确实具有的能力和自认为可以开发的潜能一一列举出来。

What can support you?（环境支持你做什么？）这包括主观和客观两个方面。客观方面包括经济发展、人事政策、企业制度和职业空间等；主观方面包括同学关系、导师关系和亲戚关系等。应该将两者综合起来考虑，认真想想自己可以获得什么支持，弄清楚后按重要性排列出来。

What you can be in the end?（你最终的职业生涯目标是什么？）综合前四个问题，从各个问题中找到实现职业生涯目标的有利和不利条件，列出不利条件最少、自己想做且能达成的职业生涯目标，即构建一个清楚明了的框架。

2. 利用 5 "WHAT" 分析法进行职业生涯决策的实例

案例 2

H 同学，工业工程专业学生，临近毕业时还难以确定自己的职业生涯决策。她认为：就现在来说，工业工程需求量比较大，找份差不多的工作并不难，但由于自己是女生，在某些职业上的优势不如男生；她对教师这一职业也比较喜欢，想要尝试一下小学教师的岗位；同时她班内一位同学打算创业，想邀请她加盟；另外，她觉得就业形势严峻，出国读研充电也是一种不错的选择。

What are you?（你是谁？）某高校工业工程专业学生；班级班委，优秀学生干部；学业成绩优秀，英语通过国家六级考试，有中小学教师资格证书；辅修过心理学、管理学相关课程；参加过高校演讲比赛，拿过名次；家庭经济状况一般，既不属于富有之列，也不是生活拮据的那种，父母工作稳定，身体健康，暂时还不需要特别照顾；自己身体健康，性格不属于内向，但也不是特别活跃，喜欢安静。

What do you want?（你想做什么？）很想成为一名老师，这不仅是儿时的梦想，自己还比较喜欢这个职业；可以成为公司的一名技术人员；如果出国攻读管理学方面的硕士，回国成为一名企业管理人员也是可以接受的。

What can you do?（你能做什么？）做过家教，虽然不是自己的专业，但与孩子交流有天生的优势，做家教期间当学生成绩进步时很有成就感；当过学生干部，与干事相处比较好，组织过几次有影响力的大型活动；实习时在公司做过一些工业优化项目，虽然没有大的成就，但感觉不错。

What can support you?（环境支持你做什么？）家里亲戚推荐去一家公司做工业工程师；985 高校毕业，已经申请了国外几所高校，但能不能有奖学金还很难说，况且现在签证比较困难；去年认识的几个学姐去了心仪的学校做老师，今年的招聘通知还未发出；同学开了一家公司，希望自己能够加盟，但自己不了解这个公司的具体业务，也不知道会有多大的发展前途。

What you can be in the end?（你最终的职业生涯目标是什么？）到一所学校当老师，自己有这方面的兴趣和理想，在知识和能力方面并不欠缺，在素质教育大趋势下，与师范类专业相比，自己有专业方面的优势，授课时可以让学生了解更多的前沿知识，而且自己有信心成为学生心目中理想的好老师，不足的是缺乏作为一名教师的基本训练和一些教学技巧，但这可以逐步提高；到公司做技术人员，收入上会好一些，但通过这几年的发展看，这种行业起伏较大，同时由于技术发展较快，得随时进行知识更新，压力较大，信心不足，兴趣也不是很大；去同学的公司，丢掉专业从最底层做起，风险较大，这与自己求稳的性格不符，同时家庭也会有阻力；如愿获得奖学金，能够出国读书，回国后去做一名企业管理人员，不确定因素较多，而且自己的把握较小，自己始终处于被动状态。

通过上面的分析，H 同学在对比中逐渐清楚直观地对自己期望的职业有了明确的意向，最终把成为一名老师作为自己最终的职业生涯目标。

三、卡茨模式决策

在面临两个及两个以上职业选择时，卡茨模式（见图4-1）是最简单易行的决策方法，它主要使用职业决策方块作为工具。将每个职业在"回报"和"机会"两个维度上的结果呈现在职业决策方块中，回报与机会乘积最大的职业，就具有最大的期望价值。

回报				
优（3）				
良（2）				
中（1）				
差（0）				
水平	差（0）	中（1）	良（2）	优（3）

➔机会

图 4-1　职业决策方块

使用卡茨模式进行职业决策一般遵循以下几个步骤：

（1）选择供决策的2~3个职业。

（2）针对每个职业的回报进行优、良、中、差的评价，应考虑到价值满足程度、兴趣一致程度、擅长技能的施展空间。

（3）对每个职业的成功机会进行优、良、中、差的衡量，应考虑到工作能力、必需的准备、职业展望。

（4）将每个职业在"回报"和"机会"两个维度上的结果呈现在决策方块中。

（5）回报与机会乘积最大的职业，具有最大的期望价值。

案例3

某男生 A 的职业决策方块如图4-2所示。

回报				
优（3）			Y	
良（2）		Z		
中（1）		X		
差（0）				
水平	差（0）	中（1）	良（2）	优（3）

➔机会

图 4-2　A 的职业决策方块

X 表示人力资源经理（1，1）；Y 表示销售总监（3，2）；Z 表示产品开发工程师（2，1）。

计算结果：Y（3，2）=6，Z（2，1）=2，X（1，1）=1。

选择方案：销售总监 > 产品开发工程师 > 人力资源经理。

四、平衡单法决策

大学生在进行职业生涯决策时，经常会碰到两个或两个以上不同的职业发展方案。此时，如果能进行直观的量化，可能会使大学生对自己的职业生涯目标更加明确。职业生涯决策平衡单法可以通过打分的方式，量化大学生各项职业选择的分数，帮助大学生进行职业生涯目标的决策（如表 4-1 所示）。

平衡单可以帮助决策者具体地分析每一个可能的选择方案，考虑各种方案实施后的利弊得失，最后排定优先顺序，择一而行。

表 4-1 职业生涯决策平衡单样表

考虑因素 （加权值 1~5， 得失分 1~10）	重要性 的加权 （1~5 倍）	第一方案		第二方案		第三方案		第四方案	
		得 （+）	失 （-）	得 （+）	失 （-）	得 （+）	失 （-）	得 （+）	失 （-）
个人物质 方面得失									
他人物质 方面得失									
个人精神 方面得失									

（续上表）

考虑因素（加权值1～5，得失分1～10）	重要性的加权（1～5倍）	第一方案		第二方案		第三方案		第四方案	
		得（＋）	失（－）	得（＋）	失（－）	得（＋）	失（－）	得（＋）	失（－）
他人精神方面得失									
合计									
得失差数									
最终排序									

（一）职业生涯决策考虑因素

1. 自我

（1）自我精神，包括自己的能力、兴趣、价值观、心理需求（自尊、自我实现），生活方式的改变、成就感、自我实现的程度、兴趣的满足、挑战性、社会声望的提高、个人才能的发挥等；

（2）自我物质，包括升迁机会、社会地位、工作环境、工作发展前景、工作内容、休闲时间、生活变化、对健康的影响、足够的社会资源、能提供的培训机会、就业机会等。

2. 外在

（1）外在精神，包括父母、师长、配偶、亲戚的支持等；

（2）外在物质，包括家庭经济收入、择偶及建立家庭、与家人相处的时间、家庭地位等。

（二）利用职业生涯决策平衡单进行职业生涯目标决策

列出你的3个职业生涯发展方向，分别填到表格的职业方案中。具体方法为：在第一栏"考虑因素"中，根据对你而言职业选择的重要性和迫切性，赋予它权重，加权范围为1～5倍，填写到"重要性的加权"一栏。权重即你在进行职业选择时所看重的东西。某因素的权重越大，说明你越看重它。

（三）打分

根据第一栏中的考虑因素给每个职业方案打分，每个方案的得分或失分，可根据该方案具有的优势（得分）、缺点（失分）来回答，计分范围为1～10分。

（四）计分方法

将每一项的得分或失分乘上权重，得到加权后的得分和失分，并分别计算出总和（即加权后合计）；再把加权后的"得失差数"算出来，并据此做出最终的决定。得分越高，该职业方案越合适。

分析结果：将平衡单上的原始分数乘上权重，分数的差距会变大，最后把得失差数算出来，并据此做出最终的决定。

案例4

1. 背景资料

小王，女，青岛某职业院校计算机专业三年级学生，性格外向，开朗活泼，喜欢与人交往，口头表达能力很强，是学院学生会干部，组织能力强。还有半年就要毕业了，她考虑自己的职业有三个发展方向：中学信息技术教师、市场销售总监、考取计算机专业本科生。

以下是她的具体想法：

（1）中学信息技术教师。小王认为这个职业是从事她的本专业，具有最大的专业优势，工作也比较稳定，但目前社会需求量并不大。

（2）市场销售总监。小王希望用10年的时间来实现这个目标，认为这个职业符合自己的性格、兴趣，同时她也有利用暑期和课余时间兼职做过销售，她认为可以利用自己的专业来帮助自己更好地做好销售工作。

（3）考取计算机专业本科生（专升本）。小王的父母都是高校的老师，他们希望小王能够继续深造，专升本以后继续考研究生，进而到大学任计算机专业教师。虽然高校教师工作稳定，收入也高，但小王不喜欢计算机专业的教学工作，且考研也有一定的困难。

2. 分析生涯决策平衡单

表4-2是小王利用职业生涯决策平衡单做出的职业决策的结果。

表4-2 职业生涯决策平衡单

考虑因素（加权值1~5，得失分1~10）		重要性的加权（1~5倍）	中学信息技术教师		市场销售总监		专升本	
			+	−	+	−	+	−
个人物质方面得失	1. 符合自己的理想生活	5		3	9			5
	2. 适合自己的处境	4	8		9		7	
	3. 有较高的社会地位	3	5			3	9	
	4. 工作比较稳定	5				9	9	
他人物质方面得失	1. 优厚的经济报酬	4	5		8		9	
	2. 足够的社会资源	5	8		7		9	

（续上表）

考虑因素（加权值1~5，得失分1~10）		重要性的加权（1~5倍）	中学信息技术教师		市场销售总监		专升本	
			+	−	+	−	+	−
个人精神方面得失	1. 适合自己的能力	4	8		9		7	
	2. 适合自己的兴趣	5	5		9			8
	3. 适合自己的价值观	5	6		8		5	
	4. 适合自己的个性	4	7		9		6	
	5. 未来发展空间	5		3	8		9	
	6. 就业机会	4	3		8		9	
他人精神方面得失	1. 符合家人的期望	2	6		5		9	
	2. 与家人相处的时间	3	7		4		9	
合计			312	30	399	54	384	65
得失差数			282		345		319	

通过职业生涯决策平衡单分析，小王的决策方案的得分分别是：市场销售总监＞专升本＞中学信息技术教师。综合平衡之后，市场销售总监更符合小王的职业生涯目标。在进行职业选择时，小王择业最为看重的是：是否适合自己的兴趣和价值观、职业是否有发展空间、是否符合自己的理想生活等几个方面。

4.3　职业生涯决策的影响因素与主要任务

每个人的职业生涯决策都受到许多因素的影响，总体来说，这些因素分为内部因素与外部因素。内部因素包括心理特征、专业背景、即时状态；外部因素主要涉及职业外部宏观环境与微观环境，包括社会环境因素、家庭和成长环境因素。

一、内部因素

影响职业生涯决策的内部因素主要包括职业兴趣等在内的心理特征、专业背景、即时状态。心理特征主要指包括性格、职业兴趣、职业能力、职业价值观等在内的一系列影响个人职业生涯决策的因素（详见本书第二章），这些因素共同组成个人决策风格。专业背景是学生在经过若干年专业学习后，都希望能在本专业领域找到专业对口或与专业相差不大的工作。他们在做职业生涯规划时不自觉地将专业背景列入个人职业生涯决策的考虑因素内。即时状态是指决策过程中会遇到许多障碍，这些障碍会影响个人的职业生涯决策。因此，在做决策时需要让个人的身体、情绪和精神保持在最佳状态。

二、外部因素

影响职业生涯决策的外部因素主要包括政治、经济、社会发展状况，社会对职业的评价，家庭成员的意见，以及朋友、同龄人的影响。政治、经济、社会发展状况是影响个人职业生涯决策的外部宏观因素。国家政治、经济和社会的发展决定国家某一阶段的就业结构变化、劳动力流向、行业选择等，是个人职业生涯决策的宏观背景因素。社会对职业的评价是影响个人职业生涯决策的又一外部宏观因素。当前大学生的职业生涯决策也将社会评价、社会声望作为考虑因素之一。家庭成员的状态和意愿是大学生在进行职业生涯决策时需要考虑的外部微观因素之一。家庭成员的身心状态，父母的价值观、性格、行为、人际关系、职业经历和职业资源等都会成为影响大学生职业生涯决策的因素。当前大学生做职业生涯决策时，受朋辈的影响也较大。朋友、同龄人群体的职业价值观、行为、态度等会不自觉地成为个人职业生涯决策的参照指标，个人的职业生涯选择也会因为周围人的价值判断、评论或建议等而改变。

三、职业生涯决策的主要任务

在做职业生涯决策时需要明确几个关键问题：①选择什么行业；②选择这个行业的什么工作；③怎么努力才能获得这一岗位；④在许多就业机会中，选择适合自己的工作机会；⑤选择工作地点；⑥选择职业生涯目标或系列的提升目标。

大学生在校期间，需要明确以下五个具体的职业生涯决策任务。

1. 自我定位

自我定位，就是需要通过自我探索，深入而全面地了解自我。大学生可以通过部分量表、征询他人评价、自我评价等方式深入了解个人性格、职业兴趣、职业价值观、职业能力等信息，同时还需要了解自己所在班级、全校、全市甚至全国同专业、同年龄水平学生的特点，通过比较清晰的自我定位，避免在做职业生涯决策时自我评价过低或过高。

2. 行业定位

在自我定位的基础上，需要进行行业定位。大学生可通过认真细致地了解目标行业整体状况、发展趋势、人才基本需求，并结合自身实际情况，做出行业定位，避免出现盲目择业或者无从择业的现象。同时，行业的选择也会受经济和社会发展、社会评价、家庭成长环境和个人理想的影响。大学生可以多关注学校就业资源，将此作为个人行业定位决策的重要参考，而不是盲目跟随社会大流将高薪作为自己选择行业的唯一指标。当前高端制造业是国家重点关注的行业，它决定了国家制造业的水平，是国家核心竞争力的重要体现。毕业生可以将高端制造业作为个人职业生涯决策的目标行业。

3. 岗位定位

岗位定位主要由个人特质决定，与个人性格、职业兴趣、职业价值观、职业能力等心理特征相关。大学生可在自我探索的基础上分析个人优势与劣势，在了解岗位工作内容基础上予以匹配，使个人的优势在目标岗位上得到充分发挥，或者使个人通过努力能胜任岗位要求，并得到成长。如果不顾个人特点，盲目跟从他人的选择，则会出现人职不匹配的情况，阻碍个人职场发展，不利于个人成长。

4. 地域定位

地域定位主要指个人工作时对工作区域的考虑。工作区域的选择不光是个人的意愿，也是整个家庭的意愿。选择不同的工作区域意味着要做不同的准备工作，未来的人生也会因此而不同。沿海地区经济发展迅速，机会较多，许多专业在沿海城市会有很多工作机会，但生活成本较高。内陆地区经济发展相对较缓慢，生活成本相对较低，但许多专业的毕业生找到对口的工作机会比较困难。大学生在考虑个人的工作区域时要综合考虑个人的能力、优势和资源，使个人未来职业生涯能得到最大化发展。

5. 收入定位

个人职场收入也是许多人最关注的因素之一。大学生需要先综合考虑企业情况、个人能力、同类高校毕业生的收入情况、岗位未来的发展前景等再做判断。许多职业起步待遇并不高，但未来发展前景好，个人在做职业生涯决策时不能只关注眼前的待遇而忽略长远的职业生涯发展。

四、大学生职业生涯决策的困难及其解决方案

（一）职业生涯决策困难的表现

调查显示，大学生在职业生涯决策中更多表现出冲动型、顺从型、延迟型、烦恼型或者直觉型的决策风格，计划型决策风格占比不到10%，这或多或少是大学生的职业生涯决策困难导致的。

案例5

W同学是大四学生，他现在手中握有好几个录用通知，如国有企业、外商投资企业、中小企业的录用通知等，但是他无法做出让自己最满意的选择，他很苦恼。他担心选了A企业，却不能获得B企业的待遇；选择B企业，能享受良好的待遇却无法获得更好的发展平台。W同学为此非常纠结，迟迟拿不定主意。

W同学是典型的烦恼型职业生涯决策风格。他期待自己的选择能达到效益最大化，但是职业生涯决策过程本身就意味着选择了一项就得放弃其他更多的可能。

（二）职业生涯决策困难的类型

在校大学生在职业生涯决策中主要出现三类困难：①职业生涯决策缺乏准备；②职业生涯决策信息不充分；③职业生涯决策面临矛盾冲突。

1. **职业生涯决策缺乏准备**

对于大学生而言，缺乏准备是职业生涯决策困难的首要问题，主要表现为缺乏职业生涯决策的动力，对职业生涯决策犹豫不决，对未来的职业生涯有着不切实际的期待。同时，学生缺乏职业生涯决策信心，表现为职业生涯决策风格的瘫痪型、延迟型等，常常会纠结于以下问题："我本来填的第一志愿不是这个学校、这个专业，出于无奈才选择了它……""我现在进了这个专业也不知道未来可以做什么……""关于未来，我完全没有方向和目标……""我觉得A企业所在的行业发展前景非常好，B企业薪资待遇水平高，上次面试的另外一家企业提供的岗位是我喜欢的，我该选择哪一个……""我觉得报考研究生可以试试，报考公务员也可以试试，实在不行，我就去考教师资格证……"，以上同学出现职业生涯决策困难的原因在于对自己所学专业缺乏了解、对所在学校的就业资源和就业情况缺乏了解、对自身的职业价值观缺乏了解等。

2. 职业生涯决策信息不充分

大学生的职业生涯决策困难还源于对信息了解不充分，主要表现为对职业生涯决策过程信息了解不充分、对自我了解不充分、对职业信息了解不充分、对外部世界了解不充分等。

案例 6

D 同学过五关斩六将地去了一家银行担任柜员，但是时间一长，发现自己很不适应企业氛围，每天去上班内心都非常抗拒。最后 D 同学实在受不了，离职了，需要重新寻找适合自己的职场位置。

E 同学想去一家国有企业工作，但是发现这家国有企业将英语四级考试作为录用的基本必备条件，而 E 同学在大学期间并未通过英语四级考试，因此只能望洋兴叹了。

F 同学拒绝了一家企业的录用通知，因为这家企业创办时间不长，工作非常辛苦。但是没多久，由于这家企业是高科技创业企业，成功上市了，企业获得了更大的平台和更多的发展机会，员工们也因此大大获益。为此，F 同学感到很后悔。

D 同学职场失利的原因在于对自己的职业兴趣、职业性格等了解不充分，没有根据自己的职业兴趣来选择匹配的工作；E 同学失利的原因在于没有在求职前充分了解心仪国有企业的用人要求，错过了提前准备的关键期；F 同学失利的原因在于对企业的发展前景和战略目标等缺乏了解，因此错过了与企业共同成长的良机。

3. 职业生涯决策面临矛盾冲突

在做职业生涯决策时经常会面临许多内部和外部的矛盾冲突。内部的矛盾冲突主要指大学生在做职业生涯决策时会面临来自个体的需求与喜好之间的冲突。诸如，上文提及的许多大学生在择业时经常会面临"喜欢 A 公司的职位，因为这个职位的工作内容非常符合个人兴趣爱好，但是 B 公司待遇较好"这类情境，这就是个体的内部特质与外部生活需求相冲突的情况。想在某地从事本专业工作的同学因为家庭计划有调整，为了照顾家人而去其他城市发展的案例也是个体规划与外部家庭需求冲突的体现。

（三）职业生涯决策困难的解决方案

如何进行有效的职业生涯决策是大学生做好职业生涯规划的关键一步。大学生应从学校提供的多元职业选择出发，充分利用校内外资源提升职业生涯决策能力。

1. 认真上好学校专业课程，提升专业能力

校内专业课程学习是大学生掌握职业生涯决策能力的前提，只有掌握扎实的专业知识和技能，方能有足够的底气进行职业生涯决策。大学生需要在大学期间认真学好专业知识，掌握专业技能，多了解本专业在日常工作中的应用，不断提升个人专业能力。许多大学生在提及个人专业时，经常埋怨所学专业并非个人所选、个人所爱。但是，放弃个人专业学习，在大学期间放任自我、不学习是不可取的。大学生可以在完成个人专业基本要求的前提下，通过辅修、自学等形式学习个人感兴趣的专业。扎实的专业基础知识和能力是大学生做出职业生涯决策的前提。

案例7

G是大四学生，由于大一到大三均有挂科，大四的他还要继续重修挂科的课程。与此同时，他周边的其他同学大部分已经找到了工作，有的已经去企业实习，有的已经签好就业协议等待入职。对于G而言，他担心重修课程无法通过而影响正常毕业，其职业生涯决策风格表现为延迟型：抗拒就业，颓废、抑郁，窝在寝室不愿意与外界接触。班主任老师了解情况后与G做了深入交流。G说出了自己的担忧，学业上经常挂科的他担心自己同样不能胜任职场，害怕面对找工作的失败。班主任老师耐心地向G分析了当前的就业形势、所处的关键阶段、面临的主要问题以及他自身的优劣势等，逐步引导他转变认知，树立自信，鼓励G积极做出职业生涯决策。最终，在班主任老师的鼓励、引导和帮助下，G从校企合作用人单位资源库中找到了一份能兼顾学业与实习的工作。

在本案例中，G由于学业上的准备不够充分，担心自己胜任不了职场，故职业生涯决策风格表现为延迟型。经过老师的引导，G在充分了解自己的需求和优势后，开始逐渐转变认知，抓住求职就业的关键期，利用学校校企合作的资源优势求职成功。

2. 积极选修职业生涯类课程，提升职业生涯决策知识

大学生在大学期间要认真完成职业生涯规划类课程的学习。当前大学生职业生涯规划得到高度重视，各高校都开设了职业生涯类的必修课程和相关的选修课程。这些课程涉及职业生涯决策的知识、方法、流程步骤等信息，同时也涉及与就业指导相关的知识和技能。另外，部分课程涉及与职业生涯相关的时间管理、心理素质提升等内容。但是这些课程并未得到高度重视，许多大学生只是从学分要求的角度修完课程，并未将课程完全内化于心，外化于行，思想上的忽视导致这些课程达不到预期效果。因此，大学生需要提升思想认识，认真学习职业生涯类相关课程，在职业生涯实践中尝试了解自我，了解外部世界，从而做出最适合的职业生涯决策。

3. 利用校内外实践，提高职业生涯决策心理素质

大学生可以充分利用校内外实践活动，增加职业生涯决策信息，提高职业生涯决策心理素质，为职业生涯决策做好准备。大学生应通过校内各类讲座、校友分享、校史参观等了解学校的活动；参加科创活动、校外志愿服务活动、校外参观、实习等各类能增加职业生涯决策信息的活动，同时也通过以上活动提高职业生涯决策的心理素质。各类校友资源、产学研资源都与学校的行业背景相关，与国内高端制造业相关。关注以上资源可以帮助同学们真正了解学校、了解行业及企业等的职业信息。当前中国正从制造业大国向制造业强国转变，学生们应该积极利用以上资源，明确未来行业、职业的发展方向，立志投身于高端制造业，为提升中国制造业实力做出自己的贡献，同时使自己在未来有更好的职业生涯决策能力。

4.4 大学生多元化的职业生涯目标

在当前多元化社会背景下，大学生的职业生涯目标也呈现出多元化趋势。职业生涯目

標與畢業去向緊密相關，大學生的畢業去向分為就業、參軍入伍、升學深造以及其他。

一、就業

（一）企業就業

1. 就業單位分析

按單位性質統計，大學生大部分在國有企業、"三資"企業、民營企業等各類企業就業，其中，在中小型民營企業就業已逐漸佔據主導地位。

2. 就業行業分析

大多數大學畢業生會進入製造、軟件、互聯網、信息技術服務、交通運輸、倉儲、電子、生物等與學校專業設置和人才培養定位高度契合的行業。

3. 就業崗位分析

大學生就業崗位多數為工程技術人員、其他專業技術人員等。

（二）公職類就業

有小部分大學畢業生通過公務員、事業編制考試，成為國家各級黨政機關、事業單位、人民團體的工作人員，被納入國家編制，統稱公職類就業。這類就業由於有較好的福利體系、社會地位較高、工作穩定有保障等，成為不少大學畢業生十分向往的選擇。這類崗位往往要通過考試進行選拔，招錄職位明確要求具有基層工作經歷，部分地區公務員對社會人員報考有居住證積分和戶籍的限制。公務員考試分筆試和面試，筆試內容包括公共科目考試和專業科目考試。

（三）基層就業

1. 基層就業項目類型

基層就業項目類型包含"三支一扶""高校畢業生到村任職""大學生志願服務西部計劃"及"社區工作者"等項目。

"三支一扶"項目是中央部門組織實施的四大基層就業項目之一，包括"支農、支教、支醫和扶貧"以及基層公共服務崗位。招募的高校應屆畢業生在服務期間的身份是"三支一扶"志願者。"三支一扶"項目一般服務期為2年，服務期滿後在公務員招錄、事業單位招聘、報考碩士研究生、自主創業以及國家補償學費和代償助學貸款等方面都享有優惠政策。

"高校畢業生到村任職"項目指"大學生村幹部"項目。早在2008年，中共中央組織部、教育部、財政部、人力資源和社會保障部出台了《關於選聘高校畢業生到村任職工作的意見（試行）》，計劃用5年時間選聘10萬名高校畢業生到農村擔任村黨支部書記助理、村委會主任助理或者團支部書記、副書記等職務。從2010年開始，擴大選聘規模，逐步實現"一村一名大學生村幹部"計劃的目標，一直延續至今。"大學生村幹部"選聘對象原則上為全日制本科及以上的學生黨員。選聘的基本條件為思想政治素質好，作風踏實，吃苦耐勞，組織紀律觀念強；學習成績良好，具備一定的組織協調能力；自願到農村基層工作；身體健康。選聘對象和選聘條件的具體規定，由省（自治區、直轄市）黨委組織部根據實際情況確定。

"大學生志願服務西部計劃"項目。2003年，共青團中央、教育部、財政部、人力資源和社會保障部根據國務院常務會議和全國高校畢業生就業工作會議精神，聯合實施"大学生志愿服务西部计划"项目，招募普通高等学校应届毕业生或在读研究生，到西部基层开展为期 1~3 年的志愿服务工作，鼓励志愿者服务期满后扎根当地就业创业。"大学生志愿服务西部计划"项目按照服务内容分为基础教育、服务"三农"、医疗卫生、基层青年工作、基层社会管理、服务新疆、服务西藏 7 个专项。自 2010 年开始参加"大学生志愿服务西部计划"项目的，服务期满 2 年且考核合格的志愿者，3 年内报考研究生，初试总分加 10 分，同等条件下优先录取。报考公务员等享受相关优惠政策，出省服务的和在本省服务的志愿者优惠政策必须保持一致，具体政策规定由省级人力资源和社会保障部门确定。党中央、国务院高度关心"大学生志愿服务西部计划"项目志愿者，曾多次做出批示或给志愿者回信，肯定志愿者们在西部地区辛勤耕耘、默默奉献的精神，为当地经济社会发展、民族团结进步做出了贡献，勉励越来越多的青年人以志愿者为榜样，到基层和人民中去建功立业，让青春之花绽放在祖国最需要的地方，在实现中国梦的伟大实践中书写别样精彩的人生。

社区工作者隶属于国家民政局，是国家为推动城市化发展和维护社会稳定而设立的岗位。以自然居住小区为服务单位的工作人员，是活跃在我国社区建设工作第一线的社会工作者，是专门从事中国社区社会工作的专业人员。社区工作者一般要求具备大学专科及以上学历，年龄在 45 周岁以下，身体健康，品行良好，具备符合岗位职责要求的组织协调、综合分析、交流沟通和解决问题的能力。部分经济发达地区，社区工作者的待遇可以参照当地事业编制的待遇。

2. 基层就业的重要意义

很多大学生对基层就业存在一些疑虑。事实上，基层就业岗位的设置是有其特殊意义的。

（1）基层就业有利于引导高校毕业生到艰苦地区、到基层就业，引导他们自觉地把个人的理想和现实的需要结合起来，帮助大学生深入了解国情、了解社会，树立行行建功、处处立业的观念，建立志存高远的人才观、世界观和价值观。

（2）基层就业有利于促进农村教育、卫生、农业与乡村振兴等社会事业的发展，改善当地的人才队伍结构，为基层建设增添新的活力。对于高校毕业生而言，学有所用的感受会更加明显，也会对未来更加充满信心。

（3）基层就业有利于培养造就一批既有现代科学文化知识又有基层工作经验和强烈社会责任感的优秀青年人才队伍，推动经济社会的全面、和谐发展。

综上所述，基层就业无疑给广大高校毕业生提供了一个施展才华的舞台，给他们提供丰富的基层工作经验，锻炼他们坚强的意志。从基层就业岗位走出来的大学生，日后的择业机会比其他未在基层工作的同龄人多得多，这也是基层就业的一个很大的优势因素。对于高校毕业生来说，尤其应该抓住机遇，多到基层历练，积累基层工作经验，为更好的发展做准备。

二、参军入伍

我国现在的兵役制度是义务兵和志愿兵相结合。大学生（包括应届毕业生）通过征兵体检，合格入伍前两年就是义务兵（士兵）。服役两年后，如果再进入军队就是志愿兵（士官），士官是领工资的职业军人。军官则是有特定的培养渠道，需要本科学历或者从军校毕业的背景，士官与军官有严格的界限，战时可以根据需要将士官任命为军官。很多大学生在义务兵期间选择报考军校，如成功考取，则毕业后可以获得军官身份，按照部队的要求到指定的战区任职。义务兵第一年的"兵衔"为列兵，第二年为上等兵；士官分为三等七级，三等为高级士官、中级士官、初级士官，七级为一级军士长、二级军士长、三级军士长（以上是高级士官）、四级军士长、上士（中级士官）、中士、下士（初级士官）；军官的军衔分为三等十级，三等为将官、校官、尉官，十级为上将、中将、少将、大校、上校、中校、少校、上尉、中尉、少尉。

（一）毕业生"直招士官"与报考"军队文职人员"的相关介绍

大学应届毕业生还可以通过"直招士官"和报考"军队文职人员"的方式入伍。

"直招士官"入伍需要满足的基本条件：已经取得大学毕业证，男性未婚，年龄不能超过 24 周岁，大学所学专业需要符合部队的发展需求，也就是专业对口。"直招士官"一般涉及计算机、道路运输、自动化、通信、机电设备、机械设计制造、医学技术、语言等270 余个军民通用专业。高校和所在专业已经开展职业技能鉴定的，应当获得国家颁发的中级以上资格证书。

"直招士官"入伍，进入部队直接就是下士军衔，专科毕业生是下士第一年，本科毕业生则是下士第二年，享受下士的工资待遇。大学毕业生通过"直招士官"入伍，经过 4个月的新兵连和岗前培训之后，都会分配到对应的工作岗位上。也就是说，大学所学的专业和部队的岗位是相匹配的，在部队里面能够发挥出自己的专业特长，是真正意义上的携笔从戎，用知识和技术来为国防与军队的发展做贡献。

"军队文职人员"是指在军民通用、非直接参与作战且社会化保障不宜承担的军队编制岗位从事管理工作和专业技术工作的非现役人员，是军队人员的组成部分，主要为从事科学研究、工程技术、医疗卫生、教学、新闻、出版、文化艺术、体育等单位的部分专业技术员工职务，以及为机关、院校、医疗等单位内部服务的部分行政事务、生活保障员工职务。文职员工的政治待遇和生活福利待遇按照现役军官的有关规定执行，工资水平与相应级别的现役军官相同。文职员工承担着与现役军官基本相同的义务，享有与现役军官同等工作、学习、参加政治生活、获得政治荣誉和物质鼓励的权利；与现役军官依隶属关系和所任职务，构成上下级或同级关系，工作需要时可改任现役军官。

（二）大学生参军入伍的意义

从法律层面上讲，参军入伍是每个公民应尽的义务。

当兵即入学，退伍就毕业。军营是一所"大学校"，不仅能学习军事，还能学技能、学管理、学文化，甚至能学到一些前沿科学。部队每年都要选送士兵到院校、厂家、集训队等培训单位学习驾驶、炊事、修理、卫生救护等军地两用技能，掌握一技之长，这为士兵将来走向社会打下专业和实践基础。

（三）大学生参军入伍的准备

1. 及时获得信息

（1）在全国征兵网（https：//www.gfbzb.cn/zcfg/index.action）报名，里面有详细的报名流程。因每年征兵入伍时间存在一定的差异，需要应征学生及时关注各类通知信息，多与学院辅导员老师沟通交流。同时各学校每年都会提前将征兵信息在校内进行大规模宣传。有意向的同学也可以通过各校武装部等部门了解具体征兵信息。

2. 认真完成学业

应届毕业生征兵入伍是一项针对毕业生的就业方式。按照要求，大学生必须顺利完成大学学习，获得毕业证书和学位证书方能以毕业生身份征兵入伍。因此，有意向入伍的大学生在大学期间必须认真完成学业，获得毕业证书和学位证书方可顺利参军入伍，否则不予入伍。

3. 保持身心健康

体检是大学生参军入伍的必经环节之一，而且体检要求高于一般体检。许多学生进入大学后忽视身体锻炼，熬夜、久坐都是影响身体素质的不良因素。只有在大学期间注重锻炼身体，保持健康乐观的心态，确保身心健康，这样才能顺利通过体检这一环节。

三、升学深造

（一）国内攻读硕士学位

国内攻读硕士学位需要通过硕士研究生考试。硕士研究生考试，俗称"考研"，指具有本科学历或同等学力的考生，报考硕士研究生招生考试的行为。高等学校和科学研究机构（以下简称招生单位）招收硕士研究生，旨在培养热爱祖国，拥护中国共产党的领导，拥护社会主义制度，遵纪守法，品德良好，具有服务国家、服务人民的社会责任感，掌握本学科坚实的基础理论和系统的专业知识，具有创新精神、创新能力和从事科学研究、教学、管理等工作能力的高层次学术型专门人才以及具有较强解决实际问题的能力，能够承担专业技术或管理工作，具有良好职业素养的高层次应用型专门人才。

教育部按照一区、二区制定并公布参加全国统考和联考的考生进入复试的初试成绩基本要求。一区包括北京、天津、河北、山西、辽宁、吉林、黑龙江、上海、江苏、浙江、安徽、福建、江西、山东、河南、湖北、湖南、广东、重庆、四川、陕西 21 省（直辖市）；二区包括内蒙古、广西、海南、贵州、云南、西藏、甘肃、青海、宁夏、新疆 10 省（自治区）。

复试是硕士研究生招生考试的重要组成部分，用于考查考生的创新能力、专业素养和综合素质等，是硕士研究生录取的必要环节，复试不合格者不予录取。复试时间、地点、内容、方式、成绩计算办法、组织管理等由招生单位按教育部有关规定自主确定。

随着经济形势的变化，考研成为很多人规避就业的挡箭牌，随着报考人数越来越多，难度亦日渐增加。然而，考研本身并不是一个具有普遍适用性的选择，宜慎重考虑。从近几年针对应届毕业生的就业意向调研数据来看，本科毕业生普遍存在自视过高的现象。许多学习能力有限、学习习惯不佳、专业水平距离合格的要求尚有很大距离的学生选择报考硕士研究生，以考研的名义，给自己逃避进入社会寻找借口。

（二）大学生国内升学的建议

1. 考研误区和盲区

（1）逃避就业派。对踏入社会没有信心，选择考研作为避风港。如果你无法直面问题，就不可能解决问题。既然就业是一个必不可免的归宿，那么逃避心理万万要不得。如今就业形势严峻，研究生文凭的含金量对未来来说也是个未知数，若把考研作为避风港，最后如果考研失败，又耽误了就业时机，可能得不偿失。对于大学生来说，去社会上历练几年再考研可能会更好。

（2）赌气考研派。在现实中你是否有过被家里人催促报考公务员或事业单位的经历？许多90后和00后会觉得公务员的工作很枯燥，在和家里人赌气的状态下选择了考研。

（3）莫名其妙派。也许你只是跟着同学去听了一场考研的讲座，就充满鸡血地喊着要考研；又或许是随大流申请了自习室，然后就加入考研的队伍。这种莫名其妙的考研派撑起了考研大军的半边天。但当激情褪去时，你会发现，没有目标和理想的考研是乏味和疲惫的。选择考研的同学们需要理智，不盲目的投入才不会有无奈的退出。

2. 考研动机分析

（1）获得继续深造的机会。大学四年，教师能传授给学生的专业知识并不是很多。本科阶段并不仅仅是要教会学生多少专业知识，这个阶段的课程大多会比较宽泛，往往是知识面广而深度不够。而进入研究生阶段后主要培养的是学生的科学研究能力，能在某一个领域或某一个方向深入下去，从而对该方向能有清晰的认识、准确的把握和深刻的理解，掌握相关的知识和技术，并具备进一步进行技术开发或学术研究的能力。有深造目标的人，选择考研进而读研是一个值得肯定的选择，而且这类考研人也是最有可能成功的，研究生导师也更喜欢真正想做科研的学生。

（2）追求兴趣的专业化。很多人的本科专业不是自己的兴趣所在，或是由于当初填报专业的时候对所报专业的研究领域、应用价值、发展前景一无所知，或是因为分数低而被调剂，或是由父母、亲人代为选择。进了大学之后，他们才发现自己对所学专业实在提不起兴趣，通过某些途径或机缘巧合，反而对其他专业产生了兴趣，于是想在自己感兴趣的专业领域深造和发展。也许你在工作岗位上待了几年之后，终于发现了自己的兴趣所在，于是想在感兴趣的领域深造，那么考研进而读研也是理想的选择之一。只有热爱自己的专业，才能做出非凡的成绩。

（3）在备考中提升自己。在备考的过程中，考生的思维能力、理解能力、总结归纳能力、写作能力、记忆能力等都将得到提升；其抗挫能力、看待成败的人生态度、时间规划与管理能力等都将得到极大提高或转变，对今后的人生无疑有极大的促进作用。考研最大的收获，不是一张录取通知书，而是在考研过程中获得的能力与收获的良好心态、态度和习惯等。这样的同学，即使考研失败，也能够坦然面对，以高度的责任感加入求职队伍中，不会执拗于考研来蹉跎岁月。

3. 国内升学考试准备

好的方法是成功的一半，考研复习也要讲方法。

（1）专业选择。适合自己的才是最好的。选专业，兴趣肯定是最重要的因素之一。既然是报考研究生，就注定要在这个领域进行深入的学习研究，而且在很大程度上你的专业就是将来要工作的领域，如果没有兴趣或兴趣不大，就很难在该领域有所开拓，也就难取得科研成果。除了兴趣，还要考虑难度，有些专业近些年招生过于火爆，分数偏高，难度太大，这样的专业没把握则宜早些放弃。如果是跨专业考研，则需要慎重决定，早做准备，花更多的时间和精力进行专业课复习。另外，跨专业考研，专业知识背景不占优势，更需要慎重选择。

（2）院校选择。院校的选择，可考虑以下三个因素：①未来工作的城市。将来打算在哪里就业就选择哪里的高校，这样既熟悉当地环境，又有人脉资源。②个人的能力。考研目标院校的选择一定要量力而行，要确保有机会考上，理想的目标院校应该是在个人能力与个人抱负的交叉点上。③所选择的专业。要考虑所选择的院校是否有目标专业以及目标专业的强弱等。

（3）复习备考。①对于政治的复习，在刚上大三时不用过急，因为每年考试大纲变动都很大，只要跟着教学进度学习就可以了。此时的复习重点是全面夯实基础，为考研做知识点的积累，有政治敏锐性，能运用所学知识解决现实重大问题。②对于英语的复习，很多学生往往考完四级、六级后便把英语弃置一边，等到考研时临阵磨枪，这是不可取的。英语这门课程平时打牢基础非常重要，包括扩充词汇量，培养语感，提高阅读速度、理解能力、写作能力等。③对于数学的复习，如果还没有学完，就一定要好好学，打下坚实的基础。如果已经学完所有课程，这一阶段最主要的目标就是把全部的内容都复习一遍，巩固基础。全面整理一下基本概念、定理、公式及其基本应用，同时配合一定量的练习。真题是最好的练习题，结合真题发现不足之处，以便在日后备考中有针对性地加以弥补。④对于专业课的学习，首先要做的是调查所报院校专业指定的参考书，并设法得到这些专业参考书，还可以把该校学生做的笔记借来做参考。对于跨校跨专业的学生，应及早开始专业课程的复习，有条件的话可旁听一些重要的专业课。

5　大学生职业生涯规划书

5.1　职业生涯规划书的写作要点

一、态度端正

职业生涯规划对大学生起灯塔和驱动力的作用，可指明大学生的行动目标和方向，而且能提供实现目标的途径。

二、逻辑严密

一篇合格的职业生涯规划书必须包含"为什么""是什么""怎么做"三部分内容。"为什么"是探索个体内部特征、外部世界等内容；"是什么"是指个人在某一阶段的职业生涯目标；"怎么做"指制定阶段性的、可执行的、可测量的并可分解细化的措施。也就是说，通过分析个体内部特征，探索外部世界等这些"为什么"的论据来论证个人在某阶段的职业生涯目标"是什么"，然后通过阶段性的、可执行的、可测量的并可分解细化的措施来落实"怎么做"。作为"为什么"的内部特征、外部世界的探索论据要有说服力，能确切地论证个人的职业生涯目标"是什么"。同时作为"怎么做"的职业生涯目标实施措施也需要具有针对性，能分析实现"是什么"的目标。

三、目标明确

职业生涯目标是职业生涯规划书的中心，职业生涯规划书的撰写则是围绕这一中心展开。职业生涯目标需要清晰明确、合理适中、切实可行，不能过于笼统模糊，也不能过于理想化。

四、论证有据

职业生涯规划书的撰写必须充分探索个体内部特征，理清外部宏观环境和微观环境，实现"知己知彼"。不严谨的测评结果会对个人造成错误的判断，模棱两可的猜测和未做具体而详细信息的搜集会对职业生涯目标造成错误分析和判断。因此，全面深入地剖析自我，准确有效地掌握外部职业环境是有效论证个人职业生涯目标的前提。

5.2　职业生涯规划书的内容

范例

第一部分：个人信息					
姓名	小A	学号	001	性别	男
年级	大三	班级	计算机三班	年龄	21
专业	信息与计算科学		手机号		
专业类别	☐哲学　☐经济学　☐法学　☐教育学　☐体育学　☐文学　☐历史学 ☑理学　☐工学　☐农学　☐医学　☐军事学　☐管理学　☐艺术学				
政治面貌	党员	担任职务	学习部长		
爱好特长	打篮球、打羽毛球				
社会实践经历	大二暑假期间去互联网公司做了两个月暑假工，有酒店兼职经历				

第二部分："择业宝"职业匹配结果				
一、自我认知				
（一）智力				
IQ 值（0～147）	116	结论		良好
（二）职业能力				
1. 空间知觉	得分（0～20）	15	结论	较高
2. 字词知觉	得分（0～20）	8	结论	较低
3. 逻辑推理	得分（0～10）	7	结论	较高
4. 言语理解	得分（0～10）	5	结论	中等
5. 数字运算	得分（0～10）	8	结论	较高
（三）职业兴趣				
1. 现实型	得分（0～16）	12	结论	高分
2. 艺术型	得分（0～16）	2	结论	显著低分
3. 研究型	得分（0～16）	14	结论	高分
4. 社会型	得分（0～16）	7	结论	中等
5. 企业型	得分（0～16）	4	结论	低分
6. 常规型	得分（0～16）	3	结论	显著低分

（续上表）

（四）职业价值观（按得分高低排序）				
1. 自由型	得分（0~13）	5	结论	中等
2. 自尊型	得分（0~13）	11	结论	显著高分
3. 支配型	得分（0~14）	9	结论	高分
4. 自我实现型	得分（0~14）	10	结论	高分
5. 志愿型	得分（0~12）	3	结论	低分
6. 技术型	得分（0~14）	12	结论	高分
（五）大五人格				
1. 外向性	得分（-8~8）	3	结论	中等
2. 宜人性	得分（-8~8）	1	结论	中等
3. 责任心	得分（-8~8）	5	结论	高分
4. 稳定性	得分（-8~8）	6	结论	高分
5. 开放性	得分（-8~8）	4	结论	高分

二、职业发展类型				
理工医类	得分（-3.6~3.6）	2.8	结论	很适合
文经管类	得分（-3.6~3.6）	1.5	结论	适合

三、职业能力适应层级	
得分（-9~11）	4
对应层级	□ >6：决策层（董事长，总经理，副总经理） □ 5~6：高层（总监，总师，处长，高级职称） ☑ 3~4：中层（主任，科长，部门经理，中级职称） □ 1~2：基层（班组长，技术员，主管，专员） □ -1~0：技能层（技术工人，销售员，文员） □ <-1：普通层（搬运工，清洁工）

四、能力不足判断与改进建议

$ZCZJ = -1$　结论：被试的文字处理能力不足，可以参考以下方法加以改进。

方法1：要勇于发扬"钉子"精神，善于挤时间学习。

克服办公室岗位特殊、工作繁重、平时难以集中时间系统学习的实际困难，保持应有的韧劲、拼劲和钻劲，时刻把学习挂在心上，挤时间看书看报、上网阅读，把学习巧妙地寓于工作之中，在学习中干好工作。

方法2：要拓宽学习知识面，不断丰富学习内容。

"书到用时方恨少。"对于办公室文员来说，没有什么知识是无用的，没有什么是不可学的。古今中外、天文地理、科教文化、民俗谚语、正反事例等，无所不容，无所不包。只有学得多、看得多，看问题才会全面，想问题才会深刻，写材料才有深度。

（续上表）

方法3：要避重就轻，讲究学习方法。
每个人的时间和精力都是有限的。文字工作要求我们成为一个博学多才的"杂家"。结合办公室工作实践，通过通读、摘读、精读相结合，博览多学，兼收并蓄，不断提高自身的文字表达能力、政策理论水平和专业知识，从而不断增强写作的预见性和创造性。

五、选择职业

职业1	产品经理								
智力	适合	职业能力	适合	职业兴趣	一般	职业价值观	适合	个性	适合

发展指导及参考书目
发展指导： （1）多看著名企业家的传记、创业成功的案例分析、事迹报道，树立"实业报国"的志向。 （2）培养谦虚、踏实稳重、诚实可靠、独立做事的风格。 （3）培养想当领袖、喜欢解决问题、能够领导和控制别人的风格。 （4）培养自尊、自强、独立的风格。 （5）培养平静、不焦虑、稳重温和、保持自我克制的风格。 （6）培养做事有计划、有条理、认真负责、持之以恒的风格。 参考书目： 　　《企业家的成长历程》《野蛮生长》《与信仰对话——50位劳模访谈录》《辉煌六十年》《托尼·布莱尔：一位世界级领导人的成长经历》《你也能创造奇迹》《"大洋彼岸"的中国人》《阳光心理自我调适》《世界不止一扇窗：调整心态，做最好的自己》《工匠精神：缔造伟大传奇的重要力量》。

职业2	ERP技术开发工程师								
智力	适合	职业能力	适合	职业兴趣	适合	职业价值观	适合	个性	适合

发展指导及参考书目
发展指导： 　　（1）多看著名科学家的传记、事迹报道，树立"科学报国"的志向。培养喜欢钻研、重视科学、善于分析思考、为人好奇、独立性强的风格。 　　（2）培养谦虚、踏实稳重、诚实可靠、独立做事的风格。 　　（3）培养自尊、自强、独立的风格。 　　（4）培养刻苦学习、钻研科学技术、靠本事吃饭的风格。 　　（5）培养追求新思想、新知识，跟随时代发展的风格。 　　（6）培养做事有计划、有条理、认真负责、持之以恒的风格。 参考书目： 　　《改变世界的中国力量》《不可不知的伟大科学家的成长历程》《与信仰对话——50位劳模访谈录》《你也能创造奇迹》《"大洋彼岸"的中国人》《与未来同行》《影响世界的大发明家故事》《Vista看天下》《环球人物》《工匠精神：缔造伟大传奇的重要力量》。

（续上表）

职业 3	软件工程师								
智力	适合	职业能力	适合	职业兴趣	一般	职业价值观	适合	个性	适合

发展指导及参考书目

发展指导：

（1）多看著名科学家的传记、事迹报道，树立"科学报国"的志向。培养喜欢钻研、重视科学、善于分析思考、充满好奇、独立性强的风格。

（2）培养谦虚、踏实稳重、诚实可靠、独立做事的风格。

（3）培养自尊、自强、独立的风格。

（4）培养刻苦学习、钻研科学技术、靠本事吃饭的风格。

（5）培养追求新思想、新知识、紧跟时代发展的风格。

（6）培养做事有计划、有条理、认真负责、持之以恒的风格。

参考书目：

《改变世界的中国力量》《不可不知的伟大科学家的成长历程》《与信仰对话——50位劳模访谈录》《你也能创造奇迹》《"大洋彼岸"的中国人》《与未来同行》《影响世界的大发明家故事》《Vista看天下》《环球人物》《工匠精神：缔造伟大传奇的重要力量》。

职业 4	UI 设计师								
智力	适合	职业能力	适合	职业兴趣	一般	职业价值观	适合	个性	适合

发展指导及参考书目

发展指导：

（1）多看著名科学家的传记、事迹报道，树立"科学报国"的志向。培养喜欢钻研、重视科学、善于分析思考、充满好奇、独立性强的风格。

（2）学会欣赏各种艺术，培养想象力丰富、富有创造性、具有独创思维方式的风格。

（3）培养自尊、自强、独立的风格。

（4）培养刻苦学习、钻研科学技术、靠本事吃饭的风格。

（5）培养追求新思想、新知识、跟随时代的发展的风格。

（6）培养做事有计划、有条理、认真负责、持之以恒的风格。

参考书目：

《改变世界的中国力量》《不可不知的伟大科学家的成长历程》《艺术家的成长历程》《我们这一代》《你也能创造奇迹》《"大洋彼岸"的中国人》《与未来同行》《影响世界的大发明家故事》《Vista看天下》《环球人物》《工匠精神：缔造伟大传奇的重要力量》。

第三部分：职业生涯自我分析

一、宏观环境分析

（一）社会环境分析

政治环境	国家对于互联网行业鼓励改革，不断创新，发展人才
经济环境	互联网行业经济形势处于上升阶段，未来还有发展空间

（续上表）

文化环境	互联网行业"996"加班文化成行业公认，国家鼓励适量工作
就业形势	互联网行业就业形势好，目前还是需要大量新鲜血液
就业政策	国家对于互联网行业就业政策开放，鼓励创新

（二）职业环境分析

行业分析	互联网市场空间广阔，政策大力支持
职业分析	互联网各职业不断创新，专业人才需求量大
企业分析	国内互联网巨头数量多，就业环境吃香
地域分析	南方北方各有互联网企业总部，看当地政策以及人才是否符合互联网企业发展

二、微观环境分析

（一）学校环境分析

学校特色	学校是985大学，品牌好，师资力量强大，培养的学生素质高，学校环境好，配套齐全
专业特色	计算机信息专业是学校的优势专业，拥有强大的师资力量，在业界很有影响；在当前就业环境中，互联网专业较为吃香，能获得不错的薪资
学校本专业就业情况	学校互联网行业就业率为97%，绝大多数学生能找到合适的工作

（二）家庭环境分析

经济状况	家庭经济条件较好
家人期望	家人期望自身能快乐工作，不要过多压力
家族文化影响	受家族影响，对互联网深度喜爱，家族人员整体素质高，文化涵养好

三、职业定位

（一）SWOT分析法

1. 自己的优势（S）

（1）自己的长处（从学校学到什么有价值的东西，获得哪些方面的知识和能力，在校期间获得过什么奖励，获得过什么证书或者有什么特长等）

专业课都在90分以上，在校期间已取得计算机四级证书；暑假去互联网公司实习过，有一定的工作经验；在校期间获得过计算机比赛一等奖

（2）自己的优点（个性、智力、职业能力、环境适应能力等）

个性温和、智力良好、有一定的职业能力（有工作经验）、适应能力好

（3）自己的资源（家庭、亲友的人脉等）

许多亲戚从事互联网行业，自己从小对互联网较为喜爱

（4）自己的强项（你做过的最成功的事情是什么，如何成功的）

获得计算机比赛一等奖，通过在学校不断努力练习，最后获得比赛一等奖

（续上表）

（5）哪些方面胜过竞争对手
专业能力、理解能力、适应能力、逻辑思维能力
（6）其他
喜欢长期坚持运动，身体素质好
2. 自己的劣势（W）
（1）自己的短板（什么事情是你没有把握做好的，做不好的原因是什么，如何努力克服和提高）
社交能力比较弱，不喜欢与人交流；多看社交方面书籍，多跟人打招呼、交流
（2）自己的弱点（比如性格过于内向，不敢在公共场所演讲等）
不敢在人多的场合大声说话，害怕出丑，更不敢上台演讲
（3）失败的经历（最失败的事情是什么，如何失败的，如何避免在以后的职业生涯中再次失败）
因为没有控制好情绪，未去参加选修课考试，导致补考；日常时间多练习对情绪的把控
（4）竞争对手在哪方面比我强
竞争对手社交能力比我强，善于跟他人交流
3. 发现外部的机会（O）
（1）社会层面（经济快速发展，网络技术，出国深造的途径，择业双向选择）
经济快速发展，互联网时代选择在国内发展
（2）学校层面（积极拓展就业市场和渠道，为学生提供更多的就业选择）
学校请了很多互联网大公司进行校招活动，帮助大家找到心仪工作
（3）行业环境（要从事的行业有哪些潜在优势，亟须什么样的人才）
互联网行业目前是蒸蒸日上，亟须专业人才
（4）企业发展（企业的发展前景，人才培养机制、人才晋升渠道）
互联网企业有发展前景，目前市面上互联网企业制度较为完善，晋升通道透明
4. 发现外部的威胁（T）
（1）社会层面（毕业生人数的逐年增加，经济下行，就业和创业机会减少，岗位竞争越来越激烈）
毕业生逐年增加，互联网企业也逐年新增，创业机会会越来越少
（2）学校层面（同专业毕业的竞争者以及名校毕业的竞争者）
实习初期选择工作会有竞争，但是过了实习期每个人发展方向不同，竞争会减少一些
（3）行业环境（行业、专业领域发展是否受限）
互联网企业加班严重，缺少多余时间陪家人，年龄大了以后会逐渐被新人取代
（4）企业环境（初出茅庐的毕业生可能会受到具有丰富技能和经验的求职者的威胁，以及工作晋升机会的限制）
工作年限受限，很多核心内容接触不到，先从基础做起
SO 战略（着重考虑优势因素和机会因素，目的在于努力使这两种因素都趋于最大）
了解好公司的前景跟企业文化，以及发挥自身的优势，规划好未来的发展
ST 战略（着重考虑优势因素和威胁因素，目的是努力使优势因素趋于最大，使威胁因素趋于最小）

（续上表）

选择好能很好发挥自身能力的工作岗位，并维护好人际关系
WO 战略（着重考虑劣势因素和机会因素，目的是努力使劣势因素趋于最小，使机会因素趋于最大）
入职前先调查了解同行业企业的背景，并对比出最有前景的企业
WT 战略（着重考虑劣势因素和威胁因素，目的是努力使这两种因素都趋于最小）
入职后和上司以及同事处理好关系，深入了解分析自身优势，并把自身优势发挥出来
（二）5 "WHAT" 分析法
1. What are you?（你是谁？认识自己的优点、缺点、个性特点）
我是小 A，优点是计算机专业能力强，缺点是社交能力弱，我性格好
2. What do you want?（你想做什么？你最想做的职业）
做 ERP 技术开发工程师、产品经理、UI 设计师
3. What can you do?（你能做什么？智力、职业能力、职业兴趣、职业价值观、成就动机、胜任力以及自身知识结构适合做什么职业）
适合做 ERP 技术开发工程师、产品经理、UI 设计师
4. What can support you?（环境支持你做什么？客观方面：经济发展、人事政策、企业制度和职业空间等；主观方面：同学关系、导师关系和亲戚关系等。将两者综合起来，自己可以获得什么支持）
大环境支持我往互联网方面发展，专业能力强，与爱好相同
5. What you can be in the end?（你最终的职业生涯目标是什么？实现职业生涯目标的有利和不利条件是什么，列出不利条件最少、自己想做且能达成的职业生涯目标）
最终职业目标是产品总监，有利条件是专业能力强，不利条件是社交能力弱，没有管理经验，没有太多工作经验
（三）卡茨模式分析

回报	优		W	X	Z
	良				Y
	中				
	差				
	水平	差	中	良	优

→ 机会

X 表示 UI 设计师（3，2），Y 表示产品经理（2，2），Z 表示 ERP 技术开发工程师（3，3），W 表示软件工程师（3，1）

ERP 技术开发工程师（9）＞UI 设计师（6）＞产品经理（4）＞软件工程师（3）

（续上表）

（四）平衡单法分析									
考虑因素（加权值1~5，得失分1~10）		重要性的加权（1~5倍）	第一方案 产品经理		第二方案 ERP技术开发工程师		第三方案 软件工程师		第四方案 UI设计师	
			得（+）	失（-）	得（+）	失（-）	得（+）	失（-）	得（+）	失（-）
个人物质方面得失	1. 经济收入	5	8		8		6		6	
	2. 升迁机会	5	3			2	4		3	
	3. 休闲时间	3		3	4		3		4	
	4. 福利待遇	3	3		8		6		6	
	5. 就业机会	4	6		4		7		6	
他人物质方面得失	1. 家庭经济	5	6		8		7		5	
	2. 家庭地位	2	6		7		6		5	
	3. 与家人相处时间	4		2	4		6		5	
	4. 对家庭生活的影响	3	4		5		5			2
	5. 社会资源的获取	5	7		7		5		3	
个人精神方面得失	1. 生活方式的改变	4	2		5		5		5	
	2. 成就感	5	5		7		4		2	
	3. 自我实现的程度	4	5		6		4		4	
	4. 兴趣的满足	2	5		3			2	2	
	5. 社会声望的提高	5	3		4		2		2	
他人精神方面得失	1. 父母的期望	5	8		8		6		6	
	2. 师长的期望	4	6		7		4		4	
	3. 配偶的期望	5	5		7		4		3	
	4. 亲戚朋友的期望	3	5		7		5		5	
	5. 同学同事的期望	3	6		6		5		5	
合计			377	17	459	10	378	4	320	6
得失差数			360		449		374		314	
最终排序			3		1		2		4	

得出结论：ERP技术开发工程师＞软件工程师＞产品经理＞UI设计师

最后选择的职业	ERP技术开发工程师，产品经理

实施计划

规划好ERP技术开发工程师、产品经理的职业发展路线，并按照职业规划进行发展

6 职业生涯规划的实施与调整

6.1 职业生涯规划实施的内涵

一、职业生涯规划制定原则

1. 匹配性原则

匹配性原则指个人的职业定位要与职业需求相匹配。大学生前期在通过全面了解个人性格、职业兴趣、价值观、职业能力等基础上制定的职业定位，需要与目标职业对人的要求匹配，不能出现不相关甚至背道而驰的状况。

2. 现实性原则

必须充分考虑职业现状和个人现状。许多大学生在制定生涯规划的时候重点关注个人喜欢什么，想做什么，忽略了对目标职业的了解、分析与评价。部分行业中的职业准入要求较高，如果以大学生的身份进入该行业存在困难，则探索行业准入途径是当下需要考虑的问题。另外，部分行业已进入衰退期，是否值得再进入也是在制定职业生涯规划时需要慎重考虑的问题。大学生要对职业做充分深入的了解，多查找资料，多与职业生涯人物访谈交流，多分析，多思考，争取尽可能全面深入地了解职业，这样才能合理地制定职业生涯规划。

3. 辅助性原则

大学生职业生涯规划设计是一个人阶段性职业生涯管理的辅助性过程，并不是职业生涯管理的终点。大学生通过撰写职业生涯规划书明确大学期间的职业生涯目标，这只是个人职业生涯中的一个中长期目标，并不能代替一个人整个职业生涯过程，也不能代替职业生涯实践。大学生规划职业生涯的过程也是一个探索自我，了解外部世界，制定目标，实现自我认识、自我教育、自我提升的过程，以落实职业生涯实践。

4. 发展性原则

设计职业生涯规划并不局限于大学期间，应该至少考虑未来十年的发展。职业生涯规划的制定必须在充分了解自我和立足"当下的我"的基础上考虑"未来的我"，这样才更具前瞻性和长远性。同时，大学生更应明确当下设计职业生涯规划是为个人指明实施路径，在完成在校期间学习任务的基础上更要考虑个人的长远发展，在符合时代和社会的前提下多实践，多尝试，拓宽个人视野，丰富个人实践经验。大学生放眼未来，方能为个人发展奠定坚实基础，实现大学规划和未来职业生涯规划的有效衔接。

5. 实践性原则

职业生涯规划不应仅是一个规划或是停留于口头材料和书面材料，更应落实到个人行动，成为个人在大学期间的行动指南。大学生只有将规划付诸行动，个人的规划才有意义，否则规划将毫无作用。大学生不光要认真做好规划，更要努力实践规划，做到知行一致，将规划落实于行动。

二、职业生涯规划目标管理

1. 职业生涯目标实施状况

要实现跨越四年的职业生涯目标是一个艰辛的过程，如果没有坚定的目标，并把大目标分解成小目标，就会出现虎头蛇尾的状况。因此，将中期和长期的职业生涯目标分解为小目标是职业生涯目标实施的有效方式。

2. 大目标与小目标

相对于大学生的职业生涯目标这样的中期和长期大目标，这里涉及的小目标主要指为了实现中期和长期的职业生涯目标而将其分解为不同阶段的小任务。人的时间和精力是有限的，而目标的实施是长期的过程。如何在长期的过程中确保努力方向不偏离最初的目标，或者确保在实施的过程中不懈怠？可以将大目标分解成小目标，在逐步实现这些小目标的过程中不断接近大目标。

3. 制定小目标的原则

目标的制定，旨在促进目标的实现。制定目标要遵循 SMART 原则。S 即明确的，目标一定要明确，不能模棱两可；M 即可测量的，目标尽量用数据表达；A 即目标要符合个人的内在条件和外在实际，可实现；R 即实际的，目标要具备可行性和可操作性；T 即具备一定的时间要求，目标制定要有切实可行的时间节点。

三、时间管理

1. 时间管理现状

大学四年，同一个班级的同学毕业时收获大相径庭。有些同学顺利实现大学入学初设定的目标；有些同学只是勉强毕业，有些同学的收获甚少；还有些同学甚至都不能顺利毕业。为什么差不多的学习水平，同样大学四年，四年后差别如此巨大？

许多大学生缺乏时间管理能力，以至于在大学阶段虚度光阴，勉强完成学校的毕业要求，无法有额外的收获。主要原因是每天 24 小时，大学生的时间被很多不重要的、不紧急的事情占用，许多碎片时间被浪费，那些重要的事情却往往被搁置在一旁；有的同学前期缺乏规划和有效执行，被很多紧急且重要的事情逼迫着整天处于忙碌的状态，这种状态最终会导致职业生涯目标无法得到有效实施。同学们可以通过学会有效利用每天 24 小时，即掌握时间管理法则，来使个人职业生涯目标得到有效实施。

2. 时间管理法则

每个人都有自己的时间管理方法，提高效率是时间管理法则的目标。无论哪种时间管理方法，以下两大原则在时间管理中都要遵循。

（1）学会取舍——明确大目标。

每个人每天都是 24 小时，除去睡觉和吃饭需要的时间，每个人每天可用于支配的时间是 15 小时左右，可以用这段时间来处理人生中的各大问题。某一段时间用来处理事务 A，那么必然就不能处理事务 B、事务 C……因此，时间管理的首要原则是要学会取舍，明确这段时间内每天 15 小时要处理的大目标，将重要时间和精力花在大目标上。

每个人在每个阶段要面临的主要问题各不相同。时间管理能力强的人会明确每一阶段的大目标，将主要精力投在大目标上。他们做事之前会预估这件事需要投入的时间和精力，权衡这些事情是否对实现大目标有利，是否与大目标方向一致。

（2）时间分配。

第一类：事情紧急且重要，是需要立即处理的。如果有人整天处理这类被称为"危机"的事情，那么他每天都会消耗大量的时间和精力。如果有人整天关注此类事情，那么此类事情范围会越来越广，甚至占据他的全部时间和精力。

第二类：事情不紧急但重要，主要是一些可预见性的，包括制定规则、撰写方案、规划长期目标、制定部分预防性措施。这类事情非常重要但并不需要立刻落实，对未来有预防性作用，因此需要安排时间落实。因为不紧急，许多人往往会忽略它们，但这类事情正是决定了投入与产出的关系，是个人处事能力最重要的体现。

第三类：事情不紧急也不重要。如果有人整天忙于这些不重要也不紧急的事情而缺乏对重要事情的关注，那么这类人就是缺乏计划和目标，缺乏自制力，人际关系也较脆弱。这类人就是日常生活中所说的"拖延症"患者。

第四类：事情紧急但不重要。如果有人把大量的精力花在这类事情上，那么这样的人往往被认为不负责任，不被社会认可。

时间管理能力强的人会把大量精力集中于第二类，这样既节省精力，又能获得更多成绩，会有更大的可能获得成功。

3. 时间管理方法

大学生进入大学后需要处理内容更加丰富的生活：他们从以前单一的以学习为主的生活变为突然面对多个问题的生活。如何有效地处理这些问题、处理不紧急但重要的事情是大学生时间管理的重要工作。

人的一生最大的两笔财富是：你的才华和你的时间。才华越来越多，但是时间越来越少，我们的一生可以说是用时间来换取才华。如果一天天过去了，我们的时间少了，而才华没有增加，那就是虚度了时光。因此，我们必须节省时间，有效率地使用时间。

如何有效率地利用时间呢？

（1）兴趣目标，即做自己真正感兴趣、与自己人生目标一致的事情。"生产率"和"兴趣"有着直接的关系，而且这种关系还不是单纯的线性关系。如果面对没有兴趣的事情，可能会花掉 40% 的时间，但只能产生 20% 的效果；如果遇到感兴趣的事情，可能会花 100% 的时间而得到了 200% 的效果。要在工作上奋发图强，身体健康固然重要，但是真正能改变工作状态的是你的心理。真正地投入到你的工作中，需要的是一种态度、一种渴望、一种意志。

（2）记录时间，即知道自己的时间是如何花掉的。在一个星期内每天记录下每 30 分钟做的事情，然后做一个分类。在一周结束后，分析一下，这周你的时间可以如何更有效率地安排？有没有活动占太大的比例？有没有方法可以增加效率？

（3）零散时间，即使用碎片时间和"死时间"。如果你做了上面的时间统计，你一定发现每天有很多时间流逝掉了，例如等车、排队、搭车等，这些时间可以用来背单词、打电话、温习功课等。现在随时随地在都能上网，没有任何借口再发呆一次。重点是，无论自己忙还是不忙，要把那些可以利用碎片时间做的事先准备好，然后在空闲的时候有计划地拿出来做。

（4）要事为先，即每天一大早挑出最重要的三件事，当天一定要做完。在学习和生活中每天都有干不完的事，你唯一能够做的就是分清轻重缓急。要理解急事不等于重要的事情。每天除了办又急又重要的事情外，一定要注意不要成为急事的"奴隶"。有些急但是不重要的事情，要学会放弃，要能对人说 No！而且每天这三件事里最好有一件重要但是不急的，这样才能确保自己没有成为急事的"奴隶"。

（5）要有优先级次序。有的年轻人会说自己"没有时间学习"，其实，换个说法就是"学习没有被排上优先级次序"。曾经有一个教学生做时间管理的老师，他上课时带来两个大玻璃缸和一堆大小不一的石头以及一些沙子。他做了一个实验，先把小石头、沙子倒进其中一个玻璃缸，最后大石头就放不下了。而另一个玻璃缸中先放大石头，小石头和沙子却可以慢慢渗入。他以此为比喻说："时间管理就是要找到自己的优先级，若颠倒顺序，一堆琐事占满了时间，重要的事情就没有空位了。"

（6）二八原则。人如果能高效利用时间，只要 20% 的时间投入就能产生 80% 的效率。相对来说，如果使用最低效的时间，80% 的时间投入只能产生 20% 的效率。在一天头脑最清醒的时候，应该做最需要专心的工作。与朋友、家人在一起的时间，相对来说不需要头脑那么清醒。因此，我们要把握一天中 20% 的最高效时间（有些人是早晨，也有些人是下午和晚上；除了时间之外，还要根据你的心态、血糖、休息状况等来综合考量），专门用于最困难的科目和最需要思考的学习上。许多同学喜欢熬夜，但是晚睡会伤身，因此还是要尽量早睡早起。

（7）学会放弃。大学生的生活太纷繁复杂了。形形色色的学习、约会、消遣或是娱乐使人越来越应接不暇，渐渐忘记了"少即是多"。有人认为，因为别人对自己有所期待，所以自己不能辜负他们的厚望，必须尽量满足他们的要求；也有人认为，多一分耕耘必然会多一分收获，因此自己必须完成尽量多的工作，以获得最大的成功。其实，这些都是他们不舍得放弃的借口。放手吧！没有人能够做完所有的事，也没有人可以拥有一切。只要你敢于放弃生活中的次要方面，集中精力关注重要的事，你最终获得的就不仅是成功，还有宝贵的平衡生活。

（8）学会专注。你是否经常边打电话边写 E - mail，还不时地翻翻手中的财经类日报？当然，一心多用是一种了不起的本领，但这往往会使你不知不觉地在琐碎的小事上浪费了很多时间。因此，请你在处理一件事情的时候尽可能地专注，在生活中也要时刻谨记自己的目标与方向。千万不要只顾追求表面上的高效率，不断地盲目加速，却忘记了自己生活与工作的重心。当你学会了如何专注于重要的事情，你就能掌握生活中的主动权，提高自己的创造性，并最终为自己赢得时间，为生活赢得平衡。

（9）接受不完美。不要再追求所谓的完美主义了！这种思维方式对己对人都是不必要的苛求。每个人都有自己的缺点，也都会时不时地犯些小错，这有什么关系呢？一个人如果能够集中精力把所有重要的事情都做好就已经很不容易了。对那些无关紧要的细枝末节"睁一只眼闭一只眼"，用省下来的时间与精力关注自己生活的重心，难道不是既省心又省力吗?

(10) 懂得放松和享乐。我们周围普遍存在一种对成功的极大误解:大多数人认为,获得成功的第一步就是高效利用时间,而提高效率的方法则是把生命中的每分每秒都安排得富有意义,即便是在双休日或是假期也要始终过得积极主动。请你不要再误导自己了!真正的成功人士是最懂得享受时光的。不想参加那些无聊又吵闹的派对?不想陪同学逛街?那就不去好了!如果你喜欢躺在家里的沙发上听最喜爱的古典音乐,那就尽管拿出整晚的时间尽情享受属于自己的音乐旅程;如果你更喜爱大自然,那就去找一片安静的绿草地,尽情享受一下午阳光的温暖。真正懂得慵懒意义的人才能更轻松地找到生活的平衡点,而且,放松和享乐也是创造力与灵感的最佳源泉。

(11) 坚持。随着现代社会的进步,一切都在向多功能的方向迅速发展,咖啡机变成了多合一饮料机,复印机变成了全能办公助手,最后连人类也躲不过这一时代潮流:为了保证自己不被社会淘汰,我们不得不终身学习,不断提升自我能力。正是由于这种不断增大的压力,寻找生活平衡的道路也就变得越来越曲折。很多时候,我们会自以为找到了生活的平衡点,但通常不过一个月,忙碌与混乱又会使我们迷失在高速运转的社会之中,失去了生活的重心。因此,我们绝不能以一劳永逸的心态对待平衡。平衡是要我们不断寻找或创造的,平衡是通过持续的重新调整获得的,平衡是需要坚持不懈地努力的,平衡是一项一生都做不完的功课。

其实大学生的时间管理就是为了能够有效地学习、合理地分配时间,因此,时间管理就怕计划没执行,执行就怕没反馈,反馈就怕没结果。下达任务内容要清晰,执行计划方法要告知,完成期限提前要警示,协同工作沟通要顺畅,这样才能有效率地管理时间。

四、学习管理

大学生的学习管理主要体现在自主学习能力的提升上,这在当前互联网时代和终身学习社会中尤其重要。

1. 自主学习能力

自主学习能力是决定学生学习效果的重要能力。自主学习能力主要是指大学生运用已有的知识与能力独立完成学习任务,获取新知识和新技能的学习能力。大学生自主学习能力有四个方面的内容:①自我定向能力,即自主制定学习目标、学习内容和学习计划的能力;②应用学习策略能力,即能够运用各种学习资源和利用学习环境,选择恰当的学习方法和手段;③自我监控能力,即通过自我检查、反馈、调节和控制等监控自身学习过程的能力;④自我评价能力,即对自主学习效果进行自我反思和自我总结的能力。因此,大学生自主学习能力既是一种学习能力,也是一种心理能力,更是一种适应社会的持续生存与发展能力。

2. 自主学习能力状况

当前大学生的自主学习能力状况并不乐观,主要存在三方面问题:

(1) 自我定向能力较弱。大学生缺乏明确的学习目标,对个人的学习缺乏系统规划。许多大学生在高考前对学习有强烈的目标感,但是进入大学后,目标感模糊、缺失。

(2) 应用学习策略能力较弱。大学生在学习过程中缺乏综合运用各项学习资源和学习环境的能力,很少能形成适合自身特点的学习方法。

（3）自我监控和评价能力较弱。大学生自我监控和评价能力较弱，同学们缺乏对自己学习状态的关注、监控、总结评价意识。

这三方面的问题也导致许多学生进入大学后不适应大学生活，出现各种适应问题。

3. 互联网时代自主学习能力提升的措施

大学生的自主学习能力提升主要从以下四方面进行：

（1）加强自主学习能力意识培养。大学生在进入大学后要调整个人学习意识，明确在当今的终身学习社会，大学的学习目的不只是获得知识，更重要的是学会学习。学会学习是指明确个人在不同阶段的学习目标，掌握适合自己的学习方法和策略，找到适合自己的学习风格，经常反思自己的学习状态，评价自己的学习过程，对自己的学习状态做出阶段性总结。

（2）逐步摸索个人学习策略，形成适合个人特点的学习风格。大学生在学会学习的过程中，要充分利用各类资源，帮助个人学会知识或者掌握技能，从中不断探索、总结和评价个人学习状态，形成独特的学习风格。

（3）积极思考，主动质疑。大学生在日常学习中需要培养个人发现问题、主动思考、善于坚持的品质，这正是学生自主学习能力的关键特点。主动质疑，即发现问题；主动思考，寻找问题解决的突破口。发现自己的不足，而且坚持不懈，直至顺利解决问题。大学生的自主学习能力在这个过程中能得到很好的锻炼和提升。

（4）充分利用互联网资源。大学生的自主学习能力可以通过互联网资源得到提升。当代互联网为自主学习提供强大的资源库，是自主学习的工具。大学生要充分利用互联网不断获取个人需要的知识和技能，提升个人自主学习的能力。

五、情绪管理

情绪是个体对外界刺激的主观的、有意识的体验和感受，具有心理和生理反应的特征。我们无法直接观测内在的感受，但是我们能够通过其外显的行为或生理变化来进行推断。意识状态是情绪体验的必要条件。

情绪是身体对行为成功的可能性乃至必然性在生理反应上的评价和体验，包括喜、怒、忧、思、悲、恐、惊七种。行为在身体动作上表现得越强就说明其情绪越强，如喜至手舞足蹈、怒至咬牙切齿、忧至茶饭不思、悲至痛心疾首……这些就是情绪在身体动作上的反应。情绪是信心这一整体中的一部分，它与信心中的外向认知、外在意识具有协调一致性，是信心在生理上一种暂时的较剧烈的生理评价和体验。

情绪管理，就是用正确的方式探索自己的情绪，然后调整自己的情绪，理解自己的情绪，放松自己的情绪。简单地说，情绪管理是对个体和群体的情绪感知、控制、调节的过程，其核心必须将人本原理作为最重要的管理原理，使人性、人的情绪得到充分发展，人的价值得到充分体现；是从尊重人、依靠人、发展人、完善人的角度出发，提高对情绪的自觉意识，控制情绪低潮，保持乐观心态，不断进行自我激励、自我完善。

情绪的管理不是要去除或压制情绪，而是在觉察情绪后，调整情绪的表达方式。有心理学家认为情绪调节是个体管理和改变自己或他人情绪的过程。在这个过程中，通过一定的策略和机制，使情绪在生理活动、主观体验、表情行为等方面发生一定的变化。也就是说，情绪固然有正面有负面，但真正的关键不在于情绪本身，而是情绪的表达方式。以适当的方式在适当的情境表达适当的情绪，就是健康的情绪管理之道。

情绪管理就是善于掌握自我，善于调节情绪，对生活中的矛盾和事件引起的反应能适可而止地排解，能以乐观的态度、幽默的情趣及时地缓解紧张的心理状态。

人们形成的否定情绪和情感往往只是短暂的，痛苦一阵以后，强烈的体验随着刺激的消失而消失。情绪的长期压抑对个人的健康有很大的影响，影响的程度也因人而异。情绪最基本的四种表现是：快乐、愤怒、恐惧、悲哀。悲哀是最普遍的消极情绪。

1. 体察自己的情绪

时时提醒自己注意："我的情绪是什么？"例如：当你因为朋友约会迟到而对他冷言冷语时，问问自己："我为什么这么做？有什么感觉？"如果你察觉你已对朋友三番两次的迟到感到生气，你就可以对自己的生气做更好的处理。有许多人认为，"人不应该有情绪"，因此不肯承认自己有负面的情绪。但要知道，人是一定会有情绪的，压抑情绪反而会带来更不好的结果，学着体察自己的情绪是情绪管理的第一步。

2. 适当表达自己的情绪

再以朋友约会迟到的例子来看，你之所以生气可能是因为他让你担心，在这种情况下，你可以婉转地告诉他："你过了约定的时间还没到，我好担心你在路上发生意外。"试着把"我好担心"的感觉传达给他，让他了解他的迟到会带给你什么感受。什么是不适当的表达呢？例如，你指责他："每次约会都迟到，你为什么都不考虑我的感觉？"当你指责对方时，也会引起他的负面情绪，他会变成一只刺猬，忙着防御外来的攻击，没有办法站在你的立场为你着想，他的反应可能是："路上塞车嘛！有什么办法，你以为我不想准时吗？"如此一来，两人开始吵架，更别提什么愉快的约会了。如何"适当表达"情绪，是一门艺术，需要用心体会、揣摩，更重要的是，要学会在生活中运用。

3. 以适宜的方式纾解情绪

纾解情绪的方法有很多，有些人会痛哭一场，有些人找三五好友诉苦一番，有些人会逛街、听音乐、散步或逼自己做别的事情，比较糟糕的方式是喝酒、飙车甚至自杀。要提醒大家的是，纾解情绪的目的在于给自己一个理清想法的机会，让自己好过一点，也让自己更有能量去面对未来。如果纾解情绪的方式只是暂时逃避痛苦，而后需承受更多的痛苦，这便不是一个适宜的方式。有了不舒服的感觉，要勇敢地面对，仔细想想，我为什么这么难过、生气？我怎么做才不会重蹈覆辙？怎么做可以缓解我的不愉快？这么做会不会带来更大的伤害？从这几个角度去选择适合自己且能有效纾解情绪的方式，你就能够控制情绪，而不是让情绪来控制你。

六、积极归因

正确的归因不仅能使大学生端正学习态度，激励大学生通过努力不断提高自己，而且还会使大学生产生愉快的情绪体验并积极地看待学习中的成与败。

美国心理学家维纳提出的归因理论认为：人们对自己的行为及其结果的归因是复杂而多维的，并且自我的归因将影响今后类似行为的动机。他认为人们在解释自己或他人行为时往往考虑以下六个方面：①能力（或天资）；②努力程度；③任务难度（工作难度）；④运气（机会）；⑤身心状况；⑥其他（如别人的反应）。

从不同的维度上沿着不同的方向进行归因对学习动机的影响是不同的。例如，当把失败归为能力低时，可能会丧失学习的动力；而当把失败归为运气不好或不够努力时，则有利于提高学习动机。相反，如果把成功的原因归为能力强时，有利于提高学习动力；而当把成功归结为运气好时，则可能降低学习动机。

从归因理论中，可以发现，积极的归因是把学习成功归为自己的努力、端正的态度和学习方法的正确运用；把失败归于自己努力不够、学习方法不正确，而不是缺乏能力，更不是社会和教师的因素。为此，要树立"努力就能成功"的信念，它能帮助我们发现自己的能力，树立自信。当有不断获得努力就能成功的体验时，学习就会成为一种主动行为。

七、运用学习策略

学习策略就是学习者为了提高学习的效果和效率，有目的、有意识地制订的有关学习过程的复杂方案。它是伴随着学习者的学习过程而发生的一种心理活动，这种心理活动是一种对学习过程的安排。

1. 浏览

浏览全书，大致了解材料的主要内容。此过程包括以下方面：看书名、文章标题、作者信息，做好学习新材料的思想准备，在深入阅读之前在头脑中确定材料的整体架构，浏览前言和后记以了解作者写作的背景与意图，并通过纵览抓住材料的核心观点。

2. 提问

提问的简单做法是围绕标题提问，然后通过阅读来寻找问题的答案。这样可以激发我们的好奇心，从而增强对新学材料的理解。例如，针对"学习策略"，我们可以这样提问：什么是学习策略？学习策略有哪些种类？学习策略的作用是什么？我们怎样掌握学习策略？

3. 阅读

阅读可以填充我们头脑中建立起的框架。细读章节来回答上一步提出的问题。不要逐字逐句逐行地读，而要积极地寻找答案，抓住实质内容。在这个过程中，我们也可能会提出一些问题，应将这些问题记录下来，形成笔记，或直接记录在教材上，或把重点、难点及心得体会写在专用笔记本上。

4. 陈述

读完后，合上书尝试简要回答上面提出的问题，最好能用自己的语言举例说明。如果不能清晰地陈述答案，那么重复阅读后再尝试陈述。进行这一步时最好能结合笔记法，摘记一些短语作为陈述提示。完成第一部分后，按以上三个步骤学习后续的章节，直至完成整本书的阅读。

5. 反思

大学生可通过以下途径，试图理解信息并使信息有意义：把信息和已知的事物联系起来；把课本中的副标题和主要概念及原理联系起来；试着消除不重要的信息；试着用所读内容去解决联想到的类似问题；课堂上认真听老师讲解，及时和任课老师探讨不懂的难点知识。

6.2 大学生职业生涯规划实施的策略

一、大一：职业生涯设计的启蒙——探索期

这一阶段的目标是职业生涯认知和规划，具体的实施策略是：

（1）要转变由高中生到大学生的角色，重新确定自己的学习目标和要求。

（2）要开始接触职业和职业生涯的概念，特别要重点了解自己未来所希望从事的职业或与自己所学专业对口的职业，进行初步的职业生涯设计。

（3）熟悉环境，建立新的人际关系。提高人际沟通能力，在职业方面可以向高年级学生，尤其是毕业生询问就业情况。

（4）积极参加各种各样的社团活动，提高交流、沟通技巧。

（5）在学习方面，要扎实学好专业基础知识，加强英语、计算机能力的学习，掌握现代职业者所应具备的最基本技能。

（6）如果有必要，为可能的转系、获得双学位、留学计划做好资料收集及课程准备，为将来的就业选择打下良好的基础。

（7）大学第一年主要是基础课的学习，学习的任务相当繁重，重要的是培养适合自己的有效学习方法。

二、大二：职业生涯设计的深入探索——定向期

这一阶段的目标是初步确定毕业去向及相应能力与素质的培养，具体的实施策略是：

（1）认识自己的需要和兴趣，确定自己的价值观、动机和抱负。

（2）考虑未来的毕业去向（深造或就业）。

（3）通过参加学生会或社团等组织，培养和锻炼自己的领导组织能力、团队协作精神，同时检验自己的知识技能。

（4）可以开始尝试兼职并参加社会实践活动，最好能长期坚持并从事与自己未来职业或本专业有关的工作。通过兼职和参加社会实践提高自己的责任感、主动性和受挫能力，并从不断的总结分析中得到职业的经验。

（5）增强英语口语和计算机应用能力，通过英语和计算机相关证书的考试，并开始有选择地辅修其他专业的知识充实自己。

三、大三：职业生涯设计意识的建立——准备期

这一阶段的目标是掌握求职技能，为择业做好准备，具体的实施策略是：

（1）在加强专业知识学习的同时，考取与目标职业有关的职业资格证书或通过相应的职业技能鉴定。

（2）了解搜集就业信息的渠道，向学长、学姐了解往年的求职情况，学习撰写简历和求职信的方法与技巧。

（3）了解相关行业和企业的情况。如果准备出国留学或考研，应首先了解相关留学信息和学校信息，然后开始准备工作。

四、大四：职业生涯设计的初步演练——冲刺期

这一阶段的目标是成功就业，具体的实施策略是：

（1）深入了解相关行业和企业信息，再次检查自己的职业选择是否明智。

（2）强化求职技巧，进行模拟面试训练等。

（3）积极参加各类招聘活动，向用人单位提交简历，参加用人单位组织的面试等。

6.3 大学生职业生涯规划的调整

职业生涯规划的制定实际上是一个动态的过程，由于现实社会中存在许多不确定的因素，新的情况不断涌现，会使大学生原来制定好的职业生涯目标与现实情况有所偏差，这就要求大学生不断反省，通过目标和行动方案的反馈信息及时做出相应的调整，从而保证最终实现人生理想。

一、大学生职业生涯规划的评估

职业生涯规划评估主要是对各阶段的预定目标和实际结果之间的差距进行分析，找出差距产生的原因。一般而言，目标与结果出现差距的原因主要有以下几个：

（1）目标定得过高。目标超出个人能力时，要适当调整，否则会伤害自己的自信心。

（2）目标定得过低。自己不需要花费很大的精力就可以完成，这种目标没有什么价值。出现这种情况时，应及时调高自己的预期目标，以使自己的能力能够充分发挥出来。

（3）目标合适而行动方案与之不相配。当目标合适而行动方案与之不相配时，会导致目标无法实现。例如，大一的学业规划目标有考英语四级，但在实施策略中没有安排足够的时间学习英语。

（4）目标和行动方案都合适，但执行不力。例如，目标是考大学英语四级，实施策略中安排了英语学习的具体时间，但由于有其他许多事情而耽误了，导致目标无法实现，这是执行过程中存在的问题。

（一）职业生涯规划评估的作用

许多人对职业生涯规划的认识都会走入一个误区，他们错误地认为只要根据实际情况制定好了职业生涯规划就能一劳永逸，但事实并不是这样。我们周围的环境每时每刻都在变化，我们自身的条件也不是一成不变的，因此，职业生涯规划是一个动态的过程。在实施职业生涯规划的过程中有些条件会发生变化，导致目标和结果出现一定的差距，这就要求根据实际情况对职业生涯规划进行不断的调整。至于如何调整，应取决于评估的结果。

1. 检查职业生涯策略是否得当

我们在制定职业生涯规划的时候，要先进行自我评估。然后在此基础上为自己的职业生涯定下目标，并制定相应的实施策略，包括学习计划、培训计划、工作计划等，这些计划都是为实现目标而服务的。但是，这些计划是否得当就另当别论了。因为我们的很多计划都是在主观分析和经验的基础上制订的，因此，我们在实施这些计划的过程中要不断反省，定期对实际效果进行检验。

2. 检验职业生涯目标是否得当

职业生涯规划的每项内容都是建立在自我分析和客观事实基础上的，但是我们身处的世界每天都在发生变化，大到国际形势突变、国家政策调整，小到组织制度改变、组织结构变革、自身条件变化，这些都是影响我们制定职业生涯目标的客观因素。同时，大学生的心理不成熟，缺少社会阅历，加之大部分大学生对自己评价过高，对于职业生涯的期待过高，没有根据实际情况确定期望值，因此造成大部分人在制定职业生涯规划时极度盲目，制定的职业生涯目标与实际有很大的偏差，缺乏可操作性，这正是近些年毕业生跳槽率偏高的原因。因此，要定期地对职业生涯规划进行评估，要考虑所选择的职业是不是自己心中最想做的工作，是否适合自己，这些问题必须在实际的工作中才能找到答案。

3. 及时调整职业生涯规划目标

阶段性的评估有助于我们及时调整职业生涯规划。我们经常强调，周围环境及我们自身都是不断变化的，如果我们不对职业生涯规划进行评估，或者说很长时间才评估一次，就不可能及时地发现问题，更不能迅速做出改变。许多职业指导专家都建议至少每年做一次评估。因此，大学生要根据实际情况进行定期的评估，以及时纠正实施过程中出现的偏差。

（二）职业生涯规划的评估标准

大学生的职业规划应该是动态的，而不是静态的。评估调整是伴随我们整个职业生涯全过程的，我们要结合自身的实际和所在组织要求来制定评估标准。例如，当前的专业符合你的理想状况吗？如果不谈工作，现阶段有什么学习目标？有创业的打算吗？当前的学习状态、学习效果、技能水平、就业机会、个人与家庭生活、成长机会、职业等符合你的期望吗？

年轻人要对上述提到的这些变化非常敏感，并反观自身然后进行评估。例如，评估自己当前有哪些技能和经验，确定自己要学哪些知识或者需要在哪些方面表现得非常出色；评估自己有哪些实践技能，现在的技能和经验与就业目标的相关性如何，哪些方面需要改进；等等。这里需要指出的是，证书和培训并不能解决所有的职业缺陷。只要知道自己的职业目标，就会很容易找出自己的职业差距和评估标准。

因此，大学生在走出校门前，有必要了解真实的企业组织评价标准，结合自己现在的学习生活，制定出适合于自己发展的评估标准。

（三）职业生涯规划评估的方法

在进行职业生涯规划评估时，要注意抓住最重要的内容，善于发掘对自己影响最大的变化，然后据此评估和修订自己的职业生涯规划。在进行调整时要注意寻找突破点，看看在目标设定过程中是否考虑了自身的优势。或者，经过学习和培训，自身的优势是否更加突出。如果是，则需要重新进行自我认知和职业定位。

1. 反馈法

准备一个记录本，记录一段时间内学习、思考的心得体会以及参加的各项活动及其感想，然后检查并修订自己的职业生涯规划，看看哪些事情没做好，哪些学习和工作方法需要改进，哪些能力亟须提升。

2. 分析、调查、总结法

每个月或每个学期结束后，要认真总结一下自己这段时间的收获有哪些，这些收获对达到最高目标有无帮助。

另外，在每一个短期目标实现后，都应对下一步的主客观环境和条件重新进行调查、分析，看看条件是否有变化，哪些变好，哪些变坏，总体如何，要做到心中有数，然后根据变化了的情况修订原来拟订的下一步计划。

3. 交流法

交流法是指经常就自己的职业生涯规划及执行情况与同学、老师进行交流，听取他们的建议和忠告，然后据此改进自己的职业生涯规划及其执行方法。

4. 对比法

对比法是指将自己的职业生涯规划及其执行情况与他人进行对比，找出自己的问题与差距，据此改进自己的职业生涯规划及其执行方法。

5. 评价法

大学生职业生涯的评价者可包括学校老师、家长、同学等各类密切接触人员，同时也包括自评。实施大学生职业生涯规划全方位反馈评价，要重点做好以下工作：做好同学间的互评；做深自我评价；做实评价反馈。评价结果的反馈直接决定了职业生涯规划状况的改善程度。

（四）职业生涯规划评估的步骤

1. 确定评估目的

不论我们做什么事，在开始之前都要考虑一下我们做这件事的目的是什么。因此，我们在做职业生涯规划的评估工作时要首先确定评估的目的及主要任务。

2. 进行自我评价

事实上，最了解你的人还是你自己。因此，在职业生涯规划评估中首先要进行自我评价。自我评价包括两方面的内容：其一是按完成时间评估；其二是按完成性质评估。当我们做好了一份职业生涯规划时，都会按照时间来确定阶段性任务。因此，自我评价首先就要看我们是不是准时完成了计划中的任务。如果在规定的时间内完成了所定目标，说明计划比较合理，目标和策略设定比较得当，可以继续实施下一目标。如果在规定的时间内无法完成所定目标，那就应该进行反思，找出出现这种情况的原因及对策。我们在完成任务的时候不仅要按时，而且要保证质量。如果我们按时完成了目标，但是感到非常困难，或者感到效率很低，完成的质量不高，这时就要考虑是职业目标定得太高，还是我们没有紧迫感、没有抓紧时间。若目标定得太高，可以考虑降低目标的难度；若我们完成计划时未抓紧时间，那就应该加强紧迫感。还有一种情况是，我们完成了既定目标，但完成得过于轻松，那就意味着我们定的目标过低，这时可以考虑适当地提高目标的难度。综上所述，在自我评价的过程中不能单纯地考虑按时完成，还要保证质量，这样才能更好地实现目标。

3. 评价反馈信息

由于各种因素的影响，反馈信息容易出现失真的情况。例如，有些人碍于"面子"，不肯讲出自己心里的真实想法，从而提供了一些无用的信息；有些人怕说出实话得罪人，不进行客观评价，一味恭维。因此，要努力、仔细地对反馈信息进行甄别和筛选，从中选择对自己有用的信息。

4. 得出结论

运用科学的评估方法，在对反馈信息进行分析后会得出最终结论。一般来说，只要每个步骤都依据客观事实来执行，得出的结论就比较正确，评估工作也就顺利完成了。

二、大学生职业生涯规划的调整

在制定职业生涯规划时，由于对自身及外界环境都不十分了解，最初确定的职业生涯目标模糊、抽象、错误的现象极为常见。经过一段时间的实施后，目标越来越清晰，错误也逐渐显现出来，这时候可以重新判断、调整自己的职业定位和职业方向。

许多同学因为不了解自己，抱着"先就业，再择业"的想法，随便找了家单位就开始工作。工作一段时间后才发现自己并不喜欢也不胜任这项工作，导致自己频繁换工作，数年之后仍然业绩平平，最终耽误自己职业发展的宝贵时间。因此，对这部分人来说，生涯规划的反馈与调整就变得更为重要。

只有通过不断反馈与调整，才能保证目标的合理性和措施的有效性，也才能最终促使生涯目标的实现。

（一）调整目的

通过评估和调整，应该达到下列目的：

（1）决定放弃或者坚持自己的目标，并进行必要的调整。

（2）明确影响实施效果的关键因素，对实施策略的合理性加以认识。

（3）对需要改进之处制订调整计划，以确定修订后的实施策略能帮自己达成生涯目标。

（二）调整内容

对职业生涯与发展规划进行调整的内容包括：①生涯目标的重新选择；②生涯发展路线的重新确定；③阶段性生涯目标的调整；④生涯发展目标的调整；⑤生涯目标实施策略的变更等。

总之，职业生涯规划完成并实施后，我们必须对阶段性的结果进行评估，根据评估的结果找出规划与结果之间的差距，分析差距产生的原因，有针对性地对计划进行调整，并按新调整的方案围绕目标进行有效的行动。

（三）影响因素

1. 环境因素

环境因素包括社会环境、政治环境、经济环境、科技环境、自然环境、法律环境等。从宏观层面认识职业生涯发展的局限和可能，个人只能适应环境而不可改变环境。

2. 组织环境

组织环境包括组织规模、组织结构、组织文化、组织发展状况、人力资源规划、人力资源管理系统类型、晋升政策、人际关系等一切与职业生涯发展有关的组织因素。要改变组织因素非常困难，但个人可以选择到最适合自己发展的组织中工作。

3. 个人因素

个人因素包括年龄、性别、学历、工作经历、家庭背景、人格等。一方面要正确认识自己，另一方面要不断完善自己。组织和个人只能使用第一因素，正确认识和分析第二、第三因素，寻求个人发展和组织发展的最佳匹配。

（四）调整方法（PDCA 循环法）

在职业生涯规划实施的过程中，评判一个人的职业生涯规划是否有效有一个重要的方法——PDCA 循环法。

PDCA 是计划（Plan）、实施（Do）、检查（Check）、行动（Action）的首字母组合。显而易见，其整个过程可以分为计划、实施、检查与行动四个步骤。各步骤密切相关，各有职责。

（1）计划。表示根据生涯目标的要求制订科学的计划。职业规划的关键就是明确自己的意图，只有对自己的目标有一个清晰的认识，才能不断地朝着那个方向努力，一步步靠近自己的目标。否则，没有目标的航行很容易迷失方向。

（2）实施。很多人只想要改变自己目前的状态，但只是停留在想想的层面，很难去行动。而只有真正去实施自己的计划，才会拥有想要的工作和生活。

（3）检查。检查计划实施的结果与目标是否一致。执行了一段时间的规划之后，会慢慢发现问题所在，回望过去，分析现状，才能找到更好地解决问题的方法，通过不断地"自检"及时发现问题、解决问题。

（4）行动。即纠正错误，调整方向，在对以往行动的结果进行检验的基础上，对方案进行调整完善后再执行。反省之后会得出一些新的方法，在不断的调整中一步步靠近目标。

PDCA 循环过程可以使职业生涯管理向良性循环的方向发展，通过实施并熟练运用，一定能在工作中不断提高效率，更有效地驾驭工作，从而使自己远离惰性，成就不平凡的职业生涯。

7　角色转换与就业准备

大学生在进入求职择业的实际操作阶段时，首先要做的是寻找与自己职业目标相吻合或相接近的就业岗位。只有找到相对满意的就业岗位，才能够有针对性地进行一系列的应聘活动，如投递简历、应对招聘考试等。

7.1　从学生到职业人的角色转换

一、认识职场，转变观念

（一）树立职业意识

职业意识是人脑对职业的反映，是人们对职业劳动的认识、评价、情感和态度等心理成分的综合反映，是支配和调控全部职业行为和职业活动的枢纽。在职业意识中，就业意识指人们对自己从事的工作和任职角色的看法；择业意识指人们对自己希望从事的职业的看法。它们相互依赖而又互相影响，它们构成的职业意识支配和调控着我们每一个人的职业行为与职业活动，对我们人生目标的实现有着极其重要的作用。职业意识既影响个人的就业和择业方向，又影响整个社会的就业状况。

大学生应该以职业意识为先导，仔细了解责任意识、团队意识、协作意识、服务意识等职业意识，认识到职业意识是就业和开展工作的前提，做好职业生涯规划，有针对性地加强自己的优势，为职业生涯的发展奠定基础。

有些人仅仅把工作看作一种生存的手段，对于工作没有什么热情，甚至丝毫不在乎工作的成与败；而另外一些人，把工作当成自己生命的一部分，自愿为工作投入自己的身心，每天都能积极地对待每项任务，有着饱满的激情，用心去感受工作的乐趣，在工作中实现人生的价值。

（二）职场与学校

1. 校园与职场的要求存在差异

在学校，重视的是学生独立学习与独立思考的能力，团队合作能力在学习过程中并不是主要指标。在职场中，更重视团队的成功，由于人物复杂，依靠个人能力完成的工作很少，一个人事业的成功往往需要依靠团队的成功来达到。因此，对一些刚走出校门、进入职场的学生来说，团队合作意识还不够，依旧处于在校时的思维模式中，这是职场新人的一大弱势。

在高校，学校对学生的管理相对来讲是宽松的，而且同学之间关系融洽，可以友好相处。但职场是不一样的，它有严格的规章制度以保证生产服务的不中断和无故障，领导会对你进行严格的管理和监控，而且不允许时常犯错。同事之间主要是工作关系，缺少私人交情，故刚入职场的人要有耐得住寂寞的心理准备。

2. 校园和职场的需求存在差异

学校里的压力通常来自学业，同学之间偶尔也会有竞争，可这种竞争不会影响生存。职场中的竞争与压力要比学校激烈得多，首先是职位上有被取而代之的可能，其次还有理想职位的竞争。如果你做的工作实际带来的效益比你的工资要高，那么你就有升职加薪的可能；如果你的实际工作量低于你的工资，那么你可能会被辞退。

职场通过提供有价值的产品或服务来满足客户的需求，从而获得利润。刚走上职场的年轻人如果理解企业的这个本质，也就能理解：为什么你因要接听客户的电话而中断和领导的谈话，领导不会介意，但与客户会面迟到，领导会大发雷霆；你和客户产生了争执，即使你是对的，领导依然要在客户面前批评你，这些皆是职场特质。

（三）学生与职业人

1. 学生角色

大学生多处在18～24岁这一年龄阶段，是人生中增长知识、发展智力、求学成才的关键阶段。大学生的中心任务是努力学习以专业知识为主的多方面知识，培养以专业能力为主的各种能力。因此，这是一个接受教育、储备知识、培养能力的重要阶段。另外，由于大学生以学习为主，经济上主要依靠家庭，因此，可以这样界定学生角色：在社会教育环境的保证下和家庭经济的资助下，学习知识，培养能力，全面提高自身素质，努力使自己成长为社会合格的人才。

2. 职业角色

职业角色的个性表现得非常具体，但是千差万别的职业角色有其抽象的共性：职业角色扮演具有自己的社会职位和一定的职权、相应的职业规范、一定的基础知识和业务能力，履行一定的义务，经济独立。因此，可以这样定义职业角色：在某一职位上，以特定的身份，依靠自身知识和能力并按照一定的规范具体地展开工作，在行使职权、履行义务、为社会做出贡献的同时取得相应的报酬。

在学校，你的身份只是学生，而成为职业人，你就有了自己的职业角色。也许你觉得自己还没准备好，怕扮演不好自己的角色，可以不断向他人、前辈学习，但应记住：学生已经不再是你的主要身份，职场里没有人有教导你的义务。

二、初入职场所面临的问题

工作中有很多职场新人不能正确地认识社会和自己，表现为社会适应能力低下、职业角色意识模糊。有些刚毕业的大学生无法胜任工作：有的缺乏主动性，不主动去发现、思考、解决问题；有的当一天和尚撞一天钟，时刻准备跳槽；有的太过于强势和主动，一意孤行，不听上司的建议和意见；有的拒绝承担个人责任，习惯上推下卸，敷衍塞责；有的没有危机和竞争意识，对同伴和工作没有兴趣与激情，独善其身，不愿主动地帮助他人。

职场新人面对新环境主要有以下表现：

（一）感觉工作压力大

许多刚参加工作的职场人都有这样的想法，工作压力太大了，想换份稳定又轻松的工作。尤其是一些大学生，从小在父母的百般呵护下长大，没吃过苦，这种想法尤为强烈。在学校过惯了悠闲的日子，进入职场后感到工作压力大是很多职场新人的共同感受。很多职业新人在面对新的环境、新同事、新工作内容时，感到措手不及，无所适从。

（二）缺乏工作兴趣

初进职场，发现工作中琐碎的事情很多，能够让自己大显身手的工作几乎没有，枯燥无趣成了生活的主旋律。此时，对工作的抱怨悄然而生，甚至影响了个人的情绪与生活。改变工作还是改变自己？我们应该先去弄清楚现实的情况。

（1）职场新人应该意识到，在试用期内，公司往往重点考查学生的个人品质、工作态度和行为模式，行业不同，公司的考查侧重点也不同。当个人基本功与职业素养达到一定水平时，才可能获得较高一级的岗位或者承担重要工作。一直以来企业人士都反映职场新人的离职率较高，主要是因为职场新人眼高手低、好高骛远，因此，对于职场新人而言，心态尤为重要，要以长远的眼光来看待个人职业生涯的发展。

（2）自己的职业兴趣何在？这个问题应尽早考虑。大学生在校期间应积极参与实习实践，发现个人的兴趣与职业的结合点，以此作为择业的参考。

（3）当在职场中发现实在无法培养对目前工作的兴趣，又出于再就业困难等的限制而不得不在现有岗位发展时，应一方面努力完成本职工作，另一方面，在工作之外积极发展或追求个人兴趣，丰富个人生活，也为自己今后有机会选择感兴趣的工作创造条件。

（三）无法胜任工作要求

有些大学毕业生对于大学的知识掌握得很好，但在实际工作当中发现远远不够用，感觉达不到企业的高要求。现在学校里面的教育偏向于理论，但是理论如果不用于实践则是空中楼阁，当前最紧要的是尽快熟悉和掌握新知识，以适应工作需求，把在学校中学到的理论转化为实际应用。

（四）抱怨薪水低

如果一个人对自己所负责的任何工作都能事无巨细、尽力而为地完成，做到问心无愧，并时刻想着怎样更好、更快地提升自己，那么偏低的薪水绝不会持续很长时间，因为他很快就会得到提升。如果总是为自己到底能拿多少工资而大伤脑筋，那是看不到工资背后的成长机会的。事实上，决定我们未来发展的是在工作中得到的技能和经验，而不应计较暂时所获得的收入，在工作中，你可以收入低，但一定要有收获。

（五）人际关系不和谐

与人交往是每一个人生存的社会需要，否则就会产生孤独、寂寞、抑郁、焦虑等不良情绪。但人的交往能力不是与生俱来的，后天环境熏陶和有意识地培养的程度不同，每个人的交际能力也必然不同。进入一个新的环境，开始的寂寞总是难免的。有的人能够很快地与其他同事打成一片，可也有的人进入公司看到要和这么多不熟悉的人和事打交道，立刻感到手足无措。工作能做得很好，就是不怎么和其他同事交往。别人在业余时间有说有笑，好不热闹，而自己形单影只，和别人无话可说，索然无味。

三、顺利做好角色转换及环境适应的方法

大学毕业生即将走出"象牙塔"，走向工作岗位，要实现由一名学生到一名"职场人"的转变。角色发生了变化，你就必须按照社会与工作岗位对角色的要求来塑造自己。

（一）深入了解新单位

1. 了解单位的历史

若想好好工作的话，你就必须先了解公司的历史。因为一个公司或单位，即使今天规模很大，也会有一段艰难的创业时期，前辈们吃苦耐劳的创业精神以及历经世事的宝贵经验会使后人受益无穷。而公司由小到大、从无到有的发展历程，也会使后人拥有一种自豪感与责任感。了解了历史，有助于你充满信心地迎接新的挑战。

2. 了解单位的规章制度

了解单位的各项规章制度也是毕业生进入新单位后一个非常重要的步骤，因为这将有利于自己尽快融入实际工作程序之中。在学校里，学生需要熟悉学生守则，知道有关的各项规定，以保证学习、生活秩序的正常进行。同样，在公司里，作为一名工作人员，你必须了解"公司章程""工作纪律""服务规则""奖励办法"等一系列规章制度，你应该知道什么是必须遵守的，什么应该做，什么不该做。一般单位都有各类"单位规章制度"和"员工手册"，它们可以帮助你尽快了解各种制度信息，以利于今后工作的顺利进行。

3. 了解与工作、生活密切相关的其他政策

就职前，毕业生一般最关心的是工资待遇，但在进入新单位以后，就应该尽快了解一些与工作、生活密切相关的政策，比如单位的人员培训、住房、医疗保险等，对这些问题的了解，有助于及时调整心态，尽快适应新的工作和生活环境。

（二）全面客观地评价自己

毕业生大都自视较高，理想目标不是建立在客观条件之上。对社会生活的估计往往过于简单片面。社会是一个万花筒，其中既有好的、有利于人发展的一面，又有不好的、不利于人发展的一面。一旦遭遇挫折，他们很容易产生不安或不满情绪，失去竞争的勇气。毕业生只有正视现实、接纳现实，正确地了解和认识自己，恰当地评价自己，将主观愿望与客观实际结合起来，才能站稳脚跟，找到真正改造世界、创造业绩的切入点。通过多种形式的双向选择，大学毕业生与用人单位达成协议，再经过一系列的审批程序，学生持报到证到用人单位报到，走上工作岗位，这时角色转换正式发生。大学毕业生应该逐渐熟悉单位的规章制度，了解工作的业务程序，建立新的人际关系，积极主动地开展工作，完成大学生就业后的社会角色转换。

（三）进入新角色

获得角色的认可也就是进入新角色，即能承担某一岗位的职责，并有效地完成职责任务，得到社会认同。

大学生在校时，与书本的接触比较多，实际动手机会少，解决问题的能力相对较弱，对社会现象的认识理想化较多，具体化、现实化较少，要进入新角色会不可避免地存在一些困难。因此，大学毕业生要利用自己的知识优势去克服这些困难，努力在实践锻炼中逐渐成长。一个好的实际工作者需要有极大的工作热情和耐心，需要有克己奉公、勤勉机敏的工作态度，需要用所学知识解决实际问题，需要有善于沟通、处理协调各方面关系的能力。

（四）安心本职工作

安心本职工作是角色转换的基础。不安心本职工作，静不下心来做事，必然难以进入

工作角色，对角色转换的实现十分不利。甘于吃苦是大学毕业生迅速进入"职场人"角色的前提条件。刚走向工作岗位的大学生，应尽快从学生的状态中解脱出来，全身心地投入新的工作中，把第一份工作作为了解社会的一个窗口，利用第一份工作来重新认识自己、适应社会，完成从学生到"职场人"的转变。

一个人在学校学到的东西是有限的，任何一个毕业生都不可能在学校学到工作岗位上所需要的全部知识。因为学校培养的是专业人才，而实际工作中碰到的问题往往是综合性的，涉及跨学科、多领域的知识。在工作环境中，一切有经验的技术人员、领导、师傅、同事都具有丰富的专业知识和实践经验，大学生应该放下架子，虚心学习，从他们身上学到观察问题、分析问题和解决问题的方法，学到工作中实际需要的真本领，不断提高工作业务水平，尽快实现角色转换。社会需要的是复合型人才，不善于终身学习的人肯定跟不上时代的变化，要胜任工作、适应新环境，必须不断根据工作需要学习新知识，完善知识结构。

（五）勤于思考

要胜任职业角色，还需要积极开动脑筋，在工作中善于观察、勤于思考、勇于创新。只有善于观察，才能在工作中发现问题。只有勤于思考，在工作中才会有自己的见解，逐步培养独立开展工作的能力，更好地承担角色责任。只有勇于创新，才能将所学知识和技术创造性地应用于工作实际，胜任职业角色，开拓工作新局面。

（六）乐于奉献

乐于奉献、勇挑重担是完成角色转换的重要体现。大学毕业生奔赴工作岗位后，应从一开始就严格要求自己，增强自主意识，树立高度的责任意识和积极的奉献精神，爱岗敬业，任劳任怨，不计个人得失，不谋蝇头小利，努力承担岗位责任，勇挑工作重担，主动适应工作环境，更好、更快地完成角色转换。

总之，即将走向社会的毕业生必须明白，社会与自然一样奉行一条法则——适者生存。社会会关心但不会迁就年轻的新成员，社会要求每一位成员遵守规则，社会期望成员劳动、贡献。现实中的角色适应虽然复杂，但只要毕业生平时注意加强个人修养，严格要求自己，是完全可以胜任所承担的职业角色的。

（七）妥善处理人际关系

一个人走上工作岗位后，能否获得发展和成就主要取决于职业能力的强弱与人际关系的好坏。可见，人际关系非常重要。在工作单位里，主要是要处理好自己与领导、同事之间的人际关系。

一些刚走上工作岗位的学生没有认识到人际关系的重要性，忽视人际关系的处理，以致影响到工作的开展和事业的发展，因此，进入新单位以后，就应该与上司和同事建立起有利于推进工作和个人发展的密切关系。

办公室是工作场所，但有时也会出现谈论私事、议论某部门某人长短得失的情况。作为新职员，你应当以工作为中心，多谈与工作有关的话题，不要议论别人的是非。而且，自己并非了解事实真相和群体之间的关系网，随便议论既可能给人留下一种不严肃的坏印象，还有可能卷入是非之中，给自己带来负面影响。如果发现单位内存在小集团或帮派，应以公正为本，切勿卷入他们之间的争斗。

刚进入一个新的工作环境，要谦虚谨慎，以诚待人，切莫摆出一副清高孤傲的姿态，那会让人觉得难以亲近；要尽快与同事们熟悉起来，使自己由一名局外人变成新集体里和谐、融洽的一员，为以后个人的职业发展创造有利的环境；要尊重同事，认真向老职工和能力强的同事学习，力争出色地完成各种本职工作；同时，要尽量参加一些力所能及的社会工作和公益活动，尽可能为集体和社会做出更多的贡献。

（八）告别学校"后遗症"

除了仪容和礼仪之外，初入职场的你还要注意摒弃那些在学校里养成的不良习惯，尽快成长起来，适应职业工作者的角色。

1. 克服自由散漫

很多刚进入公司工作的学生，往往还带着在学校或者家里那种散漫劲，做事不拘小节。例如，踏着上班时间点走进办公室，办公桌乱得一塌糊涂，不管给谁打电话，第一声永远是大声的"喂"，等等。这种大大咧咧的工作习惯，看似无关紧要，实际上却很容易引起他人的反感。因此，新人进入公司后一定要克服在学校里养成的松散习惯，多注意一些细节是很必要的。最好不要把私事带进办公室，尽量不要在上班时间打私人电话。遵守单位的规章制度，这是基本的职场礼仪，也是获取同事好感的最起码条件。

2. 摒弃强烈的依赖性

许多大学生从小到大在家被家人呵护，在学校有老师的指引和教导，养成了强烈的依赖性，而这种强烈的依赖心理会成为新人在职场上的绊脚石，最大的表现就是独立工作能力差，什么事都要靠上级安排，没有自己的主见。为此，职场新人要注意培养自己的独立性，在实际工作中要敢于做主，摆脱依赖心理，才能逐渐成长起来。

3. 少说多做

有些毕业生自视甚高，对大问题高谈阔论，对他人的工作指手画脚，却不愿意做最基础的、分内的事情，长久下去，只会招人嫌恶。为此，职场新人应该谦虚好学，少说话多做事，要表现得成熟些，不要把个人的心情好坏、喜怒哀乐表现在脸上。平时工作中也应该尽量避免过度的锋芒，多考虑到其他同事的感受。在性格上则不要太固执，不要凡事自以为是。同时，不要怕做小事，事实上，正是很多不起眼的小事决定着别人对你的评价。

4. 不要卷入办公室纷争

平静的办公室里，一些暗中较劲的办公室纷争也时有发生，不谙世事的新人，习惯了学校里的小团体，往往容易糊里糊涂地搅和进去。作为职场新人，切记不要盲目地加入一些办公室的小团体，作为员工，你只需要把自己应该做的那份工作做好。如果是一些意气相投的人，在一起交流学习有帮助的话，当然未尝不可，但如果这个团体在一起是为了办公室的政治斗争，则最好不要参与。

5. 主动与他人沟通

有很多刚刚步入职场的学生不太善于处理人际关系，常常只是埋头苦干却害怕与他人交流沟通。进入职场后，每天待在办公室的时间甚至比在家里还要多，不懂得与同事相处而只是自顾自地干活，不光自己觉得别扭，周围的人也会不知该如何是好。现代社会是一个分工越来越细的社会，每个人都难以独立完成所有的工作，因此，善于沟通和与人相处的能力变得极为重要。而且，你敞开心扉与大家相处，心情自然愉快，工作效率也会提高。

6. 认真做事，注意细节

做事笨手笨脚、丢三落四是刚从学校走进单位的学生最常犯的毛病之一，不是打翻水杯弄湿文件，就是丢了发票等。再加上平日里动手能力差，实际生活经验不足，新人到了单位后手头上一下子多了许多工作，经常手忙脚乱处理不过来。要改善这种情况，职场新人应该学会将各种文件分门别类摆放好，发票、证件等重要票据应专门存放。经常用到的文件、不大用的文件、最近用到的文件，也可以用不同的文件夹分类摆放。这样既节约时间，提高工作效率，又不会因手忙脚乱而陷入窘境。

7. 敢于吃苦吃亏

这是一个竞争无处不在的社会，要学会吃苦吃亏，要成功地实现学校角色到社会角色的转变，重要的不是你一个月拿多少薪水，得到多少实际好处，而是获取更多的经验。因此，职场新人不要太在意自己的得失、太计较自己的待遇，要踏踏实实地做事，这会让你在职场上少走很多弯路。

8. 谦虚好学

也许因为你在学校确实很优秀，所以才能过五关斩六将地获得这个工作岗位，不过千万不要因此就认为自己很了不起，因为在这里的每一个人都有着辉煌的过去，都比你更富有经验，甚至足以在某些方面做你的老师。狂妄自大会使自己受到孤立，也不利于自身的成长与发展。对于职场新人来说，应该在工作中抱着一种学习的态度。这里所有的工作以及环境对你来说都是陌生的，有许多事情你都不知道如何处理，因此多虚心向同事请教是最快的一种方式。首先，你需要有一种从零做起的心态，放下无谓的架子和面子，充分尊重同事的意见和建议，不论对方的年龄是大还是小，只要在单位里是自己的前辈，你都应该虚心请教，并尽量把自己以前所学的知识与实际工作联系起来。其次，你要尽量了解单位的企业文化，熟悉单位的竞争环境，摆脱陌生感，而不是被动地参与工作。

（九）调整生活节奏

大学生结束了"宿舍—教室—图书馆—食堂"四点一线的学校生活成为职场人，只有主动调整自己的生活节奏，才能尽快适应新环境。调整生活节奏应从以下三方面入手：

（1）要适应作息时间的变化。如果你是在医院、部队、公安等单位工作，还要适应三班倒或夜间值勤的工作制度。

（2）去异地工作的，由于南方与北方的生活习性、饮食结构、风土人情等差别较大，要学会培养新的生活习惯以顺利渡过异地生活关。

（3）要学会安排自己的业余生活时间。参加工作以后，业余时间的学习和文化生活主要靠自己来安排或支配。若不善于支配自己的业余生活时间，同样很难适应新环境。

7.2 做好求职与就业的准备

面对严峻的就业形势和激烈的人才竞争，作为即将就业的大学毕业生，当务之急是要确立正确的职业方向，科学分析社会就业形势，正确处理好个人需求与社会需求的关系；

防止在求职中产生从众、盲目攀比等不良心理；应做好求职信息、求职信、个人简历、笔试和面试等相关资料的准备工作。

一、职业素质准备

职业素质是指劳动者在已具备了一定的生理和心理条件的基础上，通过教育培训、劳动实践和自我培养等途径而逐渐形成和发展起来的，在现实职业活动中发挥重要作用的、内在的、较稳定的基本品质。

（一）职业素质的分类

一般情况下，职业素质主要分为以下十类：

（1）身体素质，指劳动者自身体质和生理健康方面的基本素质。任何一个企业在聘用人才时，首先要求应聘者身体素质良好。

（2）心理素质，指劳动者在认知、感知、记忆、想象、情感、意志、态度和个性特征（兴趣、能力、气质、性格、习惯）等方面具有的素质。

（3）政治素质，指劳动者在政治立场、政治观点、政治信念和理想信仰等方面的素质。这是社会中每一个合格的国民都应该具备的基本素质。

（4）思想素质，指劳动者在思想认识、思想觉悟、思想方法和价值观念等方面的素质。思想素质受客观环境，如家庭、社会、环境等因素的影响。良好的思想素质可以促使一个人不断地前进，获得更大的快乐和幸福。

（5）道德素质，指劳动者在道德认识、道德情感、道德意志、道德行为、道德修养、组织纪律观念等方面的素质。较高的道德水平可以增强个人在别人心中的良好印象，获得更多人的认可和赞赏。

（6）科技文化素质，指劳动者在科学知识、技术知识、文化知识、文化修养等方面具有的素质。具有丰富的知识积累是一个人内涵升华的基础。

（7）审美素质，指劳动者在审美意识、审美观、审美情趣、审美能力等方面的素质。较高的审美水平可以不断地提高生活的质量，增强个人的幸福感，有利于工作效率的提高。

（8）专业素质，指劳动者掌握的专业知识、专业理论、专业技能、必要的组织管理能力等。这是一个人在职业活动中赖以生存的必备素质。

（9）社会交往和适应素质，主要是指劳动者具备的语言表达能力、沟通交流能力、社会适应能力等。这种素质不是与生俱来的，而是后天培养的个人能力，是职业素质的核心之一，从侧面反映了一个人的能力。

（10）学习和创新素质，主要是指劳动者具有的学习能力、信息处理能力、创新意识、创新精神、创新能力、创业意识和创业能力等。

（二）职业素质的养成

职业素质的养成是培养和提高大学生职业素质的基本途径，大学生只有平时注重养成职业素质，才能为毕业后的求职就业和职场生涯打下坚实的基础。职业素质的养成是对综合素质的培养，而非只是对专业技能等某一项专业素质的培养。因此，在职业素质培养过程中，既要做到突出重点，又要做到统筹兼顾，以便全面提高大学生的职业素质。

1. 身心素质的养成

身心素质包括身体素质和心理素质。身体是革命的本钱，没有健康的体魄就难以胜任繁重的工作。同样，在现代社会工作压力普遍较大的形势下，过硬的心理素质显得愈发重要。

（1）身体素质的养成。健康的体魄是胜任职场工作的基本条件，大学生在努力学习的同时，还要注意养成良好的生活习惯，科学合理地分配学习、娱乐、休息时间，充分利用各种有利条件和体育设施，积极锻炼，提高自己的身体素质。

（2）心理素质的养成。养成良好的心理素质的前提是要学会正确地认识自我，全面了解和正视自己的性格品质、兴趣爱好等，克服自卑和自负的心理，敢于改正自身个性上的缺点，切实提高自信心，敢于竞争，保持积极心态，胜不骄，败不馁，从而养成良好的心理素质，为应对激烈的就业竞争做好心理准备。

2. 政治、思想、道德素质的养成

政治素质、思想素质是对社会主义公民的基本要求，而道德素质尤其是职业道德素质是对从业人员的行业要求和道德规范。

（1）政治素质和思想素质的养成。加强马克思主义理论学习，培养科学的世界观、人生观、价值观是养成良好政治思想素质的必要途径。马克思主义、毛泽东思想、邓小平理论、"三个代表"重要思想、科学发展观和习近平新时代中国特色社会主义思想是改造我们思想、提高政治思想素质的重要武器。因此，大学生要加强政治思想理论学习和自身修养，不断提高自身的政治、思想素质。

（2）道德素质的养成。注重职业道德修养理论知识的学习，积极地参加社会实践活动，在生活中注意自身的言行举止和道德修养，做到知行合一，这是提高道德素质的根本途径。大学生要多向道德模范学习，敢于自我批评，纠正自己的缺点，切实提高个人修养。

3. 专业素质、科技文化素质的养成

专业素质和科技文化素质是求职者胜任某项职业的基本素质。大学生只有具备了扎实的科技文化素质和专业本领，才能在日益激烈的就业竞争中立于不败之地。

（1）专业素质的养成。专业素质的养成包括对专业知识的掌握和对专业技能的掌握。大学生要努力学习专业基础知识，了解本专业的最新动态和前沿知识，尽可能地丰富和扩展自己的专业知识。同时，大学生还要注重培养和提高自己的实践动手能力与创新能力，积极参与科研活动和专业竞赛等实践活动，不断提高自己的专业素质。

（2）科技文化素质的养成。大学普遍开设了"科技文化素质修养"和"科学素养与人文素养"等科技文化素质方面的课程，大学生要有针对性地选修此类课程，积极参加科技文化素质教育方面的学术讲座，拓展自己的科技文化视野，促进自身科技文化素质的提高。

4. 其他方面素质的养成

大学生应积极参与丰富多彩的审美实践活动，掌握审美规律，努力尝试通过审美创造来培养和提高自身的审美素质。同时，大学生还要积极参加一些有意义的集体活动，掌握处理人际关系的方法和艺术，学会正确地处理人际关系，培养和提高自己的综合素质。

二、就业信息准备

（一）就业信息获取的基本渠道

在确立求职目标之后，大学生求职过程的第一步就是搜集就业信息。就业信息，指的是通过各种媒介传递的与就业有关的消息和情况，包括就业政策、就业机构、人事制度、劳动力的供求状况、劳动用工制度、经济发展形势与趋势、国家发展规划、就业方式和招聘信息等。具体地说，在校大学生在找工作时所需了解的有关就业的信息通常包括四个方面：就业方向（干什么）、就业市场（有无机会）、岗位薪资（能否提供生活必需的物质条件）和职业生涯发展（是否适合）。

当前大学生获取就业信息的渠道呈现出多元化的趋势，可以分为线上和线下两大类。从线上渠道获取就业信息，主要是指通过网络获取就业信息。线下获取就业信息的方式则不胜枚举，在校大学生可以通过校园招聘以及社会招聘等途径获取就业信息。

1. 线上招聘

线上招聘，也称为网络招聘，是指企业人事专员运用网络技术手段完成招聘的过程。高校毕业生作为求职方，可以利用的网络平台很多，主要有以下几个大类。

（1）由各级毕业生就业主管部门推出的线上就业服务平台。以"国家大学生服务平台"（也称"大学生就业网"，https：//www.ncss.cn）为例，它是由教育部主管、全国高等学校学生信息咨询与就业指导中心运营的就业平台。学生可以在主页上直接浏览企业发布的职位信息并进行简历投递。这类平台一般由就业主管部门维护，信息来源需要审核，因此往往比较可靠。

（2）高校自有的线上就业服务平台，由高校的就业指导机构负责运营。一般在高校就业平台发布信息的企业对该高校毕业生的招聘意愿比较强烈。

（3）企业自有的官方招聘网站或官方网站中的招聘栏目。这类网站一般只展示本企业的岗位需求，信息的广度有局限性，但在实时性和真实性方面有优势。这些企业的官方网站上不仅有职位信息，一般还会有企业文化等相关介绍。大学生可以在网站上挖掘更多信息，为简历投递后的面试环节做准备。

（4）各地的线上求职平台。一般在搜索引擎中搜索关键词"地名＋人才网"，就能在搜索结果页面上找到本地求职网站。如果已确定就业城市，地方求职网站是很好的选择。值得关注的是，这类网站上的招聘信息通常来自当地中小企业或劳务中介机构，信息的质量往往不高，需要仔细甄别。

（5）第三方招聘网站，这类平台又分为综合招聘平台和专业招聘平台。综合招聘平台为不同专业、不同层次的人群提供求职信息，优势在于流量大，行业齐全。其中比较知名的有智联招聘、前程无忧等。这类平台属于第三方营利机构，有时难免会出现信息质量参差不齐的现象，使用时需要加以区分。专业招聘平台提供的是针对特定行业的招聘服务，如中国汽车人才网，这是一个汽车行业的专业招聘网站，从汽车生产、研发到销售、企业管理，都能找到相应的岗位信息。对于所学专业壁垒较高的人群，如果想从事专业对口的行业，可以多利用这类垂直网站。专业人才平台具有专业性强、针对性强的优势，但也存在行业单一、岗位数量有限等不足。

2. 线下招聘

校园招聘，简称校招，是一种特殊的线下招聘形式。狭义的校园招聘是指招聘机构（企业等）直接进入大学校园，招聘各类各层次的应届毕业生。相较于其他求职者，应届生具有独特的优势——可塑性强，使用成本低，学习能力强，后顾之忧少，因此校园招聘一直是各大企业招聘员工的重要渠道。招聘单位直接进入高校招聘的常见形式主要有宣讲会、双选会等。

宣讲会一般是指企事业单位在社会公共场所、校园等地举办与宣传、拓展和招聘相关的主题讲座，是企业对求职者的单向选择。除招募员工外，宣讲会有时还承担企业对外宣传文化价值观、人力资源政策、校园招聘的程序和职位介绍的任务。因此，宣讲会一般分两步进行：首先企业进行宣传讲解，然后进行笔试和面试，初步筛选候选人。

双选会指的是针对应届毕业生举办的求职招聘会。一般情况下，众多企业进入校园，求职者选择自己感兴趣的企业，直接与企业的人事专员面谈。如果双方都满意，就可以签订一份"三方协议书"。双选会一般是每年11—12月和3—4月在各高校举行。

广义上的校园招聘则是指招聘机构（企业等）通过各种方式（包括线上招聘方式）招聘各类各层次应届毕业生，一般分为秋季校园招聘和春季校园招聘。

每年的9—11月是秋季校园招聘的重点时间段，多数国有企业和大型民营企业都选择在这一时期开展校园招聘工作。有些企业、单位甚至在7月前就开始了秋季校园招聘的网上申请环节，例如上海电气集团的校园招聘。这是因为他们的筛选环节多、标准高、时间长。

春季校园招聘则一般集中在3月初至4月中旬这段时间，时间要比秋季校园招聘短。这个时间段更受中小型企业和创新型企业青睐。与此同时，一些国有企业和大型民营企业也会利用春季校园招聘来补充未饱和的岗位。与春季校园招聘相比，秋季校园招聘提供的岗位类型和数量更丰富。因此，参加校园招聘宜早不宜晚，提前加入往往能够占尽先机。

应届毕业生在寻找校园招聘信息时应当"主动出击"。互联网企业如BAT（百度、阿里巴巴、腾讯）等，快消类企业如宝洁、联合利华等，都设有官方校园招聘网站、校园招聘微信公众号，甚至专门的校园招聘App。在这些企业的校园招聘官方网站、官方微信公众号、官方微博上，应届毕业生可以获得全面的招聘信息，比如公司详细的招聘计划，如简历投递时间、面试地点、招聘人数、职位要求等。部分应届毕业生关心的"面经"（即面试经验）可以在一些大学生求职论坛上浏览交流，如"应届生求职网"等。

（二）获取就业信息的特有渠道

1. 校企合作

校企合作指的是高校与企业之间的一种深度合作，指的是学校根据企业的发展需求，为企业量身定制人才培养方案的办学模式。大学生可以通过参与这类项目，接受企业和高校共建的特色课程，学习共建学科，在高年级时进入企业开展定岗实习，提前了解行业知识，培养专业技能。这样一来，毕业生在实际就业过程中就具有其他高校毕业生所没有的优势。

2. 定向委培

定向委培是指由企业委托某高校为其培养大学生专业人才。参与定向委培项目的大学生一般在报考大学时就会以合同的形式明确其毕业后的工作单位、工作职责和职业标准。高校根据企业的要求编制教材，开设课程，培养符合企业需求的人才。学生毕业后不需要参与招聘程序，可以直接按照合同到用人单位就职。

3. 学分置换

学分置换是指学生因提前离校参加实践工作或企业实训而未能修满课程学分，利用企业的教育资源获得相应学分的一种教学管理模式。大学生在高年级时进入学校认可的企业或单位参与社会实践，实习结束后由单位出具"成绩单"，高校为大学生置换学分。

总的来说，大学生在求职过程中应做到线上、线下求职渠道多管齐下，关注各类就业政策，积极主动地获取尽可能多的求职信息。应届毕业生应当利用好学校的各项优惠政策，为自己未来的发展争取更多的机会。

三、就业信息的整理利用

（一）就业信息的获取

常见的就业信息获取方法有以下三种。

1. 全方位获取法

全方位获取法，就是将所有与自身相关的就业信息收集起来，按照一定的标准进行整理、筛选的方法。这样做的好处是，可以获取到广泛的信息，选择的自由度高。但是，这个方法过于浪费时间精力，换来的往往都是漫长而无果的等待。

2. 定区域获取法

定区域获取法，就是根据毕业生的择业倾向来选择地域，再有目的地搜寻某个地区或某几个地区的就业信息的方法。按照这种方式来搜集信息，可能会由于所面向地区的狭小而造成择业困难。

3. 定向获取法

定向获取法，就是按照职业方向和求职的行业范围来获取相关信息的方法。这一方法以个人的专业方向、能力倾向和兴趣特长为基础，便于找出更适合自己、更能发挥作用的职业和单位。

（二）就业信息的整理

应届毕业生在获得就业信息后，面临的另一个难题是整理和利用信息。

（1）应当把自己的目标行业和职位组合起来，打开一个招聘网站，找出自己选择的"职位＋行业"的组合，然后可以使用表格制作软件或者简单的纸笔，将自己想要做的行业组合进行标注、排序，大致选出一批具体的公司。

（2）初选完成后，要进行下一步的筛选，应届毕业生可以查看这些职位的具体工作要求，判断自身条件是否符合。值得注意的是，很多应届毕业生在求职初期都会犯一个错误——只是简单地浏览了招聘信息上企事业单位的职位描述，就匆忙投出简历，然后开始被动等待。事实上，虽然职位描述看似千篇一律，但是它包含很多用人单位想要传达给求职者的信息，需要仔细分析。

案例

招聘岗位：嵌入式软件实习生。

岗位职责：

（1）软件开发和调试；

（2）系统开发和移植、驱动等设计开发；

（3）工作文档撰写和整理；

（4）完成部门、项目其他工作。

任职要求：

（1）硕士或本科；

（2）精通嵌入式 C/C++，了解汇编语言，精通嵌入式软件开发流程及开发规范；

（3）了解硬件基本知识，能看懂电路图，熟悉单片机各模块的工作原理，熟悉示波器、万用表等调试工具的使用；

（4）熟悉嵌入式 Linux 系统开发，了解 i.MX 平台系统移植、开发或掌握 gcc、gdb、shell、Stateflow 等开发工具；

（5）精通 Matlab/Smulink/Stateflow 建模并生成代码者优先；

（6）熟悉 AUTOSAR 标准，并熟悉相应的配置工具（如 Davinci 和 EB）者优先；

（7）熟悉汽车控制器的开发、熟悉汽车相关标准者优先；

（8）熟悉 CAN 总线技术、车载以太网技术者优先；

（9）耐心细致，有责任心，有较强的团队意识和沟通协调能力。

分析：

（1）通用能力：①撰写和整理工作文档；②团队意识；③沟通协调能力。

（2）专业能力：①精通嵌入式 C/C++；②了解汇编语言；③精通嵌入式软件开发流程及开发规范；④了解硬件基本知识；⑤能看懂电路图；⑥熟悉单片机各模块的工作原理；⑦熟悉示波器、万用表等调试工具的使用；⑧熟悉嵌入式 Linux 系统开发；⑨了解 i.MX 平台系统移植、开发；⑩掌握 gcc、gdb、shell、Stateflow 等开发工具；⑪精通 Matlab/Smulink/Stateflow 建模的有优势；⑫熟悉 AUTOSAR 标准；⑬熟悉相应的配置工具（如 Davinci 和 EB）；⑭熟悉汽车控制器的开发，熟悉汽车相关标准；⑮熟悉 CAN 总线技术、车载以太网技术。

（3）职业素养：①耐心细致；②有责任心。

解读完招聘广告后，应届毕业生下一步应该思考如何将自身条件和招聘要求进行匹配，通过制作简历来向招聘人员证明自己才是最合适的人选。

7.3 制作与投递求职简历

在掌握求职渠道、了解如何收集和分析职位信息之后，下一个需要学习的求职环节是制作求职简历。在此，我们将介绍如何制作一份让招聘人员"第一眼就心动"的求职简历。

一、简历的内容

简历就是对个人学历、经历、专长、爱好以及其他有关情况所做的简明扼要的书面介绍。它是一种有针对性的、规范化的、有逻辑的自我介绍。大学生的简历通常由基本信息和教育背景、实践经历、个人能力和获奖情况等基本内容板块构成，有时还会附上自荐信、求职信等。

研究结果显示，无论有时间压力还是没有时间压力，简历中最受关注的文本信息依次为实践经历、个人能力和获奖情况、基本信息和教育背景、求职意向、自我评价。

（一）实践经历

实践经历涵盖的范围很广，它包含求职者的校园活动经历、实习经历和项目经历。

校园活动经历主要是指大学社团经历、大学期间参与活动比赛经历、大学外出志愿服务经历、大学担任班级委员经历等。校园活动经历贵精不贵多，选择 2 ~ 3 个与应聘岗位相关且含金量高的展示即可。除参与课外活动外，大学生一般还在校内外实习。对无正式工作经历的应届毕业生来说，实习经历是简历中的重要加分因素。撰写实习经历时，求职者应当侧重描述自己擅长的领域，展现自己的能力，表现自己的价值。招聘者则会通过抓取实习经历中的关键词来量化求职者的价值，以判断求职者是否符合公司的招聘标准。

若实习工作为项目制，则简历中还应增加项目经历部分。项目经验与工作经验是相辅相成的，但较之于工作经验，项目经验更侧重展示求职者在某一专业领域内的技能水平。值得注意的是，本专科生由于受学历层次的限制，参与的项目往往不能体现理论研究水平，因而更应该在简历中强调自己的专业基础知识、社会实践能力和实习兼职经验。如果本专科生确实参与了某项重要课题的研究，确实承担了一部分相关的理论研究或实验研究的工作，而且技术含量比较高的话，那么应该将此经历写到简历中。撰写项目经历时，应围绕项目中负责的具体任务展开阐述。

整体来看，大学生"实践经历"部分的撰写应当遵循以下三点原则：

1. 杜绝弄虚作假

一些毕业生为了获得招聘企业的注意和青睐，往往在简历中夸大甚至虚构自己的实习经历。事实上这种行为是完全不必要的，因为与应届毕业生相比，面试官通常拥有更多的经验和资质，辨清简历是否"掺水"并不困难。如果求职者缺乏实习经历，可以从校园活动经历中展示自己的特色。简历造假只会弄巧成拙，错失良机。

2. 目标明确

重点在"选"，不在"写"，切忌按时序报流水账，与所投职位无关的经历可以一笔带过。简单地说，就是应聘岗位需要什么，简历中就体现什么。因为招聘人员每天都会接触大量的简历，想引起他们的兴趣，要将相关的信息放在前面，突出自己在实习工作中的亮点。在撰写简历的实习部分时，最好从个人和职位的匹配性入手，选择与应聘岗位匹配的经历来填补整个简历。

可以根据岗位信息的实际要求，盘点自身才能，明确硬实力，如学校、专业、各种专业比赛、主持或参与的课题、各种资格证书、英语或计算机水平等。同时，挖掘软实力，如组织管理能力、综合分析能力、沟通交流能力、团队协助能力、随机应变能力、自我学习能力等。大学生通过一份针对性强的人职匹配的个人简历，给用人单位、面试官一种

"我适合你，我是为你而来"的感觉。

3. 突出重点

就简历而言，内容需精简，这样有助于招聘人员锁定关键字，让简历脱颖而出。在这里，我们可以用 STAR 法则（Situation 情境、task 任务、action 行动、result 结果）来书写个人经历，让语言更具有逻辑性。在描述个人经历时，紧紧围绕情境、任务、行动、结果四个要素展开。在表述个人经历的时候可以用数据来说明工作行动和工作结果，例如：

"2020 年 5 月—2021 年 5 月任某某大学商学院学生会副主席。"

"一年内成功招收 18 名骨干成员，主持和组织举办 23 次商学院学生拓展训练和交流活动，累计参与人数达 2 000 人，获得人民币 5 000 元资金赞助。"

"联合长江商学院，策划、组织企业走访，带领百余名应届毕业生到联想、百度等多家知名企业实地考察。"

（二）个人能力和获奖情况

简历材料中的个人能力部分，一般为权威资质鉴定机构认可的能力水平汇报，如外语、计算机、驾驶水平等，还包括其他文体特长和技能。这部分书写的重点应突出求职者的专业性、自我驱动力和学习能力。尽量用证书、数字来量化所掌握的技能，如"获得 CCNA 认证，具备安装、配置、运行中型路由和交换网络，并进行故障排除的能力"。不同方向的证书，要有选择性地填写，避免随意无逻辑地罗列。同样，特长技能也不应罗列太多，正确的填写方式是选择 1~2 个与岗位相关或能突出个人特色的爱好即可。

获奖情况指的是大学生在校期间获得的一些荣誉奖项。书写奖项时，避免重复罗列相似奖项，选择含金量最高的奖项即可。为了帮助招聘者了解荣誉奖项的含金量，求职者可以通过备注级别或排名的方式进行呈现，如"广州市××荣誉（全校仅取前 2 名）"。

（三）基本信息和教育背景

求职者个人信息包含基本信息和教育背景。基本信息主要指的是求职者的姓名、性别、出生年月、联系电话、联系邮箱和个人免冠照片等。此外，还有一些个人情况，如籍贯、民族、政治面貌、婚育状况等，因为这些信息与求职者的竞争力无关，所以不必全部呈现在简历上。求职者可以根据招聘单位及岗位的实际情况酌情添加。值得注意的是，如果简历上有个人照片，应当使用专业照相馆拍摄的白底证件照或职业照，生活照或自拍会给人留下不专业的印象。

教育背景也属于个人信息的一部分，它包括毕业学校、学科专业、学历学位、毕业时间这几大要素。本专科院校应届毕业生一般只写最高学历即可，不需要提供高中毕业学校的信息。如果应聘教育系统，一些用人单位可能会参考高中毕业学校的信息。如果求职者毕业于省重点高中，建议在个人信息中体现。有出国交换经历的应届毕业生，在交换学校是比较知名的国外院校的前提下，可以把交换经验写进简历的教育背景中。

在教育背景信息中，除了院校、学科专业外，另一个可以加分的信息是绩点。毕业生如果在大学期间成绩优异，可以把绩点、平均分、年级排名等写到简历中，尚未毕业的同学可以写目前已知的绩点。

（四）求职意向

求职意向是很多大学生第一次书写求职材料时最容易忽略的部分，但是事实上它非常重要。很多面试官会根据求职意向来考察求职者的面试资格。它是招聘人员在拿到一份简历时最希望第一时间获取的信息。书写简历时，可以把它放置在简历的顶部，确保一目了然。在书写求职意向的时候要注意以下两点：

1. 杜绝"广撒网"

不少应届毕业生在求职时以为一份简历就能"打天下"，投递简历时还没看清楚招聘公司提供的岗位名称就匆忙投递。事实上，投简历最忌"海投"。求职者在投递出每一份简历之前，都应根据招聘广告"量体裁衣"制作简历。从求职意向开始就应当根据岗位信息对简历进行精准设计。

一些求职者认为笼统而又模糊的求职意向可以凭借不确定性给自己带来更多的面试机会，也有一些求职者觉得自己心仪的岗位非常多，因此故意将求职意向设定得非常宽泛。上述两种认识都是错误的，缺少精准求职意向的简历会给招聘人员留下"做事不仔细""三心二意"等不良印象。对于一些"万金油"专业的毕业生来说，如果确实有很多不同的求职意向，可以选择分开制作简历，不可将全部求职方向都写在同一份简历上。

比较受招聘人员认可的求职意向都是十分清晰且与招聘信息完全吻合的，最佳写法是"行业＋职业名称/精确职位名称"。如果确实需要将简历大量投送到同一类型企业的相似岗位，可以按照类别进行填写，如快消类、咨询类；也可以按照专业进行填写，如材料专业、机械专业等。

2. 要做到首尾呼应，处处扣题

前面已经提到，投简历要注意"微调"。不仅是字眼上的调整，还应该包括对简历其他内容的修改。因为一份出色的简历的所有信息都必须符合招聘广告中的职位描述，简历的内容应该紧紧围绕求职意向来描述。

（五）自我评价

自我评价往往不是简历中必须包含的内容。设置这一部分的初衷是为了让招聘人员在筛选简历的时候快速认定求职者就是合适的人选，从而给出面试机会。因此，在书写这部分时不宜简单地堆砌褒义词，而是应当紧紧围绕求职岗位展开表述。内容可以是求职者对工作岗位的一些看法，可以针对求职公司的产品、职位，写一些自己的思考，或者描写自己与求职公司的一些"缘分"，体现出对公司文化的认可。例如：

"本人电子信息工程毕业，善于沟通、协调，有较强的组织能力与团队精神。"

"活泼开朗，乐于助人，勤奋好学，能不断提高自身的能力与综合素质。"

"在未来的工作中，我将以充沛的精力、刻苦钻研的精神来努力工作，稳定地提高自己的工作能力，与企业同步发展。"

二、简历的排版

虽然简历是"内容为王"，但良好的阅读体验仍然能帮助求职者获得招聘人员的青睐。排版是阅读体验的核心，因此简历应做到简单明了、结构清晰、层次分明。

在简历排版前，应先仔细勘误。简历校对包含的内容主要有检查简历内容是否存在信息错乱、同一经历重复填写、重要信息错漏、语句表达不通顺、错别字等。低级的错误不仅反映了态度，而且能暴露出求职者做事不仔细的日常习惯。另外，简历中使用的标点符号也要额外关注，常用的逗号、顿号、分号要使用得当。每段文字末尾的标点也是体现细节的地方，一般做到统一即可。

虽然大家对于"什么样的排版看起来舒服"的标准各不相同，但是优秀简历的板块顺序，或者说框架结构似乎都是一致的：基本信息—教育背景—实习经历—校园活动经历—技能证书—自我介绍。这可能是因为人们在阅读简历时，目光会在材料的中间部分停留更长的时间。结合之前提到过的招聘人员最注重实践经历的研究，可以得出这样的结论，为了便于招聘人员优先获取想找的信息，一份简历中间的最大篇幅应该放到实习经历、项目经历和校园活动经历这几个板块上。此外，个人信息部分则应该控制在简历的前四分之一。其他信息放在简历下部即可。

在明确简历的框架和重点之后，应届大学生在修饰简历时还需要注意以下四点：

（1）简历的篇幅控制在一页即可，不需要额外增加一张简历封面。为了照顾招聘人员的阅读体验，确保招聘人员在阅读简历时不用频繁左右转动眼珠，可以用关键词或短语来代替冗长的段落。

（2）简历中可以适量使用"行话"，即每个专业、职业、行业特定的技术术语、缩写语等。例如，在应聘财会类的职业时，简历中可以用"ACCA"来指代"英国特许注册会计师"。

（3）好的简历是简练而清爽的。虽然现在市面上有许多简历模板标榜"设计感"，用花里胡哨的图表和高饱和度的颜色吸引大学生的眼球，但是研究表明，过分夸张的设计只会让招聘人员抓不住重点，降低招聘人员的印象分。简历使用的颜色一般是单色或双色，字体使用也不应超过两种。除了明确强调的地方使用加粗字体外，简历的其他部分尽量不要使用加粗字体，同时也要尽量避免使用斜体和下划线。

（4）为了保证简历的美观，相关内容必须对齐，次级标题必须缩进，方便招聘人员在短时间内快速阅读。在处理页面布局时，在上下左右留足页边距，常用的标准是上下留白1厘米，左右留白1.25厘米。

三、简历的投递

经过构思设计、确定框架、选择填充内容、微调修整等一系列过程，一份简历终于完成了。最后一个重要步骤就是投递简历了。棋差一招，满盘皆输，简历投递学问多多，值得广大应届毕业生重点关注。

（1）选择投递简历的电子邮箱。有些企业在招聘时会使用自己的校园招聘系统、网站和App，这种情况不需要用到个人邮箱，只需上传个人简历即可。有些企业则会要求求职者把简历发送到指定的邮箱，这时个人邮箱的选择就十分关键了。求职时，应届毕业生可以专门注册一个稳定性、可靠性高的工作邮箱，邮箱账号要显得成熟且职业化，可设置为全拼姓名或英文名字，方便好记，而且能避免麻烦。

（2）选择好投递简历的邮箱后，邮件标题的书写方式也需要注意。招聘人员收到的简历堆案盈几，意味不明或者空白标题的邮件容易被忽略甚至被当作垃圾邮件处理。而信息完整、一目了然的标题则能使一封简历邮件从众多邮件中脱颖而出。标准的邮件标题可以写作"申请职位—求职人姓名—职位要求的工作地点"，如"财务专员—李小二—上海"；也可以适当增加其他可以提升求职者含金量的信息，如应聘外贸专员时，可以写成"外贸专员—张伟—雅思7分"。标题书写时必须注意细节，申请岗位的字眼应与招聘广告中提供的信息完全一致，不要擅自发挥。

（3）投递简历时，一般求职者会将简历上传至附件。附件的命名可以采用"姓名＋岗位名称"这样的格式，方便招聘人员日后检索。此外，应届毕业生以附件发送文件时单独发送简历即可，一般不需要发送成绩单、证书等其他材料。邮件的正文部分则需要注重商务礼仪，不可留白，可以简单书写一封求职信。

（4）简历邮件发送的时间也有讲究。投递简历前应仔细阅读招聘广告，在招聘截止时间前将简历寄出。考虑到一般企业上班时间在早上9点左右，而一般电子邮箱中邮件都是按照时间由迟到早进行排序，应届毕业生可以选择在早上7~8点发出邮件，确保招聘人员打开邮箱就能看到简历。

7.4　多种就业途径解析

在求职竞争中，途径选择也是求职成功的重要因素，正确的途径选择可以减少求职的时间成本，提高沟通的效率，增加求职的成功率。如果没有选择好合适的求职途径，则要面临激烈的求职竞争，增加求职成功的难度。不论求职者的实力如何，都有必要运用有效的途径策略来帮助自己提高求职的成效。

一、通过人才市场求职

（一）如何选择人才市场

面对各种各样的就业招聘会，很多毕业生都存在着一种盲目草率的心理，没有选择性地参加各种招聘会，最终效果不一定好。那么，毕业生应该如何参加招聘会呢？

（1）在参加招聘会时一定要有所选择，参加一些有影响力的招聘会，不要盲目出击，做无谓的付出。选择招聘会之前，毕业生要明确自己的择业目标，锁定相关的地域和行业，在重点参加本校招聘会的前提下，适时参加其他类型的招聘会。

（2）不要指望在招聘会现场就能得到答复。如果招聘单位前挤满了人的话，毕业生最重要的应该是尽量多地了解应聘单位的信息，留下对方的联系方式。

（3）参加招聘会最好能够避开高峰期。这个高峰期一般在上午九点半到中午十一点左右。而且，在参加招聘会时要尽可能选择早场，这样你就有更多的机会到多家单位的招聘点了解情况、自我推荐。

（4）在参加招聘会之前，毕业生一定要通过相关网站了解将要参展的单位信息，做到心中有数，避免到了招聘会现场再大海捞针似的寻找适合自己的单位。

（二）参加人才市场招聘的方法与技巧

1. 明确目标，有的放矢

大学生要根据自己的爱好和特长、专业特点等实际情况，确定要选择的单位性质、规模、地域等，这样就可以有选择性地参加人才市场招聘。

2. 提前获取招聘会信息

标注感兴趣的公司，然后直接去其所在的位置，这样能够节省大量的时间、体力，提高应聘的效率。

3. 去招聘会选择早场

早场人流较少，在人流量少的情况下，你就有机会到多家单位的招聘点了解情况、自我推荐，不会像人多的时候连挤都挤不进去。大多数用人单位在招聘会开始不久，只要选择了单位所需人才的几个候选人后就打道回府了，不会等到招聘会人多的时候再去选择。

4. 自我介绍一分钟，揭开更深入的面谈

一分钟的自我介绍，犹如商品广告，在短短 60 秒内针对客户的需要，将自己最美好的一面毫无保留地表现出来，不但要令对方留下深刻的印象，还要激起购买欲。同时应该认真制作一份真实全面的个人简历，充分展现自己的业务能力和知识水平，这是通向求职成功的第一步。求职者应详细介绍自己学过什么，做过什么和能做什么，愿意干什么，在实事求是的基础上，把自己的学历文凭、专业特长、取得的业绩和获得的荣誉一一展现出来。

5. 提前准备招聘时需要的英文材料

有时招聘单位的应聘表是用英文填写的。面试时，用准备好的英文进行自我介绍，与主考官顺畅交流能够为自己加分。

6. 证件准备不要太烦琐

因为参会人非常多，用人单位没有时间当面验证证件，而是进行初次面试和收简历，所以无须准备过多证件，同时也避免在人山人海的拥挤情况下丢失证件。

7. 找工作要有耐心

许多时候坚持一下，用最诚恳的态度再介绍一下自己，既向用人单位表明了诚意，又多了自我推荐的机会，用自己的耐心和诚心吸引用人单位的注意力与兴趣。

二、通过学校就业指导中心求职

学校的就业指导中心在学生的就业过程中发挥着重要的作用，不仅承担着为学生办理各种手续的任务，同时也是用人单位和学生之间的桥梁与纽带。就业指导中心会通过网络和公告等方式将一些用人单位的需求信息公布出来，同时也为用人单位在校内举行招聘信息发布会和招聘会提供场地。因此，就业指导中心也是信息来源的主要渠道之一。

各院系在毕业生的就业过程中也发挥着很大的作用。有许多单位不通过学校，而直接到院系里招人，以节省甄选的成本。毕业生应该主动地去要求老师的协助，经常和学校就业指导中心或学院负责人交流，向他们袒露自己的想法，请求他们的帮助，这是及时获取工作信息的重要方式。

三、网络求职

在互联网时代，越来越多的企业已把人才招聘网站作为开展招聘工作的主要平台，对于现在的求职者来说，人才招聘网站已经逐渐成为最重要的信息渠道之一。

（一）网络求职的特点

网络招聘，体现在为求职者和用人单位双方提供了更加便捷的互动交流平台。对于求职者来说，网络求职的特点是其他求职方式难以企及的，具体表现为：

1. 容量大、更新快、突破时空限制

互联网一直被视为海量的信息平台，信息容量大且更新快捷、方便。对于求职者来说，上网不仅可以同时看到几十家甚至上百家用人单位的招聘信息，而且始终能看到最新的招聘职位。

2. 方便快捷、成本低廉

网上投递简历十分方便快捷，甚至可以一次投递多家单位、多个职位。而且如今上网的成本非常低，求职者还能免去奔波之苦，可谓省时省力。

3. 信息真伪难辨

招聘网站很多，招聘信息成千上万，对求职者来说，很难分辨信息的真假，也不太容易考证信息的出处。虽然绝大多数招聘网站都会对招聘信息进行审核，但有时候难免存在漏网之鱼，通过发布虚假信息牟利或从事其他不法活动的情况也时有出现。

4. 不利于突出个性

网站所提供的简历样式都非常模块化，千篇一律，不利于突出个人的独特之处，而且需要填写的信息非常烦琐且不实用。

5. 简历过多不受重视

求职者在网站上输入了个人简历之后，自然希望有工作机会找上门来，但由于一个网站所存在的简历可能达到数百万份，除非是紧缺人才，否则引起注意的概率并不很高，求职者感觉难以受到重视。

6. 个人信息有泄露之忧

很多求职者在网上输入个人信息时，难免有这样的担心：个人信息是否会被泄露，从而被他人所用？这种担心并非空穴来风。一般来说招聘网站不会泄露求职者的简历，但也不能避免有人将公开的求职者个人信息挪作他用。

（二）网络招聘陷阱

虽然网络招聘盛行，但是由于网上招聘硬件设施并不完善，大部分网络求职平台没有配备音频、视频设备，无法实现学生和用人单位真正的网上面对面交流，因此一些别有用心的人在网上粘贴虚假、过期的招聘信息，再给出诱人的薪酬条件来诱惑求职者，设下了各种陷阱。

1. 招聘单位收费和无限期试用

如果有公司上来就让你先交报名费，那一定是趁火打劫的骗子公司。毕业生在应聘时遇到收取报名费、面试费、培训费等额外费用的企业，都是应该警惕的。

有的企业招了人，就无限期地让学生实习，待遇也是按实习标准发放。这也是一种招聘陷阱。近来，很多求职的大学生被所谓的"实习期三个月，再加上试用期三个月"搞得一头雾水。一些用人单位为降低人力资本，大量招募短期员工，且不签订劳动合同，三个月试用期满后，就以各种各样的借口予以解雇。就这样，一群又一群学生的劳动果实被这样的单位榨取。

2. 通过招聘剽窃求职者作品

企业以选人为名，在笔试、业务考察等环节中让求职者撰写策划方案、翻译文章，而这些都应是公司员工的本职工作。

除了把求职学生当免费劳力外，学生在简历中把自己的毕业设计和研究方向写得一清二楚，也让不少企业坐享其成。

3. 假高薪陷阱

在大学生求职招聘中，一些单位声称工资高，以此为诱饵，却以不给职工缴纳社会保险为条件。求职材料刚挂到网上，就有公司通知电话面试。面试很简单又允诺高薪，这些有可能是一些公司在利用网络搞传销，正在找工作的大学生要防范掉入网上求职陷阱。大学生网上求职要选择一些大型的、正规的招聘网站，不要轻易在不熟悉的网站填写简历。在求职过程中，要注意甄别用人单位，查实用人单位是否正规、真实、可靠。

四、运用人际关系求职

每一个人都是社会人，都是各种社会关系的一个节点，都有自己的关系网络。这些社会关系就是求职者的资源，不论在东方国家还是在西方国家，人际关系对求职者的实际帮助都是很大的。

我们这里所说的靠关系网进行求职，并不是鼓励你去利用家人、朋友的特殊身份，采取一些不正当手段进行求职。而是说，利用你的人际关系网络去获得更多更及时的机会。至于能否抓住这些机会，还是要靠你本身的表现和实力。

为什么靠关系求职也是一条非常重要的渠道呢？主要基于以下三个理由：

（1）员工推荐是公司招揽人才的重要手段。很多公司喜欢让自己的员工去推荐一些优秀的人，这样可以节省他们的搜寻成本，并且可以更容易地找到一些和公司的企业文化相吻合的人。

（2）通过关系网可以得到很多别人不知道的需求信息。有很多空缺的职位是源于刚刚有人退休或者刚刚辞退不合格的员工，或是还在雇主脑子里的扩编计划。这些空缺的职位并没有在报纸、网络或者媒体上刊登出来，甚至都没有上报给人力资源部门。此时如果你想获得这个信息，就要利用你的关系网。

（3）利用关系网可以避免自己的简历被无缘无故地筛选掉。利用关系网可以更快地接近招聘者，使他们能够更好地了解你。但是需要提醒你的是，关系并不是面试的替代品，更不是雇主录用你的决定性因素，真正能决定你是否被录用的还是你自己本身的实力和表现。

8 企业招聘

8.1 企业人员招聘

8.1.1 企业人员招聘概述

企业人员招聘，是指企业为了发展的需要，根据人力资源规划和职位分析的要求，寻找、吸引那些有能力、有兴趣到企业任职的人员，并从中选出适宜人员予以录用的过程。

人员招聘，是为了满足企业发展的需要，弥补职位的空缺，获得企业所需要的人才，并降低招聘成本，规范招聘行为，确保人员质量。

招聘的基本过程如图 8 - 1 所示：

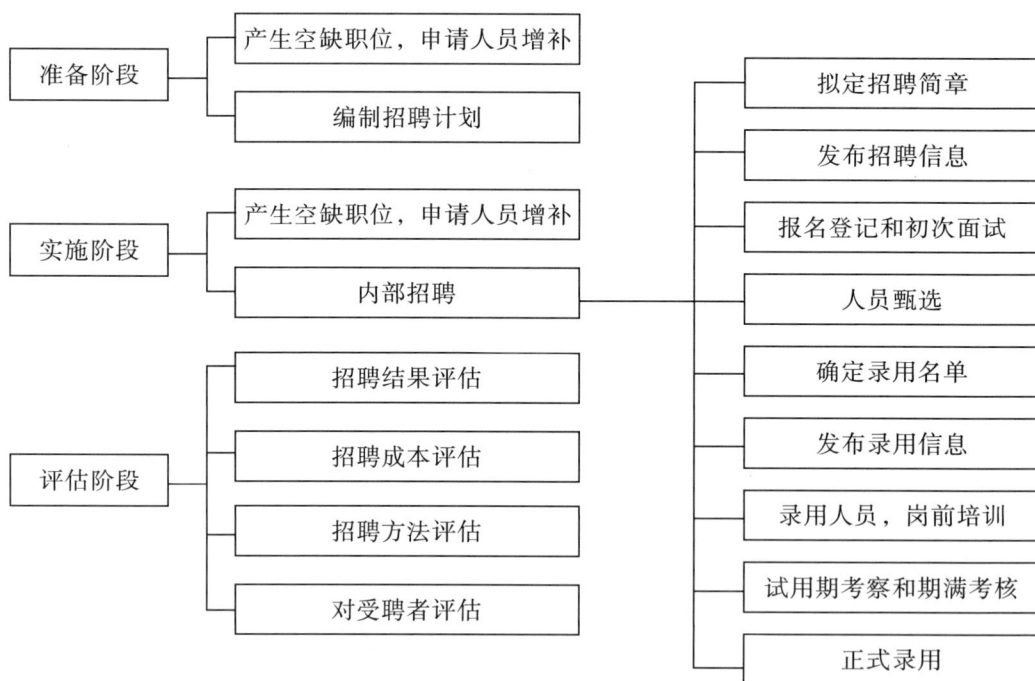

图 8 - 1　招聘基本过程

招聘的基本原则：

1. 计划原则

以掌握企业发展规划为前提，根据企业发展需要提出人员发展规划以及招聘计划，包括以定编计划确定招聘计划数，以岗位聘任标准确定招聘人员类型、条件。

2. 责任分解原则

在审核应聘人的过程中，人力资源部门与用人部门根据各自优势在审核的内容上进行明确分工，使审核结果尽可能地真实。

3. 分层分类原则

对不同层次、不同类别的人员采用不同的招聘方法。

4. 排他原则

非经特殊许可，下列人员不得录用：

（1）与企业员工有近亲关系者（包括夫妻关系、直系血亲关系、三代以内的血亲关系等）；

（2）有刑事记录或经济纠纷案例者；

（3）品行恶劣，被其他企事业单位开除者；

（4）体格检查不合格者；

（5）未满 18 周岁者；

（6）曾被企业除名者。

8.1.2 招聘的基本步骤

一、准备阶段

1. 产生空缺职位，申请人员增补

人员招聘的需要是由于空缺职位产生的。职位产生的原因主要有：

（1）企业的壮大和业务的发展；

（2）组织调动，原岗位人员调离；

（3）原岗位人员离退休或死亡；

（4）原岗位人员辞职或被解雇；

（5）其他原因。

产生空缺职位，必须进行职位分析，确定人员标准，这样才能实施人员招聘工作。人们常用五点法来确定人员标准。五点法中有五点尺度，标有 1、2、3、4、5 五个数，它们的含义分别是：1：该工作不需要这种特性；2：该工作对这种特性的要求不高；3：该工作需要这种特性；4：该工作非常需要这种特性；5：不具备这种特性无法担任该工作。

在人力资源规划和工作分析的基础上，确定了人员标准，一般要编制和填写"人员增补申请表"（如表 8-1 所示），并经有关部门批准。

表 8 - 1   人员增补申请表

申请表编号		申请表名称		申请日期	
申请单位		申请人		职位	
申请职位编号		申请职位名称		增补人数	
增补类别					
增补原因					
审批人		职位		审批日期	
审批单位					
审批意见					

2. 编制招聘计划

招聘计划要以企业的实际情况和人员增补计划为依据，主要包括以下七方面内容：

（1）招聘人数、范围和招聘的职务。

（2）职位要求，如文化程度、专业方向、工作经验、年龄、性别、英语和计算机水平等。

（3）招聘工作小组人选以及负责人。

（4）招聘方案。

（5）择优选聘的条件。

（6）招聘工作的经费预算和资金来源。

（7）招聘工作的时间、地点和进度。

招聘计划如表 8 - 2 所示。

表 8 - 2   招聘计划

招聘计划编号		招聘计划名称		日期	
招聘单位		招聘职务		招聘人数	
职位要求					
招聘方案					
择优选聘的条件					

（续上表）

招聘工作的经费预算和资金来源				
招聘工作的时间、地点和进度				
计划拟定人	职位		拟定日期	
用人单位审批人	职位		审批日期	
审批意见				
人事部门负责人	职位		审批日期	
审批意见				
主管领导	职位		审批日期	
审批意见				

二、实施阶段

在该阶段中，大部分企业会综合内部和外部两种渠道实施人员招聘，一旦确定了招聘渠道，就会展开相应的招聘和甄选工作。

（一）内部招聘

企业不仅对现有员工的专业、特长、技能等方面有详细的了解，而且还掌握着他们在过去工作中取得的成绩和出色的表现。当企业内部出现空缺职位时，有时会先在内部搜索符合条件的人来填补当前空缺的职位。最常采用的内部招聘方式主要有以下几种：

1. 内部提升

内部提升是指提拔现有员工来填补高于其原来级别的空缺职位。要使内部提升有效进行，通常需要采用职位公告、人事记录及员工数据库等多种方法。职位公告在企业公告栏或内部网站上发布空缺职位，列出该职位的特性，员工通过书面材料或电子邮件等方式提出申请；通过审核人事记录，可以发现是否有员工现在的职位低于他们的受教育水平或技能水平，或者他们已经达到了空缺职位要求的能力和相关背景。不过，通过内部提升可能并不能找到完全胜任工作的人员，有时会带来内部冲突、"近亲繁殖"等。

2. 平级调动

平级调动是员工在同级别的职位中调动工作，给员工提供从事不同职位的机会，使员工有机会更全面地了解企业内部的不同机构和运作，为员工的职业发展创造条件。调动依据的标准需要谨慎客观地制定，否则容易使员工受挫，从而影响其积极性。

3. 岗位轮换

在职员工通过不断地轮换岗位来丰富工作经验，深入了解企业各部门的工作流程和特点等，从而为今后的提拔和晋升做准备。但如果在轮换过程中，在某一岗位上停留的时间过短，则很难确认其在该岗位上得到了丰富的锻炼、获取了很好的经验。

（二）外部招聘

企业并非总能从现有员工中挑选到能填补空缺职位的人员，并且有时企业也不愿意从内部招聘人员填补空缺职位，因此通常会考虑从外部招聘人员。常用的外部招聘流程如下：

1. 拟定招聘简章

招聘简章的基本内容有：

（1）标题，如"招聘""诚聘"和"××单位诚聘"等。

（2）简单介绍招聘企业的性质和经营范围等基本情况。

（3）招聘职位、人数和条件。

（4）应聘时间、地点、联系电话和联系人。

（5）落款，如"××有限责任公司"等。

一份优秀的招聘简章应该充分显示组织对人才的渴求和组织自身的魅力。制定招聘简章有一定的技巧，它既有一定的格式，又可别出心裁地创造，引起人们注意。一般来说，它的基本要求是：

（1）语言简明清晰。

（2）招聘条件一目了然。

（3）招聘人数应比实际需求多些，一般为2倍左右。

（4）措辞既要实事求是，又要热情洋溢，表现对人才的渴求和应有的尊重。

2. 发布招聘信息

发布招聘信息的方法有很多，主要有以下几种：

（1）媒体广告，即在电视、广播、报纸等媒体上发布招聘信息。为了有效利用媒体广告，招聘企业需要明确如何选择合适的媒体以及如何表述广告内容。

优点：覆盖面广，权威性高，时效性强。

缺点：费用高，存留时间短，信息量小。

适用对象：中下级人员。

（2）举行新闻发布会发布招聘信息。这种方法主要用于下面两种情况：第一，企业因发展壮大，需要招聘大批人员，包括经营管理者和熟练工人。第二，高薪聘请高级经营管理者，如总经理、总工程师等。

优点：由于招聘是企业兴旺发达的标志之一，利用新闻发布会发布招聘信息，一方面有利于扩大企业影响，在公众面前树立良好的企业形象；另一方面，也可吸引更多的人才前来应聘，扩大了人才选择范围。

缺点：前期准备工作量大，费用高。

适用对象：各类人员。

（3）现场招聘会，即定期举行的人才招聘会。主办单位收取一定的中介费用，通过登报或其他方式代企业发布招聘信息，在人才招聘会举行之日，企业在会上设置摊位，现场招聘。

优点：效率高，应聘者数量和质量可控，费用适中。可较为直观地初步筛选简历，一些很有影响力的招聘会能够提高招聘质量。

缺点：消息传播时间及人群固定，影响时效性。受大会时间、地点及天气等自然条件影响较大。

适用对象：中下级人员。

（4）通过人才市场发布招聘信息。这种方法主要是利用中介组织传播招聘信息，如职业介绍所、辅导就业中心、定期举行的人才招聘会。职业介绍所和辅导就业中心，一般是把招聘信息有偿地告诉求职者，由求职者直接和招聘单位联系，然后进行应聘。

优点：地域性强，费用不高。

缺点：专业性差，人员素质不确定。

适用对象：中下级人员。

（5）委托猎头公司招聘。猎头公司是适应企业对高级人才的需求和高级人才对理想职位的渴望而发展起来的，它不同于一般的中介机构，不是单纯地传播招聘信息，而是帮助企业寻找高级人才、特殊人才。通常企业用这种方法来招聘人员的职位可能不多，但是，这种职位一般包括了企业最关键的高级管理和特殊技术职位。

优点：专业定向，招聘速度快。

缺点：收费高，信誉及水平需调查。

适用对象：中高级人才及特殊人才。

（6）通过人力资源网站招聘。这是通过企业网站或专业招聘网站发布招聘信息的现象，通过电子邮件或简历库来收集求职信息、筛选合适人才的一种方式。

优点：开放互动性强，传播面广，速度快，招聘范围广。成本固定，获取简历速度快。

缺点：虚假信息多，覆盖面不广泛，存在部分一线专业技术人员无上网条件而无法获得信息的现象，对简历筛选判断有影响。

适用对象：中下级人员。

（7）校园定向招聘。校园招聘是企业专业人员和技术人员的重要来源，企业通过校园招聘吸引创新型人才，同时也能为企业注入更多精力充沛、积极性高、乐于接受新事物的新鲜血液。

优点：主动性强，有利于树立企业品牌形象，成功率可预期，适合企业自主培养员工选择。

缺点：若培训机制不健全，易造成人员的高流失率。不适于对工作经验要求较高的岗位招聘。

适用对象：大中型企业热门专业人员。

（8）关系介绍（非亲属性）。企业在职员工推荐的人员对企业的招聘有很大的辅助作用。在职员工能够将企业空缺职位的优缺点告知被推荐者，向被推荐者介绍企业文化等，而且他们相对比较了解被推荐者，用这种方法可以低成本地招聘到很多高素质的人员。

优点：对应聘人员较了解，成功率较大，应聘者就职后稳定性较高。

缺点：容易掺杂私人情感，时效性差，有时会产生录用后辞退的风险。

适用对象：具有特殊技术和资历的人员。

3. 报名登记和初次面试

在这个阶段，由于企业招聘方式不同，具体做法也不同。下面分两种情况分别加以论述。

第一，通过人才市场招聘。在这种招聘方式下，招聘单位一般在人才招聘会设摊现场招聘，主要有三项工作要做：

（1）初步面谈。这主要是对应聘者进行初步了解，如工作经历、兴趣、爱好、专长等，并从中初步了解其工作能力和求职动机。进行这种谈话时，管理者往往根据事先拟定的谈话提纲提出问题，而应聘者根据问题进行回答，犹如做了一份口头问卷。

（2）审阅有关证件。招聘一般都要求应聘者有一定的文凭，毕业证是首要审核的证件。同时由于招聘职位不同、要求不同，要审核的证件也就不同，除毕业证以外，还有英语等级证书、计算机等级证书、会计证、报关证以及其他有关证件。

（3）报名登记。通过上面两步工作，对于有资格的应聘者，应让其填写"应聘人员登记表"。应聘人员登记表设计要完整，要能全面反映出对应聘者的了解和评价信息，但同时要避免表格设计冗长不堪，否则既浪费应聘者的时间，又使管理者陷入一大堆庞杂繁乱的材料之中，抓不住应聘人员的能力。其主要内容有：

①应聘者的年龄、姓名、性别、民族、学历、婚姻状况和政治面貌。

②应聘者的现在工作单位、职务、工作类别和通信地址。

③应聘者的身体健康情况、兴趣爱好、特长和经济状况。

④应聘者的工作经历、工作成就和个人简历。

⑤应聘者的一些重要要求，如有无住房要求、月薪多少等。

第二，企业自身招聘。在这种招聘方式下，企业不通过中介组织发布信息进行招聘，而是由企业自身直接通过媒体广告或其他方式发布信息进行招聘，具体有两种做法：

（1）指定时间，应聘者持有关证件，如身份证、毕业证等，往招聘单位报名，其工作内容与企业通过人才市场招聘工作内容相同。

（2）指定时间，应聘者将个人简历和有关证件复印件寄往招聘单位或以电子邮件形式发送给招聘单位。招聘单位先对这些证件进行审核，选出具有资格的人员进行回电或回函，约定初步面谈和报名登记的时间，后续工作与上面相同。

4. 人员甄选

这是整个招聘工作中极其关键的一步，只有把这项工作做好，才能保证所取人员的质量。通过笔试、心理测验、评价中心和面试等方法选拔人才，具体在下一节讨论。

5. 确定录用名单

此阶段的任务是把多种考核和测验结果组合起来，进行综合评价，从中择优选取录用名单。组合方法很多，从效果上看，以多重淘汰法为好，这种方法是将多种考核与测验项目依次实施，每次淘汰若干低分者，直至通过规定的全部考核和测验。然后根据招聘计划中规定的录取人数，按最后一次考核或测试的实得分数排出名次，从高分到低分依次录取。

6. 发布录用信息

确定录用名单之后，下面的工作就是要通知被录用者。通知方式有以下四种：

（1）在指定的时间和指定的地点张榜公布，并注明注意事项和报到时间。

（2）电话通知。招聘单位直接打电话给应聘者，通知其已被录用。

（3）寄发录用通知书或试用通知书。这是以书面形式直接通知应聘者。

（4）网上公布录用名单。

对于未录用的应聘者，招聘单位应辞谢。作用是：①有利于维护企业的良好形象和声誉；②体现对未录用者应有的尊重；③企业急需人员时，可直接与他们联系，减少招聘费用和时间。

7. 录用人员，岗前培训

新录用的人员对自己即将开展的工作和工作单位的具体要求了解不充分，必须在上岗前进行多种形式的岗前培训，以使他们充分了解组织和工作岗位的状况，具有足够的知识、技能，去适应新的工作岗位，达到较高的绩效水平。培训方法有很多，对于职工来说，有艺徒练法、岗位练兵法以及脱产培训；对于管理者来说，有理论知识学习、实验性培训和行为分析。

8. 试用期考察和期满考核

试用的主要目的是验证新职工的身体和职业的适应性。尽管招聘过程中采用了严格的程序和科学的方法，但这并不能完全保证录用人员一定符合工作要求，最终还是要通过工作实践来检验。这个工作实践就是试用。在试用过程中，要注意观察录用人员的言行举止是否符合工作规范、实际能力是否达到工作要求。同时，要实施一些有目的的测试，把一些任务交由录用人员办理，检查任务完成情况。根据观察到的情况和任务完成情况，对试用期满员工的工作绩效和工作适应性进行考核评价。

9. 正式录用

这是整个招聘的最后一项工作，主要有三个内容：

（1）根据考核评价决定录用名单。

（2）签订劳动合同，办理有关正式入职的手续。

（3）安置工作，建立个人档案。安置工作比较科学的方法是根据面谈和心理测验对其特质进行分类，然后依各个岗位所需能力特征的要求"对号入座"。

（三）内部招聘与外部招聘的比较

到底是进行内部招聘还是外部招聘，取决于企业对招聘什么人、如何招聘等问题的回答。无论是选择内部招聘还是选择外部招聘，都要衡量其优点和缺点。二者的比较如表8-3所示。

表8-3　内部招聘与外部招聘的比较

	内部招聘	外部招聘
优点	1. 鼓舞士气、提高工作热情，调动积极性； 2. 有利于保证招聘工作的正确性； 3. 受聘者能较快开展工作； 4. 企业对员工的培训投资获得回报。	1. 利用"外来优势"，被录用者没有"历史包袱"； 2. 缓和内部竞争者的紧张关系； 3. 为组织带来新鲜血液； 4. 可能招聘到一流的人才； 5. 节省工作技能培训投资； 6. 公平性强，提升企业形象； 7. 应聘者来源广泛。

（续上表）

	内部招聘	外部招聘
缺点	1. 引起组织内的不和谐； 2. 易造成"近亲繁殖"； 3. 晋升过度易造成被晋升者不能胜任工作； 4. 易出现思维定式，缺乏创新性； 5. 应聘者来源有限。	1. 外聘人员不熟悉内部情况，适应期较长； 2. 不能深入了解应聘者情况，风险较高； 3. 内部员工积极性受挫； 4. 工作群体可能不接受，应聘者难以适应工作。

三、评估阶段

在招聘完成后，招聘企业要评估招聘结果、招聘成本、各种招聘方法的有效性以及对受聘者进行一段时间的跟踪，看看他们在实际工作中的表现。通过这种评估，招聘企业可以了解招聘执行的每个环节是否到位，制定的甄选评价指标是否合适，现存的招聘甄选方法是否可靠，进而能够不断改进招聘甄选工作，完善招聘甄选系统。

1. 招聘结果评估

评估招聘效果最直观的方式就是观察空缺职位的填补情况，通常认为使得空缺职位越少、填补越及时，招聘效果就越好。可以通过如下指标来评估招聘结果：

（1）招聘完成比：招聘完成比＝聘用人数/计划招聘人数×100%。如果招聘完成比等于或大于100%，则说明招聘在数量上完成或超额完成了招聘计划人数。

（2）招聘完成时间：指从产生职位空缺到填补空缺职位所花的时间。通常，时间越短，效果越好。

（3）应聘比：应聘比＝应聘人数/计划招聘人数×100%。应聘比越大，说明招聘信息发布的效果越好，同时也说明高素质的应聘者可能越多。

（4）聘用比：聘用比＝聘用人数/应聘人数×100%。聘用比越小，相对来说，聘用者的素质可能越高；反之，则聘用者的素质可能较低。

（5）聘用合格比：聘用合格比＝聘用人员胜任工作人数/实际聘用人数×100%。聘用合格比是反映当前招聘有效性的绝对指标，其反映了聘用的正确程度。

（6）基础比：基础比＝原有人员胜任工作人数/原有总人数×100%。基础比是反映以前招聘有效性的绝对指标。

聘用合格比和基础比之差，可以反映招聘的有效性是否在逐步提高。

2. 招聘成本评估

对整个招聘期间的费用进行计算、核实，并对照先前的预算来评估招聘成本。通常，如果成本低，录用人员质量高，就意味着招聘效果好；反之，则意味着招聘效果差。招聘成本主要可以分为四个部分：一是招聘的直接成本，主要是指在招聘过程中的一系列显性花费；二是招聘的重置成本，它主要是指由于不当招聘，导致必须重新招聘所花费的费用；三是机会成本，它是因离职和新聘人员的能力不能完全胜任工作所产生的隐性成本；四是风险成本，它主要是指企业的稀缺人才流失或招聘不慎，导致未完成岗位目标，给企业带来的损失。

3. 招聘方法评估

这包括对发布招聘信息的方法、各种招聘方法的有效性和招聘渠道的评估。招聘企业对不同招聘信息发布方法的有效性分析，可通过分别计算其结果和成本来进行分析；对不同招聘方法的有效性分析，可通过分别计算不同方法的招聘结果和招聘成本，从而分析评估其效果。而通常来说，内部招聘的员工流失率要略低于外部招聘。因为在内部招聘时，招聘双方之间的关系是一种约束和激励受聘者的因素，对受聘者的工作有重要的影响作用。

4. 受聘者评估

受聘者评估实际上是在对受聘者能力、潜力、素质等进行的各种测试和考核的延续，是检验招聘工作成果与方法有效性的一个重要方面。招聘企业可以根据招聘的要求或工作分析得出的结论，对受聘者进行等级排列；在聘用上岗一段时间内，定期跟踪，结合绩效考核考察他们在职后的真实表现；这些表现的变量，一般可以分为近期表现和远期表现两种，一些在应聘者受聘后很快可以测量出的变量为近期表现，如工作满意度；而如员工流失率、员工工作年限等，需要较长时间甚至是员工离职后才能测出的变量则是远期表现。

8.2 企业人员甄选

人员甄选是根据岗位条件和用人标准，从众多的应聘者中筛选出最符合要求的应聘者，它是整个招聘工作的重点，其目的就是从应聘者中选出能胜任工作的人才，保证招聘的质量。

8.2.1 企业人员甄选概述

一、企业人员甄选的特性

良好的人员甄选必须具有以下特性：

1. 全面性

体现在以下几个方面：

（1）对于笔试来说，试题取材范围要广，不能过于抽象和狭隘，应能全面测试应聘者对各方面知识的掌握程度。

（2）对于心理测验来说，每个测验设计要全面，应把各种心理测验结合起来使用，如把成就测验、智力测验结合起来，全面考核应聘者的心理特征。

（3）对于评价中心来说，要运用多种情景模拟方法，观察应聘者各方面的能力。

（4）对于面试来说，谈话内容要广泛和丰富，全面考察应聘者的价值观、态度和能力。

2. 客观性

测试结果的评定，要严格按照其标准来进行，公平、公正地对待每位应聘者。作为主考官，一定要注意避免受个人的情感、爱好、兴趣等主观因素影响，特别是不受应聘者的容貌、形体等因素的影响，只有这样才能做到测试结果评定的科学性和客观性。

3. 有效性

测验的效度是指测验的结果对其所要达到的目标的实现程度，一个良好的测验必须有较高的测验效度。如果用一个测验来考察应聘者的创造力并录用测验分数较高的人，工作后，他确实表现出较高的创造力，则说明此测验有较高的效度；相反，若选出的应聘者测验分数较高，而工作后实际并未表现出较高的创造力，甚至无创造力可言，则说明此测验的效度较低。效度的高低通常用效度系数来表示，它是测验得到的量数与供作参照标准的量数或称效标的比值。效度系数越是接近 1，则说明测验的效度越高。

二、企业人员甄选的基本过程

在大多数企业中，人员甄选是一系列连续的步骤。人员甄选的基本过程取决于企业的规模、组织的规模、空缺职位的性质和层次、可招聘的人数及其他一些因素。完成这个过程可能需要一天时间，也可能更长。图 8-2 显示了一些人员甄选过程中比较典型的步骤。在这个过程中，企业会通过各种不同的方法获取应聘者的信息，包括填写申请表、面试、笔试、健康检查及背景调查等。不过，无论使用哪种方法，都应该符合道德和法律的要求。当然，在这一过程中，企业会根据自己的需求，忽略某些步骤或改变某些步骤的顺序，而应聘者也可能在这一过程中的任何一个步骤中被淘汰。

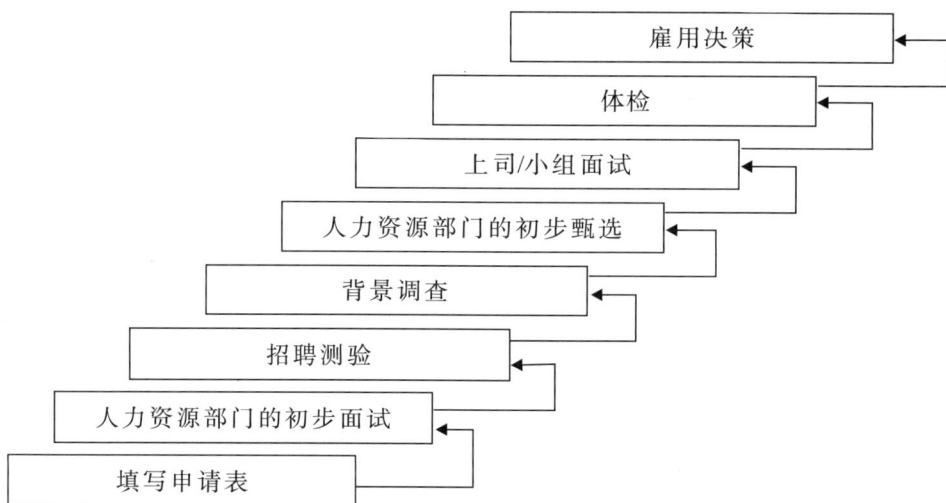

图 8-2　人员甄选的基本过程

三、企业人员甄选的方法

人员甄选的方法有很多，归纳起来有四种：笔试、心理测验、评价中心和面试，由于心理测验和评价中心在前面已经介绍了，本章只重点介绍笔试和面试两种方法。

8.2.2 笔试

一、笔试的含义、种类和适用范围

在人员甄选中，笔试主要是用于测量应聘者所掌握的基础知识、专业知识及其他相关知识与文字组织能力和综合分析能力等。笔试是我国选拔人才最常用的传统考核方法，根据不同的分类标准，可以做如下两种分类：

1. 论文式笔试和直答式笔试

根据试题的性质，笔试可以分为论文式笔试和直答式笔试。

（1）论文式笔试，通常是应聘者按照论文题目，写出一定字数的文章，发表自己的观点、看法和主张。论文题目有三种选择方法：自由选择，区间选择，指定选择。自由选择就是应聘者选题完全不受任何限制，由其任意选取一题目；区间选择，就是应聘者从指定的若干题目中选取一个；指定选择，就是主考人指定题目，应聘者没有选择余地。一般来说，为了了解应试者的创造能力、决策能力、推理判断能力和综合分析能力，以及对某一问题的独特见解和态度，可以运用论文式笔试进行综合考核。这种方法主要适用于招聘高级管理人员。

（2）直答式笔试，通过填空、判断、计算和问答等形式来测试应聘者的知识水平。它主要考察应聘者的学历以及理解能力和记忆能力，适用于招聘一般人员。

2. 基础文化测试和专业知识测试

根据考试的科目不同，可分为基础文化测试和专业知识测试。

（1）基础文化测试，主要是针对应聘者应具有的基本文化素质而进行的测试，常考的科目有语文、数学、英语等，适用于各种工种和岗位招聘。

（2）专业知识测试，主要是针对应聘者应具有的专业知识和对本企业的了解程度而进行的测试。招聘的工种和岗位不同，专业测试的科目也就不同。例如会计岗位，一般考核内容为会计、审计、财务管理等科目。这种测试适用于各种工种和岗位的招聘。

二、笔试的优缺点

1. 笔试的优点

（1）公平性。其表现在两个方面，一是所有应聘者都参加题目相同的笔试，二是按考试分数作为录用依据之一，在其他条件相同的情况下，高分者优先录用，低分者则可能不被录取。

（2）客观性。一般来说，笔试具有一定的客观性，特别是直答式笔试，客观性更强，这种测试取材广泛，答案肯定，评分客观精确，能够比较好地反映应试者的知识水平。

2. 笔试的缺点

（1）笔试测试效果如何、能否真实地反映应聘者的水平取决于试卷的命题质量。若命题不恰当，设计不合理，则考试成绩不能真实地反映应聘者的实际水平。

（2）笔试试题即使全面，也不可能覆盖所有知识点，同时由于试题固定、数目有限，应聘者的成绩往往有一定的偶然性。这就是我们常说的考试有一定的运气。

（3）笔试的结果只能反映应聘者掌握知识量的多少，难以代表应聘者的实践能力。

（4）笔试很难反映出应聘者的动手能力或实际操作能力。对于建筑业、制造业等行业，需要的是理论功底扎实并且实际操作经验丰富的人才，仅仅依靠笔试无法了解应聘者在解决实际问题时的能力。

因此，笔试虽然有其优点，但仅仅依靠笔试甄选人才，很容易出现"高分低能"的现象，故在人员甄选时还必须结合其他的方法。

三、笔试的实施程序

1. 成立考务小组

实施笔试是一个程序化过程，必须成立考务小组来专门组织实施，才能保证笔试的公平性和客观性。组织考试是一项严肃的工作，应选择那些正直、公正、责任心强、纪律性强的人员为考务小组成员，负责整个考务工作。

2. 制订实施计划

实施计划主要包括：①测试科目和测试方式；②测试人数、测试时间、测试地点和考场安排；③监考人员名单；④命题方式，即由人事部命题，或者由外部单位、学校命题；⑤测试纪律；⑥阅卷人员名单、阅卷单位和阅卷方式。

3. 命题

命题是笔试的首要问题，直接关系到测试效果。命题应注意四个问题：①命题要有全面性、层次性，能真实测试应聘者的知识水平；②分数设计应合理，能根据工作岗位特点突出重点；③确定标准答案和计分规则；④做好试题的保密工作。

4. 监考

监考的主要任务是做好试卷的收发工作，规范测试纪律，杜绝舞弊行为。

5. 阅卷

阅卷关键在于要客观、公正，不徇私情，严格按照标准答案和评分规则进行打分。阅卷时要注意防止阅卷人员看到答卷人的姓名。在无特殊要求的情况下，阅卷人员不得因答卷人的字迹而影响给分。

四、笔试设计应注意的问题

专业笔试的试卷在使用前应经过检验，确保试题能区分出不同水平的应聘者。最有效的方法是计算应聘者笔试的得分及其将来的实际绩效的相关性。

（1）试题应该由熟悉该岗位簇的专业人员针对该类岗位所需的知识技能进行设计，并给出标准答案，一般要求预设的题数大于实测的题数。然后可以由该类岗位的管理者和优秀员工凭经验进行初步筛选，进行定量分析（员工试测），一份好的试题能有效区分出不同能力水平的人。企业可以通过在职员工在该试题上的表现，推断该试题的有效性。答题者的选择：从本岗位簇的员工，按照实际绩效的等级水平，随机抽取人员作答，然后由出题者进行评分。分数出来后，如果高绩效者在这份考题中取得高分，同时低绩效者的分数低，那么这份试题就可以用于招聘。如果高绩效者和低绩效者在分数上无明显区别，或者低绩效者的得分比高绩效者的得分要高，那么这份试题就无法从众多的应聘者中甄选出组织需要的理想员工。

（2）确定试卷有效后，还需要对每一道题目进行分析。根据答题者的总分进行高低分组的划分。将所有答题者的分数进行高低排序，前 27% 或 33% 的答题者划分为高分组，后 27% 或 33% 的答题者划分为低分组（高低分组的划分标准主要是依据答题者的人数，如果答题者人数大于 100，一般使用 27% 作为分界点；如果人数太少，为了避免结果受到特高分或特低分的影响，也可以 50% 为界，把一半答题者划为高分组，另一半划为低分组）。然后比较两组人在每一题目上所得平均分的差异。一道好的题目应该能使水平高的人在这道题目上的得分高，水平低的人在这道题目上的得分低，从而把不同水平的答题者区分开来。同样，如果两组答题者的平均分无明显差异，或者低分组的平均分还要高于高分组，那么这道题目是有问题的，需要删除或修改。

（3）应聘者在测试中取得多少分方可进入下一轮面试，这很难凭经验确定。但是，如果试题已经经过了该岗位簇任职者的测试，企业就可以先查阅分数的分布情况，并结合组织的需要，确定分数线。如果企业希望将来员工的绩效达到良或以上，就可以参考绩效良和中两类现任员工在该试题上的平均分，以此为依据确定笔试的最低资格线。应聘者的得分必须高于这一资格线才可进入下一轮面试。

值得注意的是，不建议把笔试的资格线定得太高或太低。原因如下：①笔试试题尚未标准化，也就是说题目仍然存在缺陷，需要在以后的实践中不断进行修正和补充；②笔试资格线还取决于专业知识在整个招聘过程所占的权重。一个优秀的岗位任职者，不仅需要扎实的专业知识，还需要胜任力模型中所包含的其他素质。如果把笔试的资格线定得过高，很可能把拥有出色工作能力但专业知识相对较弱的应聘者拒之门外。而资格线定得太低，又达不到考查专业知识的目的。

8.2.3 面试

一、面试的含义、种类和适用范围

面试作为人员甄选中必不可少的一个重要环节，指在特定情境下，面试官通过与应聘者以面对面观察、交谈等双向沟通的方式，由表及里地测评应聘者的有关素质。在此过程中，面试官通过观察并提问一系列问题来全面了解并评价应聘者的工作经历、工作能力、素质状况以及工作动机，然后根据岗位分析和组织文化分析的结果，更准确地挑选与企业相匹配的应聘者。

一般来说，面试主要有四种方式：结构化面试、问题式面试、非引导性面试和压力式面试。

1. 结构化面试

结构化面试又称定型面试，由面试官根据预先准备好的询问题目和有关细节，逐一发问。为了活跃气氛，面试官可以问一些其他方面的情况。面试的目的是全面、真实地了解应聘者的情况，观察应聘者的仪表、谈吐和行为以及人际沟通能力。结构化面试适用于招聘熟练工人、一般管理者、科技人员和各类后备人员。

2. 问题式面试

问题式面试是由面试官向应聘者提出一个问题或一项计划，请他解决和处理。观察他在特殊情况下的表现以判断其解决问题的能力。这种面试方式适用于招聘中高级管理者。

3．非引导性面试

非引导性面试又称自由面试，由面试官海阔天空地与应聘者交谈，无固定题目，无限定范围，让应聘者自由地发表议论。面试官尽量活跃谈话气氛，在闲聊中观察应聘者的知识面、价值观、谈吐、风度及其思维能力、表达能力和组织能力。这是一种高级面试，面试官需要有丰富的知识经验和较高的谈话技巧，否则很容易使面试失败。这种面试方式适用于招聘企业高级管理人员。

4．压力式面试

压力式面试是由面试官有意识地对应聘者施加压力，针对某一事项做一连串发问，不但详细而且追根问底，直至应聘者无法回答，甚至激怒应聘者。看应聘者在突如其来的压力下能否做出恰当的反应，以此观察他的应变能力。这种方法如果运用不当，会引起应聘者的反感。一般适用于招聘特殊岗位职工，如采购员、销售员、精密作业人员以及需要高度警觉性的职位上的工作人员。

二、面试的优缺点

1．面试的优点

（1）直观性。面试是面试官与应聘者面对面进行的，可以直接从对象身上观察其气质、性格和能力，可了解到笔试所无法知晓的信息，比如应聘者的外部形象、口头表达能力、应变能力等。

（2）灵活性。与笔试相比，面试的测试内容广泛、形式多样，能根据招聘岗位的不同要求，选择测试方式，突出面试重点。

2．面试的缺点

（1）面试只能从应聘者的外表行为判断和推测个人特性与性格。如果面试官没有较高的面谈技巧和敏锐的洞察力，容易被应聘者的外表、谈吐甚至伪装所迷惑，以致做出错误的判断。

（2）面试的判断标准不易统一，对同一个应聘者，不同的面试官可能有不同的看法。

（3）面试的成绩很难用数量来表示，只能做定性的分析，而不能做定量的分析。

（4）面试有其本身的功能和局限性，很难运用面试技术预测应聘者的创造力、独立性和诚实度。

三、面试的实施程序

1．进行面试前的准备

在这个阶段中，主要的工作有：

（1）确定面试的面试官。面试的面试官，也就是所谓的考官，他的工作能力、面试经验、个人品质直接影响面试的质量。对面试官的基本要求是：①良好的个人修养；②丰富的工作经验；③具有相关的专业知识；④能熟练运用各种面试技巧；⑤能公正、公平地对待每位应聘者。

（2）确定面试的方式。要根据招聘岗位选择适当的面试方式。在实际工作中，常常把几种方式结合起来运用，以便取得更好的效果。

（3）拟定面试问话提纲。一般要根据招聘岗位要求、面谈对象和面谈所要达到的目的来设计主要问话内容。

（4）确定面试时间和面试地点。时间安排一般不要太紧，要有一定的余地。面试场所要安静、舒适，不易被外界干扰。同时面试场所内布置要合理，能减少应聘者的心理压力，保证面试在宽松的氛围中进行。

2. 进行面试

面试的具体内容随着面试的目的和招聘岗位的不同而改变。但就一般的职位来说，其主要内容有：

（1）了解应聘者的工作经历、工作经验和工作成就。

（2）了解应聘者的个性、兴趣、爱好。

（3）了解应聘者的知识水平和专业特长。

（4）了解应聘者的工作态度、诚实性和纪律性。

（5）了解应聘者的工作能力、思维能力、创造能力、分析能力和应变能力等。

（6）了解应聘者的求职动机。

在进行面试的过程中，必须注意以下四个方面：

（1）面试开始之时，面试官要表示出热情友好、平等尊重的态度，减轻应聘者的心理压力。

（2）要让应聘者在面试时间内充分表达自己的主张，面试官全部谈话一般不要超过40%，要做一个认真的倾听者。

（3）避免空洞的问题，注重务实，同时问话切忌揭人隐私或揭人短处。

（4）要把握主题，使谈话既活跃又不偏离主题，且步步深入，避免重复。

3. 面试评价

面试结束后，应根据面试取得的一手资料，综合分析与评价应聘者的面试表现和面试结果，形成对每一位应聘者的总体看法，以便给出录用或不录用的建议。这种面试评价一般是通过面试评价表进行的。面试评价表设计要合理，各评价要素能充分反映招聘工作岗位的要求，并且是可以通过面试的技巧进行评价。表8-4为一般面试评价表，表8-5为结构化面试评价表。

表8-4　一般面试评价表

面试人		应聘者		面试时间	
考察内容					
语言表达					
沟通理解					
专业知识					
个人发展意愿					
薪酬福利要求					
自我评价					

（续上表）

面试内容	
总体评价	
用人单位意见	
人事部门意见	
主管领导意见	

表8-5 结构化面试评价表

姓名		性别		年龄		编号	
应聘职位				所属部门			

一、问题要点	测评要点
1. 简单介绍本人的工作经历。（5分钟）	语言表达，专业知识，个人修养（衣着、举止、神态）
被试回答：	
主题分析：	
2. 为什么要离开原来的工作单位而到本企业应聘？（5分钟）	坦诚，自我认识，对本企业的理解，求职动机
被试回答：	
主题分析：	
3. 简单介绍在原单位的业绩情况，并做分析。（10分钟）	专业知识，责任感，进取心，组织管理
被试回答：	
主题分析：	
4. 如何看待本行业的市场前景？（5分钟）	专业知识，计划性，归属感，对本企业的理解
被试回答：	
主题分析：	
5. 你觉得要提高企业的效益，可以采用哪些方法？（10分钟）	专业知识，进取心，组织管理，对本企业的理解
被试回答：	
主题分析：	
6. 你的工作业绩若不理想，你会采取什么措施？（10分钟）	压力承受，进取心，责任感，自我认识，坦诚，专业知识，沟通协调
被试回答：	
主题分析：	

（续上表）

7. 你管过多少业务人员？你怎样激励他们做好工作？（10分钟）	组织管理，沟通协调
被试回答：	
主题分析：	
8. 当企业的经营陷入困境时，你会怎么办？（5分钟）	计划性，综合分析，组织管理，应变能力
被试回答：	
主题分析：	
9. 世界范围的经济危机对本行业有什么影响？（5分钟）	综合分析，专业知识，计划性，应变能力，对本企业的理解
被试回答：	
主题分析：	
10. 个人发展意愿。（3分钟）	归属感，坦诚，计划性，求职动机，自我认识，对本企业的理解
被试回答：	
主题分析：	
11. 自我评价优劣势。（3分钟）	自我认识，坦诚，压力承受
被试回答：	
主题分析：	
12. 薪酬福利要求。（2分钟）	自我认识，坦诚，压力承受，求职动机，对本企业的理解
被试回答：	
主题分析：	
13. 描述你在工作中成功的与不成功的各三个事例，并指出其经验教训是什么？（10分钟）	自我认识，坦诚，压力承受，工作经验，专业知识，应变能力
被试回答：	
主题分析：	
14. 在本企业工作了一段时间，情况也熟悉了，并掌握了宝贵的知识、技能、经验，甚至升了职，若其他的企业以更高的薪酬来挖你，你打算怎样做？（5分钟）	坦诚，应变能力，压力承受，自我认识，对本企业的理解
被试回答：	
主题分析：	

（续上表）

15. 在本企业工作一段时间后，你感觉没有达到预期的成就目标，你打算怎样做？（5分钟）	坦诚，应变能力，压力承受，自我认识，计划性，对本企业的理解

被试回答：

主题分析：

二、评价要素	评价等级				
	差	较差	一般	较好	好
1. 个人修养					
2. 求职动机					
3. 对本企业的理解					
4. 语言表达能力					
5. 应变能力					
6. 自我认识能力					
7. 逻辑思维能力					
8. 综合分析能力					
9. 坦诚度					
10. 专业知识					
11. 工作经验					
12. 压力承受					
13. 组织管理					
14. 沟通协调					
15. 计划性					
16. 归属感					

总体评价：

用人部门意见	签字_____	人力资源部门意见	签字_____	主管领导意见	签字_____

在进行面试评价时，一定要以工作要求为标准，客观、公平、公正，为了防止个人差异性，评估标准和评估程序应程序化、标准化，几个面试官间有意见分歧时，应充分磋商，达成一致。

8.3　大学生如何应对企业招聘

8.3.1 面试前

一、面试的目的

向面试官证明你能胜任这份工作：了解该组织/公司及职位的条件、要求等，判断自己是否真想在那里工作。面试是一个双向选择的过程。虽然你不能控制面试，但可以把控会谈的内容。

二、面试的形式

现在的招聘流程正逐渐趋向于复杂化和系统化。下面是最常见的一些面试形式。

1. 一对一面试

最常见的面试形式是一个面试官面试一个申请者。有时，这种形式是几轮面试中的初试。第二轮和第三轮面试通常会有若干面试官。

2. 团体面试

团体面试分为普通团体面试和竞争性团体面试。

普通团体面试的目的在于向应聘者提供大量关于公司和职位的信息。这种形式既节省时间，也可以保证每个人了解基本的事实。这个过程的下一步通常是竞争性团体面试，即许多应聘者同时被一个或更多面试官面试。面试官通常想通过这种方式，了解你与团队互动的情况、每个应聘者会在团队中扮演什么角色、谁会以领导的身份出现等。考虑周到、表现机智很重要，但是不要独占会谈场面。

无论是哪种团体面试，虽然与问你问题的人保持良好的眼神接触是重要的，但也需要时不时看看其他在场的人，以便你回答时也能谈到他们。记住你是在一个团队当中，尝试记住每个人的名字和职务，在面试过程中的某些时候使用他/她的名字和职务。

3. 结构化面试

这种面试的目的在于去除偏见，帮助雇主做出客观的决定。所有的应聘者都面临相同的问题，便于雇主评价应聘者。如果在面试结束时，你还没有传达出重要的信息，当被问及你是否有其他问题或者有没有其他事情时，别忘了抓住这个机会呈现你的重要资质。

4. 半结构化面试

在半结构化面试中只有很少的预先决定好的问题，你有很好的机会传达信息。因此，你需要有充分的准备，而且要知道你想要表达的重点。

5. 电话面试

若应聘者到雇主公司所在地需要昂贵的旅途费用，第一轮面试中面试官可能会采用电话面试的方式。如果这个电话让你吃了一惊，你还没有做好面试的准备，可以请对方 15 分钟后再打给你，或者另外安排双方都方便的时间再联络。所有面试技巧在电话里都适用，你只是不需要着正装出席。不过，你会发现，穿着其实能帮你表现得更好。把简历和问题清单放在你面前，把笔和纸放在你方便得到的地方，以便记下面试过程中想问的问题。注意语气语调是很重要的，要利用你的语气和语调来表达你的兴趣。

6. 视频面试

通过在线会议服务的计算机技术，利用摄像头和话筒，面试官可以坐在屏幕前对远处的应聘者进行"面对面"的面试。着装、身体语言和对话，与现场面试没什么不同。你的任务是：争取得到参加第二轮亲自面谈的邀请。

三、面试的准备

（1）尽可能多地了解有关公司/组织及职位的情况（如公司文化、管理、发展前景、主要业务、产品分布、业内的地位和竞争对手）。做好准备工作，这一点至关重要。

（2）准备好要问的问题。

（3）准备好所有的相关证明材料，可以用求职档案的方式来整理和呈现。

（4）明确自己能为该公司所做的贡献。

（5）要准时。预留出充足的交通时间，要比预定时间提前一点到达，比如提前 15 分钟。这样可以有时间整理你的思路，还可利用这段时间观察公司的工作环境。

（6）礼仪准备：衣着要得体，通常面试者的服装应较正式，以与应聘的职位相匹配为宜，不要用气味太浓的香水或化浓妆，不要戴太多的饰物（连眼镜在内不超过三件），检查手机是否关机或设置到了静音状态。

（7）要放松。深呼吸可以帮助你放松下来，消除紧张情绪。面试的前一晚记得睡个好觉。

8.3.2 面试中

一、面试官的提问

不用担心在面试过程中会紧张——这很正常，而且适当的紧张可以帮助你有更好的表现。要相信只要你具备资格并且对这个职位感兴趣，面试官就会录用你。许多面试官会以一些"小谈话"作为面试的开始来帮助你放松。看起来好像与工作无关，但这也是评估你的一部分。记得利用这开始的几分钟表现你积极的态度。

接下来，面试官向你提问题，根据你的回答来判断你是否合适的人选。要对面试官可能提出的问题有所了解，这样你就可以提前准备答案。想一想面试官为何要提出这个问题，什么是雇主真正想知道的。下面是雇主可能问到的典型问题。

（1）请你做个自我介绍。

不要认为面试官已经看了你的简历，这个问题就是多余的。这是一个推销自己的绝好机会！注意回答要简练（要做到这一点需要事先准备好）而又不失全面，列举出你所具备的、对雇主具有意义的三到五点品质/特点/长处/成就。建议你的回答要包括以下内容：

你的职业生涯目标，与求职目标有关的技能，与求职目标有关的成就和资历，你所受教育的情况。你不一定要按照这样的顺序来介绍你自己，但要努力把各个方面都介绍清楚。回答以三分钟左右为宜，切忌啰嗦冗长。

（2）请谈谈你打算在五年后做什么（请谈谈你的职业目标）。

面试官希望借此了解你对自己的职业生涯是否有切实的规划以及这一规划与现在你应聘的职位是否相关，并由此看出你申请这一职位的动机。

（3）你为什么会对我们公司/职位感兴趣？

面试官希望了解你申请职位的动机。他们希望你的决定是经过深思熟虑的，是建立在对公司/职位和对自身兴趣及能力充分了解的基础上的，并非一时冲动或盲目做出的。

（4）你为什么认为自己能胜任这份工作（你能为我们的公司或单位做出什么样的贡献）？

这个问题也可能这样表述：你为何选择本公司，关于我们，你了解什么？此时，你必须表现出对目标职位或公司业务以及自身长处的了解，强调自身所具备的正是公司所看重的品质（在专业和人际能力方面），强调你所能做出的贡献而不是你能从这份工作得到的利益（因此不要只说"我希望从这份工作中学到……技能"）。

（5）你有过与一个特别难打交道的人一起完成某项任务的经历吗？请描述一下（请举例说明你在……方面的能力）。

这个问题和其他类似的问题（如"当你跟合作伙伴意见不一致时是怎么处理的""你在压力特别大的时候是如何处理好生活与学习的""你怎样处理与你的道德标准或商业规范相违背的请求"……）一样，都是希望你能通过具体的例子来证明自己在某一方面的能力。而这一能力正是雇主所看重的，常见的如沟通能力、领导能力、主创精神、团队合作/人际交往能力、解决问题能力、灵活性等（根据问题的具体内容而定）。重要的是要有具体实际的、令人信服的例子，而不是仅仅宣称自己具有某项品质（如"我很擅长与人交往"之类）。可以预先准备好一些这样的例子。在讲述时，不要过于啰嗦，尤其是在事件情景部分，但也要有必要的细节。按照"事件发生的情景——我的对策——取得的良好效果"的方式讲述，突出自己的应对能力以及取得的良好效果。

（6）你最大的优点是什么？

不要只是谈论你的优点/能力，还要把它们与应聘的职位和公司的需要联系起来。除了宣称你具有某项能力/长处以外，还要尽可能提供简略的例证，要向对方证明你是一个出色的人选。

（7）你有什么缺点？

对这个问题可以有几种回答，如：避重就轻，说一些对工作不会造成太大影响的缺点；也可以用似坏实好的方式，说自己是完美主义者，做事过于认真细致，有时花去太多时间；等等。最好是用"我不擅长……但我已经意识到这一点，并采取了……的措施/方法来改变它"的方式来回答。不要说自己什么缺点也没有，那样显得你不诚实也不真实。此外，切忌说自己不擅长职位所要求的某一重要能力。

（8）如果我让你的朋友描述你，你认为他们会怎么说？

这类问题能帮助面试官从侧面了解你是什么样的人，因此面试之前对自己有深入的了解很重要，回答问题时突出自己和目标职位相关的特点。

（9）为何到现在还没有找到工作？

对于那些的确花费了很多时间但还没有找到工作的同学来说，这个问题很有挑战性，也许它会一下子勾起你沮丧的情绪，立刻对自己没有了信心。如果你有这种负面感受，说明你可能真的认为这么长时间没有找到工作是因为自己不够好。带着这样的想法，很难找到一份令人满意的工作。因此，不妨换个角度想想，你毕竟认认真真地为自己的未来付出了很多努力，比起那些比较顺利就找到工作的同学而言，你更能够承受挫折。虽然暂时失败了很多次，但从未放弃过，这也是你难能可贵的地方。从这个角度来看，你还得感谢自己。因此，对于这个问题，也许每个人都会给出不同的答案，但重要的是从积极的角度去回答。

（10）没有经验怎么办？

看上去你好像在某些领域没有什么经验，记住你拥有的可迁移技能，它们是你应对这类问题的最好答案。

（11）如果让你将梳子推销给旅游区寺庙中的和尚，你将如何去做？

这是一类以现实或假设情景为基础的问题。回答的基本原则是让面试官知道你是怎样思考和解决问题的。关键不是得到"正确"的答案，而是演示提出答案的正确方式。下面的五个步骤可以帮助你处理类似问题：①专心倾听提出的问题；②提出一些要弄清的问题以正确判断面试官想知道什么；③首先解释你怎样收集必要的信息来做出明智的选择；④论述你如何分析信息以做出决策；⑤基于你获得的信息、可利用的选择和你对开放立场的理解，解释你将会做出怎样适当的决定或建议。

这类问题没有"正确"的答案——只有"你的"答案。面试官通常利用这种类型的问题来判断你是否适合目标职位。

最后，你可以通过分析向你提出的问题，发现更多关于你所申请的工作的细节。面试官把重点放在哪些技能、知识、个人特性和态度上，洞察这些将更有助于你设计符合雇主要求的答案。

二、你能问的问题

为了补充面试之前收集到的信息，你需要在面试期间问一些其他问题。提前准备好想了解的问题，并事先写好带在身上是明智的。这从侧面向面试官说明你为这次面试做了很多准备工作。问题应当与职位有关，并能表现出你的热情和知识。通过提出机智的、经过慎重考虑的问题，你向雇主表现出你对公司的态度很认真，需要更多的信息。如果在面试时你的问题得到了回答，就不要再重复这个问题，否则会给别人留下你没有认真听的印象。以下的问题可以供你参考：

（1）公司对员工有什么样的期望；

（2）怎么描述在这个职位工作的典型一天；

（3）这个职位一年典型的任务是什么；

（4）这个职位典型的事业发展路径是什么；

（5）我将会与哪些人一起工作；

（6）这份工作最大的挑战是什么；

（7）如果我有幸被录用，我会得到什么样的相关培训；

（8）这个职位有什么样的发展前景；

（9）公司对未来的规划是什么；

（10）目前公司最大的挑战是什么；

（11）公司最大的机会是什么/在哪里；

（12）我从公司的网站上了解到（如公司的文化是……）……您能否再跟我详细谈谈这方面的情况。

有些问题，如薪水之类的话题不适合在此时问，除非对方先提起，否则就应当留到你有足够把握获得该职位时再谈。

三、言语和非言语沟通

在面试过程中，要热情和积极地回应。当你回答问题、谈论过去和现在的活动时，要通过你的措辞和身体语言（如兴奋的语调、稍稍向前倾斜、点头表示同意）传达出你的激情和活力。保持眼神接触很重要，不这么做的话，说明你缺乏自信或者会让雇主认为你不够坦率。

保持一个舒适的坐姿，不要懒散。不要把任何东西放在你的膝盖上或者手里，因为那样会限制你自然的身体动作，甚至你会无意识地把玩它。把你的笔记本、公文包和笔放在你椅子附近的地方，需要的时候随时可拿到。

明确而简洁地回答问题，但要注意提供充足的细节，以使面试官能评价你的资历。当面试官不得不听一些冗长而散漫的回答时，他们会感觉很不舒服。为了组织好你的语言，在谈话之前停顿一下是可以接受的。避免"嗯""啊""你知道"等这样的口头语，或为了留出时间而重复问题。使用商业语言，避免俚语。

提前准备好如何谈论你关心的或会让你觉得不舒服的问题。如果你有什么事不想让面试官询问，你可以让面试官感觉到，也可以讲出来。练习大声回答问题，直到你说话的时候听起来很自信。

四、你的权利

一些雇主错误地认为既然是他们支付薪水，他们就有权问任何他们想问的问题。还有一些雇主面试技巧很笨拙，会问一些不恰当的问题。你没必要回答那些令你难堪的问题。

在某些情况下，你可以回答"隐含的"问题。比如："你现在有或打算要孩子吗？"可能隐含着"你能够加班吗？"这样的问题。此时，你的回答可以是：当有必要时，你愿意加班，你可以安排好孩子的看护问题。

你也可以问："你能解释一下这个问题与这份工作要求的资历有什么关系吗？"这样可能会让雇主重新考虑或者澄清他的问题，也可能会得罪一些雇主，但无论如何，这有利于进一步了解公司的文化和价值观，并思考那是不是你想要的。

如果你感觉你不应该回答某些问题，因为没必要，或你对这种工作不感兴趣，你可能会说，"我认为我没有义务回答这个问题"或"这个问题是不恰当的"。这么说的结果有二：一是启发了雇主，因为雇主可能没认为它是不恰当的，而且对你指出它感到高兴；二是得罪了雇主，雇主因此不会考虑让你担任这个工作。因此，回答这些问题前，考虑好风险和你想要的，但无论如何你都有权利拒绝回答一些问题。

8.3.3 结束面试

当要结束面试的时候，以下三点你应当做到：

（1）确定你了解招聘的全过程，例如知道对方在未选择好申请人之前还有面试要进行。

（2）表达你对这个职位的兴趣，感谢对方给你面试的机会。

（3）向面试官要一张名片或者确定你知道面试官的名字、职务和地址，以便你能够发送一封感谢信给他，并在你需要跟进面试结果的时候，可以联系到他。

8.3.4 面试后

一、从面试中学习

在每次面试之后都可以问问自己：

（1）我强调的重点中哪些可能会使雇主感兴趣；

（2）我是否以最好的方式呈现了自己的长处并且举出适当的例子作为证据；

（3）我是否清楚地解释了自己的个人目标、兴趣和愿望；

（4）我有没有漏掉推销自己的机会，以展示自己可以为公司做很多贡献；

（5）我说话是否太多或太少；

（6）我是否太紧张、过分被动或主动；

（7）我有没有通过面试获得足够的信息来帮助自己做出决策；

（8）我可以为自己的下一次面试做什么改变。

二、感谢信

面试结束后的 24 小时内发一封感谢信给每一位在面试中与你交谈的人，表示感谢并再次强调自己对工作的热情和自己的长处。同时，写信给向你提供工作消息的联络人或把你推荐给其他联络人的关系人、同意你把他们作为推荐人的人，向他们表达你的谢意。此外，在申请工作被拒绝和自己想退出申请的情况下，也应当写信向相关人员表示感谢，以此保持与这些人的联系，让他们了解你的状况并保持对你的支持。

9 职业胜任力培养

9.1 职业胜任力

职业胜任力是指一个人所拥有的导致在一个工作岗位上取得出色业绩的潜在的特征（它可能是动机、特质、技能、自我形象或社会角色等方面的特征）。

胜任力（Competency）这一名词是由世界著名心理学家、哈佛大学教授戴维·麦克里兰（David McClelland）博士提出的，目前在中国逐渐得到推广。它是指直接驱动员工产生优秀工作绩效的个人条件和行为特征，把重点放在发现那些在特定的环境中、特定的岗位上，直接导致成功的个人行为特征。

一般而言，胜任力的构成大致分为两个层面：其一为显性层面，即在素质要素构成中相对容易被发现、评估和改善的方面，如知识、技能、经验和行为等，在企业具体操作中可构成专业技术等级结构中的主要部分；其二为隐性层面，即在素质要素构成中相对不容易被发现和识别，但在某些特定的职位或者功能领域对职位业绩产生重大影响的方面，即行为特质和行为方式，包括团队合作、成就导向、演绎/归纳思维、沟通共识等。

通常可用"冰山模型"对胜任力构成要素的上述分类进行阐述与说明，胜任力"冰山"包括以下内容（如图9-1所示）：

（1）行为：外在的行动和表现等。

（2）知识与技能：对特定领域信息的了解和对实践技术的掌握等。

（3）社会角色：价值观或态度，指对特定事物的偏好和判断，如客户导向等。

（4）自我概念：一个人对自己的看法，即内在的自我认同，如自信等。

（5）特质：个性与品质，指持续而稳定的行为与心理特征，如灵活性等。

（6）动机：内心自然持续而强烈的想法或偏好，它将驱动、引导和决定一个人的外在行动，如成就导向、坚韧性等。

职业胜任力模型是指一个人所拥有的导致在某种职业上取得出色业绩的潜在的行为特征。

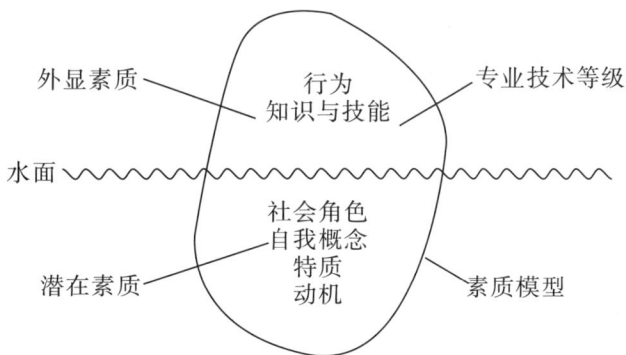

图 9-1 胜任力"冰山"图

一、25 种职业胜任力模型

笔者带领暨南大学人力资源管理研究所的研究生，以中国集装箱集团为基地，历时 5 年，开发了职业胜任力测评模型库，包括以下 25 种职业胜任力测评模型。

1. 策略思考能力

策略思考能力是指把长远的计划目标与日常工作中的具体事务联系起来的能力。能够从整体角度出发考虑局部的问题和做法，在面临短期业绩压力的情况下，能够考虑到长远发展的需求并且体现在具体的工作安排中，以符合长远发展要求的方法和措施处理与短期业绩相关的问题。

能力强的特点：①在组织整体策略的大范围内，根据局部区域的特点和条件，设计落实部门发展的策略；②根据公司整体发展的趋势，为本部门设定在组织内部发展的具体目标并推动相应的落实措施。

能力弱的特点：①只关注到本部门的短期利益，对高层的决定讨价还价；②工作计划无方向，轻易改变工作重点；③部门日常工作与公司战略脱节，甚至相违背；④可能会把事情变得过度复杂，等很长时间都出不了结论；⑤对自己和他人会有不合理的高标准。

2. 成就导向能力

成就导向能力是指个人具有成功完成任务或在工作中追求卓越的能力。高成就导向的人表现为要做出比别人更好的业绩；不满足已取得的业绩，完成工作之后为自己设立更高、更具有挑战性的目标；在产品开发或服务中有超过竞争对手的动机和决心。

能力强的特点：①在工作过程中，不仅尽力提高工作业绩，而且力争使自己的工作效果居于同行业的领先地位；②主动创造竞争优势。

能力弱的特点：①自己觉得差不多就行，能够交差，不再追求更好，不再对自己提出更高要求；②虽然知道存在有待改进的地方，但不愿付出努力着手改进；③想法很多，但眼高手低。

3. 诚信正直

诚信正直是指个人在从事职业时遵守人生信条及原则的愿望和能力。具体来说是行为与原则、信念一致，在与自己坚信的人生信条及原则相冲突、矛盾时能够坚持正义。

能力强的特点：①在有外界阻力或压力的情况下行动时，坚决保持行动与原则、信念相一致，不为利益所诱惑；②在坚持自己的原则和信念的基础上敢于冒险行事，冲破阻力，不畏惧权威或上级。

能力弱的特点：①弄虚作假，欺上瞒下；②运用自己的专业技能钻组织与法律的空子，为自己谋利益；③屈服于权威或上级，违背自己本应遵守的原则和信念；④明确个人应当遵守的职业道德和信念，但在行动中言行不一致，明知故犯。

4. 创新能力

创新能力是指人们用以创造新的观念、工作方法、解决方案的能力。

能力强的特点：①提出具有创造性的方案解决长期问题，而且明显有成效；②敢于突破条条框框以及惯性思维和常识的局限；③积极鼓励他人寻求解决问题的新方法、新方式和新思路；④对新观点、新思路或者变革持开放态度。

能力弱的特点：①相对于从未做过的新事情来讲，更愿意应付尝试过的和已经是正确的事情；②过于谨慎，避免冒险，不愿意变得大胆和有些不同；③对概念或规则的理解过于死板，不能有所变通或适当作出改变；④面对新的问题时，仅仅局限于旧有的解决方法；⑤对于其他人的创新行为持冷淡或反对的态度。

5. 沟通共识能力

沟通共识能力是一种正确倾听他人倾诉，理解其感受、需要和观点，并能做出适当反应的能力。

能力强的特点：①灵活沟通：能适应对方的沟通习惯，通过尝试多种表达方式，用清楚的理由和事实支持自己的观点，针对不同听众调整适当的语言和表达方式以取得一致性结论；②组织多方沟通：能发展并保持开放的人际网络，通过主持多方参与的沟通来保持沟通的自由、开放、透明，并达成一致理解，以此预见可能出现的问题从而事先寻求对策。

能力弱的特点：①缺乏沟通意识，被动地交流信息，使得沟通不畅或受阻；②在谈话中，以自我为中心，缺乏对他人应有的尊重，导致沟通气氛紧张；③不善于通过抓住谈话的中心议题来表达自己的思想，观点不够简洁、清晰；④在与沟通对象观点不一致时，口出秽语，态度恶劣。

6. 关系建立能力

关系建立能力指的是为了达到一定的工作目标或结果，与他人建立或保持友好、互利、融洽和轻松自然的关系，建立和维持有助于工作和业务的与他人联系接触的网络能力。

能力强的特点：①高度重视关系建立在工作开展中的重要性，有目的、有计划、有针对性地搭建人际关系网络；②建立融洽、温暖的合作关系，为将来工作的顺利开展奠定基础。

能力弱的特点：①性格孤僻，不与他人交往；②经常与他人发生冲突，缺少人际理解能力；③利用朋友义气，通过违规行为达到短期的目的，或为了朋友放弃组织的利益；④太过于关心让每一个人高兴。

7. 监控能力

监控能力是指从维护组织利益、促进工作的角度出发，运用职务权力或凭个人意志，以强制的方式让别人按照自己的意愿做事，并跟踪事物发展进程，落实目标达成情况。

能力强的特点：①加压力，扮黑脸，采用公之于众或随时监控的方式，以明确的公开标准或要求监控别人的表现；②直截了当地用威胁的口吻告诉别人达不到要求的严重后果；③用正面冲突的方式来处理别人表现不佳的问题。

能力弱的特点：①杂乱无章，仅是把工作抛给他人，或是在安排工作时缺乏目标或次序；②对下属工作进度不了解，不能以有条理的方式对下属的工作进行控制；③结果导向走向极端，忽视对过程的控制。

8. 客户导向能力

客户导向能力是指在工作中以客户的要求和需要为中心，主动提供服务和帮助。具有高客户导向能力者会尽最大努力来满足内部客户和外部客户的需求，发掘客户的潜在需求，并提供他们所需，追踪与客户联系的情况，积极处理抱怨，与客户建立良好的合作关系。客户导向包括两个维度：①以客户需求为重点；②主动帮助或服务他人。

能力强的特点：①主动了解客户潜在需求，设身处地为客户着想；②用长远观点解决短期利益冲突，为建立长期友好合作关系超出工作范围地为客户服务。

能力弱的特点：①害怕、逃避难缠的客户；②未能关注到客户需求的细节问题，导致需要返工或采取其他补救措施；③未能及时感知客户的需求信息，导致工作滞后；④为了满足客户某个微小要求以至于错过了更大的成功；⑤太刻意变化已经建立好的程序和时间表以满足客户的不合理要求。

9. 目标管理能力

目标管理能力是指对人和工作的领导、计划、执行的能力。领导人们有效地在一起工作，设定坚定的行为标准并派人完成它，最终目的是促进工作目标的顺利实现。

能力强的特点：①确保所有人接受领导的使命、目标、工作安排、团队氛围和政策；②真心鼓励下属超越自己；③为达到目标提供一切支持，以保证整个团队完成任务。

能力弱的特点：①不能用目的和目标去很好地管理下属/团队成员；②不能为下属/团队成员提供度量其工作的基准和方法；③过分控制，可能会指挥太多，不能授权他人。

10. 专业学习能力

专业学习能力是指积极主动地发展自己的专业知识、获取与工作有关的信息、更新自己知识结构的能力。

能力强的特点：①积极主动地发展自己的专业知识，同时主动学习其他专业的知识和技能，拓宽自己的知识面；②利用本专业范围外的知识来提升业务水平，更新自己的知识结构，使本职工作完成得更为出色。

能力弱的特点：①对于工作中的难题，过分依赖外界的帮助，缺少自我学习、自我完善的主动性；②在明显感觉到知识储备难以胜任现有工作的情况下，依然没有行动；③羞于向他人请教，无法获取他人有效的经验和方法；④惰性严重，不爱思考，不能在长期的学习、工作中总结出有效的工作方法；⑤不能运用新技能和新方法改进现有的学习、工作方式，导致学习、工作效率低下。

11. 责任心

责任心是指个人做好工作的一种愿望和能力，在工作中不惜投入努力，是职业化的一种具体表现。具体表现在对属于自己职责范围内的工作能认真、全面、及时、不打折扣地完成；对组织、对部门、对工作、对自己敢于承担责任。

能力强的特点：①站在组织的立场考虑问题，想组织之所想，急组织之所急；②主动公开地承担本职工作中的责任问题；③主动向上级报告工作中出现的重大过失以及造成的损失，不瞒上欺下，能及时主动地采取补救预防措施，防止类似的问题再次发生。

能力弱的特点：①学习、工作态度不认真，对分内事情不能顺利、及时地完成；②慢条斯理，与他人工作节拍脱节，影响整体学习、工作效率；③"只管各人门前雪，休管他人瓦上霜"，带有反感、排斥的情绪，缺乏热情；④只解决表面问题，没有究根问底、发掘深层次原因的精神。

12. 团队合作能力

团队合作能力是指个人愿意作为群体中的一名成员，与群体中的其他人一起协作完成任务，而不是单独或采取竞争的方式从事工作。这里所谓的团队就是为了实现某个或某些目标而共同工作的群体，它可以是一个部门内部的产品开发小组或行销小组，也可以是为满足顾客需要而结合成的跨部门的工作群体。

能力强的特点：能在合作中鼓励团队中的其他成员，从而促进群体成员之间的合作或提高群体和谐的合作气氛。

能力弱的特点：①不同部门的成员之间在相互交叉的工作环节上缺乏沟通，导致工作无人做或重复做；②过分自信、主观，只顾自己工作而不服从团队的整体安排；③缺乏团队意识，个人自由主义思想严重；④没有大局观，不能正确处理个人与集体的关系；⑤过分依赖团队的力量，缺乏独立处理事情的能力。

13. 分析判断能力

分析判断能力是指把事物拆分成小模块来理解或用步步推进的方法对事物进行分析、解剖、判断的能力。分析判断包括有逻辑地用系统思维的方法来组合局部问题、局部状况等；对不同特性或方面进行系统比较；理性地制定出优先顺序；确定时间顺序、因果关系或"如果……就……"的关系。

能力强的特点：采用几种分析技巧把复杂的问题拆分成各种组成部分，再利用几种分析技巧确定出几个解决方案并权衡其利弊。

能力弱的特点：①完全凭经验办事，遇到新问题束手无策；②对不同的客户采取相同的应对策略，导致客户不满意；③遇到问题"眉毛胡子一把抓"，结果什么事情也没办好；④对无关紧要的问题也弄出许多方案让大家讨论、评估，浪费资源。

14. 关注细节能力

关注细节是指在工作中、处理问题和解决问题的过程中能够注意并且看重细微的方面，并把它妥善处理，从而使问题得到顺利解决，最后的结果令客户满意，达到尽善尽美。

能力强的特点：对工作中细微的方面具有很敏锐的感觉能力，随时了解事情发展的细微动态，能及时并妥善处理工作中的细节问题，圆满地完成工作。

能力弱的特点：①工作中对细致的程序或数据表现出厌烦、反感情绪；②因某个重要数据或设计疏漏引起重大的经济或信誉损失；③没有注意到常识性的问题。

15. 坚韧力

坚韧力是指能够在非常艰苦或不利的情况下，克服外部和自身的困难，坚持完成所从事的任务的能力。具有强坚韧力的人能够在受到挫折的情况下控制自己的不良情绪，使自己不会采取消极的行动，即使受到他人的反对也会按照自己的意见和计划坚持将事情做下去。

能力强的特点：①接到艰难的任务后，在非常大的压力下经过长期的努力，克服各种困难，最终完成任务；②能通过建设性的工作有效地控制自己的压力；③在压力下能够保持冷静，将自己的注意力放在如何解决问题上。

能力弱的特点：①不能忍受慢节奏和其他人的不支持；②当遇到矛盾或不同的意见时很快就放弃自己原有的主张；③不肯承担责任或站在革新的前列；④在面对有压倒优势的纷争和有相反的证据前，明知错了还固执己见；⑤对他人不得不做的让步感到困惑。

16. 快速反应能力

快速反应是指出于提升工作效率的愿望，对工作中需要处理的问题或上级下达的工作任务给予快速及时的反应，或者上级按时检查下达的任务的完成情况，通过优化工作流程加快反应速度。

能力强的特点：①善于发现工作的问题，通过归纳总结，提出合理化的建议或方案，简化、优化工作流程；②减少不必要的环节，提升工作效率以提高公司或部门的反应速度。

能力弱的特点：①理所当然地认为了解客户对产品的要求，而不对客户要求做出及时了解；②对客户的需求不关注，特别是在客户提出合理要求时，不能及时通知相关部门对客户的要求做出回应；③在客户提出不合理要求时，不及时进行解释说明，导致客户产生不满情绪。

17. 灵活性

灵活性是指能在需要的时候改变策略或者放弃原定计划，通过其他途径或以另一种方式，通过行动或多次行动来解决问题，最终实现既定的计划或目标。

能力强的特点：①根据现有的资源重新制订可行的计划；②通过多次行动实现既定目标。

能力弱的特点：①认为制订好的计划不可变通；②在研讨会上不考虑为了满足其他人员的需求而对自己的方案主动做出一定的修改；③过于轻易地改变自己的合理方案去迎合他人的意见；④轻视计划，给人留下松散、简单的印象。

18. 培养人才能力

培养人才能力是指个人具有为未来培养人才的真诚愿望和行动，对他人的职业发展给予积极的影响的能力。其不仅包括让他人参与正规的培训，还包括对他人的长期职业发展方向及其抱负给予真诚支持的愿望和能力。

能力强的特点：①有为组织的稳定性与持续发展培养人才的眼光和胸怀；②有明确的培养目标，制订详细的培养计划，有意地给培养目标安排任务、培训或其他活动以促进其不断学习和发展。

能力弱的特点：①不能设置目标、里程碑、方针，不能很好地授权；②对下属/团队成员的想法和受到挫败的结果抱有冷漠的态度；③不能有计划性地指示工作，只给出目标；④不肯花时间管理，并且仅愿意为自己的任务而工作；⑤对于下属/团队成员缺少耐心，不能给予他们培养机会。

19. 收集信息能力

收集信息能力是指由于人们对人和事有强烈的好奇心及渴望，会主动采取行动去获取更多信息的能力。也就是说，愿意花费力气去获得更多的信息而不是接受眼前现成的信息。

能力强的特点：①安排专人收集信息，通过多个信息源收集信息；②对问题进行更深入的挖掘，找出根源性问题；③亲自去现场实地观察，把事情了解清楚。

能力弱的特点：①不关心与工作需要有关的直接信息；②不恰当地过度关心与工作需要无关的信息；③由于工作太忙而没时间去了解相关的信息；④缺乏倾听的技巧，缺乏兴趣去了解客户的需求。

20. 推动改进能力

推动改进能力是指为了提高工作效率和组织业绩，在组织中营造有利于引进使用和发展新观念、新工作方法的机制与环境，倡导、激励、帮助大家通过做新的事情来提高绩效。

能力强的特点：①自己带头引进使用新方法、新观念；②为大家做出倡导创新的示范榜样，以富有魅力和热情的方式宣导创新的价值和必要性；③激发大家创新的热情，帮助大家形成创新的紧迫感，使组织中弥漫着创新的气氛。

能力弱的特点：①安于现状，故步自封，不能发现现有工作方式的可改进之处；②不了解需要改进的工作方式的细节，浮在表面，不能找准问题；③对于推行的新观点和新工作方法持冷淡态度。

21. 忠诚组织

忠诚组织指与组织标准、需要及目标保持一致的愿望和能力，具体包括认同公司的文化、价值观，愿意为了公司的事业而努力奋斗，愿意为了公司的整体利益而牺牲自己的局部利益。

能力强的特点：①对公司有真挚的归属感；②为了公司的整体利益而放弃自己的个人利益，并有突出的行为。

能力弱的特点：①工作上拈轻怕重，推卸责任，不能做到认真负责；②明显的个人主义，无组织、无纪律；③由于自身的工作不到位而令公司受到客户投诉。

22. 影响力

影响力指个人具有一种说服、影响及让他人信服并让人们按照自己的议程或目标规划行动的能力，具有对他人施加具体影响的愿望和理解他人想法、关注点及感受并有效行动的能力。

能力强的特点：为了企业的未来发展，能运用长期和复杂的政治策略，如建立"幕后"支持和思想联盟，使得一群人支持一个想法或概念去形成广泛的影响。

能力弱的特点：①对本部门之外的事情毫无作为；②不能领会领导的战略意图，从未向领导提出建设性的方案；③缺乏经验，遇到冲突不知道和谁沟通；④在缺乏支持的观点上花费太多的精力和时间，从而忽视了更有价值的工作；⑤热衷于利益经营，可能会被认为过于政治化。

23. 严谨稳健

严谨稳健指减少失误及保持高标准工作质量的愿望和能力，使工作更具规范、更有秩序并在细节上予以关注。

能力强的特点：①随时了解事情发展的细微动态，监督并控制自己和他人的工作有序进行；②在工作中善于发现问题并能提出办法改进工作。

能力弱的特点：①不遵守工作纪律，自由散漫；②工作思路不清晰，在人力、物力安排上经常拆东墙补西墙；③部门管理工作中无明确、具体的操作规范和管理流程；④遇到紧急情况或外部环境发生重大变化时仍机械地按照原计划操作，导致工作失误。

24. 主动性

主动性指个人在工作中不惜投入较多的精力，善于发现和创造新的机会，提前预料到事件发生的可能性，并有计划地采取行动提高工作绩效、创造新的机遇、避免问题发生的能力。

能力强的特点：当意识到公司内存在某种会给生产和开发造成阻碍的问题后，能够迅速采取措施及时纠正，或者通过某种安排，使其阻碍作用降低到最小。

能力弱的特点：①没有设定有挑战性的目标，可能知道该做什么，但是做事犹豫不决；②对工作产生厌倦或有筋疲力尽之感。

25. 领导品德

领导品德是指领导者在领导活动过程中依照一定的道德行为准则行动时所表现出来的稳固的倾向与特征。

能力强的特点：①工作态度积极主动，勇于担当，言行一致，表里如一；②讲信用，讲原则，有强烈的职业责任感和使命感。

能力弱的特点：①工作态度不认真，得过且过；②人际关系紧张，矛盾突出；③不能以身作则；④缺乏上进心；⑤没有职业责任感和使命感。

二、不同类别职业的职业胜任力组合

1. 基础胜任力（所有职业适用）

其包括 4 项胜任力：①专业学习能力；②沟通共识能力；③责任心；④团队合作能力。

2. 中高层管理

其包括 11 项专属胜任力：①忠诚组织；②培养人才能力；③目标管理能力；④监控能力；⑤关系建立能力；⑥成就导向能力；⑦坚韧力；⑧灵活性；⑨策略思考能力；⑩推动改进能力；⑪领导品德。

加上基础胜任力 4 项，共 15 项胜任力。

3. 研发

其包括 7 项专属胜任力：①成就导向能力；②创新能力；③客户导向能力；④关注细节能力；⑤坚韧力；⑥忠诚组织；⑦主动性。

加上基础胜任力 4 项，共 11 项胜任力。

4. 生产工艺

其包括 4 项专属胜任力：①客户导向能力；②关注细节能力；③严谨稳健；④坚韧力。

加上基础胜任力 4 项，共 8 项胜任力。

5. 生产品质

其包括 4 项专属胜任力：①严谨稳健；②分析判断能力；③关注细节能力；④快速反应能力。

加上基础胜任力 4 项，共 8 项胜任力。

6. 生产设备

其包括 5 项专属胜任力：①严谨稳健；②坚韧力；③创新能力；④关注细节能力；⑤快速反应能力。

加上基础胜任力 4 项，共 9 项胜任力。

7. 市场营销

其包括8项专属胜任力：①成就导向能力；②影响力；③客户导向能力；④坚韧力；⑤收集信息能力；⑥忠诚组织；⑦快速反应能力；⑧灵活性。

加上基础胜任力4项，共12项胜任力。

8. 财务

其包括4项专属胜任力：①诚信正直；②严谨稳健；③分析判断能力；④关注细节能力。

加上基础胜任力4项，共8项胜任力。

9. 综合管理类（人事、行政）

其包括6项专属胜任力：①客户导向能力；②影响力；③诚信正直；④关注细节能力；⑤主动性；⑥忠诚组织。

加上基础胜任力4项，共10项胜任力。

10. 信息服务

其包括3项专属胜任力：①客户导向能力；②快速反应能力；③主动性。

加上基础胜任力4项，共7项胜任力。

11. 物流

其包括4项专属胜任力：①分析判断能力；②快速反应能力；③忠诚组织；④关注细节能力。

加上基础胜任力4项，共8项胜任力。

12. 基层管理

其包括5项专属胜任力：①监控能力；②坚韧力；③策略思考能力；④推动改进能力；⑤领导品德。

加上基础胜任力4项，共9项胜任力。

9.2 大学生职业胜任力培养

大学四年是职业胜任力培养的关键期。关键期理论是指人类的某种行为、技能和知识的掌握，在某个特定的时期发展最快，最容易受环境影响。如果在这个时期施以正确的教育，可以取得事半功倍的效果。一旦错过这一时期，就需要花费更多的努力才能弥补，或者可能永远无法弥补。在此期间，个体可以用相对较少的精力完成某一任务，如果超出这一时期，面对同一项任务时个体需要付出更多的努力，即便如此，也许还是很难达到预期效果。因此，充分利用关键期对提高教育效率和合理配置教育资源意义重大。

我们结合大学生成长成才规律和就业规律分析，认为从入学到毕业离校的大学四年期间存在七个关键期。抓住这七个关键期，有针对性地进行职业胜任力培养，将有助于大学生形成合理的职业生涯发展观和正确的职业价值观，进行准确的职业定位，从而帮助大学生进行择业。

1. 大一第一学期的入学适应期

主要特征：学生刚刚踏入校门，对一切事物充满好奇，可开展办学定位、专业认知、企业参观等教育活动，引导学生形成与学校人才培养定位和规律相适应的职业生涯发展观，从而有针对性地进行职业生涯规划和学业规划。

关键事件：开展入学教育，围绕专业前景、人才培养目标、课程设置、学习方法等内容进行指导；进行职业生涯规划教育，熟悉学校的人才培养定位、行业就业领域和方向，引导学生树立正确的职业生涯观；做好家校联动、共促成长工作，与家长及时沟通，加强联系，给家长介绍学校的办学定位、人才培养定位，共同做好学生学业指导、职业定位、就业观教育等工作，发挥家校合力，共同促进学生成长成才。

关键人物：专业教师、辅导员、学生本人及其家长。

2. 大二一整年的职业素质养成期

主要特征：参与第二课堂学习和实践锻炼，进行创新创业意识培养。

关键事件：按学生活动（校园内各种活动）、志愿者活动、实习实训活动、创新创业活动四大模块，鼓励学生参与志愿者服务、兼职、勤工助学、就业等实践项目，通过各种渠道参与就业活动，了解行业发展，对标岗位需求，提升就业能力。

关键人物：专业教师、辅导员、校内锻炼岗位各部门负责人、校友、企业人力资源经理、学生本人及其家长。

3. 大三一整年的求职准备期

主要特征：开设就业指导课，开展求职应聘、简历撰写等相关课程，提升学生的求职应聘能力，开展与实习就业相关的系列招聘宣讲活动，进行定制培养。

关键事件：就业求职的第一波高峰，与就业实习相关的招聘活动陆续开启，确定培养方案、选拔工作等。

关键人物：辅导员、企业讲师团、企业人力资源经理、就业指导中心、学生本人。

4. 大四上学期：9—12月的求职高峰期

主要特征：密集开展企业宣讲招聘活动。

关键事件：就业求职的第二波高峰，为毕业生提供尽可能多的就业岗位，推动企业、行业用人需求与学生求职意愿的精准对接。

关键人物：辅导员、企业人力资源经理、学生本人及其家人、其他社会关系者。

5. 大四下学期：1—3月的求职定向期

主要特征：学生陆续收到企业录用函等。

关键事件：在就业手续办理等方面为学生提供全方位支持和帮助，并开展精准帮扶。

关键人物：辅导员、就业指导中心老师、学生本人。

6. 大四下学期：4—5月的求职冲刺期

主要特征：是报读研究生定向、就业签约、基层就业、公务员考试等的集中期。

关键事件：就业求职的第三波高峰，为毕业生在更多元的选择中提供指导和资源。

关键人物：辅导员、就业指导中心老师、学生本人。

7. 大四下学期：6—7月的毕业退出期

主要特征：主要工作是毕业生离校教育、离校手续办理、离校活动等。

关键事件：协助学生做好报到工作、档案转接、户口迁移等，继续做好未就业学生的帮扶和指导工作。

关键人物：辅导员、就业指导中心老师、同学、学生本人。

如果能够在这些关键期施以正确的教育和引导，就可以帮助学生在大学期间不偏离正常轨道，朝着既定目标前进，最终到达理想的彼岸。一旦错过这些时期，就可能使学生产生目标不明确、大学不适应、学业不理想、就业困难等不良现象，从而导致学生不能正常毕业，或者毕业后无业可就、有业不就、有业就不了等不良后果。

9.3 大学期间职业胜任力培养路径

大学生可以通过参与实践、归纳总结、观察学习、模仿体会、专业训练、实习培训、业余爱好、娱乐休闲、社团活动等各种方式提升职业胜任力。大学生在校期间应通过各种渠道参与志愿者服务、兼职、勤工助学、实习等来培养职业胜任力。这些活动和工作经验的积累，将帮助大学生发展通用能力、专业能力和职业素养，所有这些都将对升学深造和就业面试有帮助。这些活动可以分成四大模块：学生活动（校园内各种活动）、志愿者活动、实习实训活动和创新创业活动。

1. 学生活动（校园内各种活动）

学生活动指的是在校园内开展的各种活动，如参与社团活动或担任社团负责人，担任班级或校级学生干部等职务，校内勤工助学岗位的锻炼，参与校内组织的各类竞赛等。每所大学都有非常庞大且活跃的社团体系、各种勤工助学岗位以及丰富多彩的主题竞赛活动，大学生要在不同阶段至少参与一种类型的校内活动。参与这些活动，可以提升人际交往、语言表达、组织协调、时间管理等多方面的职业胜任力。

2. 志愿者活动

志愿者活动指的是运用自身的才能和优势，组织或参与符合社会实际需要、体现志愿者精神、促进社会进步和改善福利的各种活动，如关爱老人活动、植树节活动、海边捡拾垃圾、义务家教、爱心回收、募捐等，通过参与志愿服务，为社会做贡献。只要大学生拥有一颗服务的心，志愿者活动随处可见，随时可参与。参与志愿者活动的渠道广泛且开放，如中国青年志愿者网站、校内各种志愿者服务队或自行组建志愿者队伍等。大学生参与志愿者活动既可以培养乐于奉献、无私助人的职业素养，也能在各种活动中提升自己的职业胜任力。

3. 实习实训活动

实习实训活动指的是学生参加一定的实践工作，把学到的书本知识运用到实践中去，以取得实践经验、提高理论水平、锻炼工作能力的活动。对于大学生而言，实习实训具有更重要的意义：通过实习实训，大学生可以提前了解社会，了解职场，熟悉岗位的任职要求和发展路径，还可以明确自己的职业定位和短板。因此，在大学期间，大学生应有计划地安排并参与实习实训活动。大一和大二可以利用周末或课余时间开展兼职实习，高度重视学校计划内的项目学习、课程设计、实习实训、工学结合等实践性教学活动，以培养吃苦耐劳等职业素养；大三则可以有针对性地从事与专业相关的实习实训活动，以提前适应职场环境，提前适应岗位要求，提前锁定工作岗位。

鼓励大学生大三下学期开始择业，大四一整年的课程通过与企业开展学分置换的形式来完成。鼓励大学生到合作企业开展以就业为导向的顶岗实习，帮助学生抓住最佳的择业机会，锁定最优的就业资源。

4. 创新创业活动

创新创业活动指的是在校内外参与的创新创业类竞赛、科创活动、创业活动等。大学生通过科创、项目等的实践，检验自己能否将所学知识运用到实际中去，在动手操作中寻找差距。每年都有各级各类的竞赛，资源丰富，以赛代练、以赛促学也是大学期间培养学生各方面能力的重要途径。大学生应抓住各种机会，主动自我加压，通过创新创业的平台，在真枪实战中充实大学时光，提升各方面的能力。

10 职业生涯规划早期管理

职业生涯管理分为自我职业生涯管理和组织职业生涯管理，在此我们主要阐述自我职业生涯管理。自我职业生涯管理不仅能帮助自我积极管理自己的职业生涯，促使自己了解自身的长处和短处，养成对环境和工作目标进行分析的习惯，还可以帮助个体处理好职业生活同个人追求、家庭目标等其他生活目标的平衡关系，避免顾此失彼，最终实现自我价值的不断提升和超越。

从自我管理的角度出发，职业生涯管理可分为早期阶段管理、中期阶段管理和后期阶段管理。职业生涯早期（30岁前），人们的主要任务是了解和学习组织纪律及规范，接受组织文化，逐步适应职业生活，力争成为一名专家、职业能手。这一时期是大学生迈出校门谋求发展的第一步，也是多数人职业生涯中的关键部分。人们仍然在尝试把最初的职业选择与自身能力及社会现实条件相匹配，同时也对最初选定的职业目标进行重新审视，必要时还会重新选择、变换职业，以寻求职业与理想的匹配。

一、职业生涯早期阶段的含义

职业生涯早期阶段可以分为职业探索和职业发展两个阶段。个人离开学校步入社会，对职业的相关知识并不是十分了解，对职业规则、流程的想法和看法也较为青涩。此时，工作单位的第一个任务就是从外在因素出发，如组织岗前培训、业务培训，加强员工之间的合作交流，帮助员工熟悉工作章程和单位的价值理念等，促使员工尽快适应职业岗位，迅速做好职业人角色的转变、思维的转换，以便能够迅速融入工作单位中。同时，个人也需要通过自身的努力逐步适应、融入工作单位，胜任岗位，实现团队合作，最终学会如何在组织系统中工作。

在实现个人社会化以后，个人则需要从职业发展的持续性、灵活性等方面着手进行规划。此时，个人在较好地完成工作的同时，开始对职业生涯的前景有更清楚的认识，其所制定的职业生涯目标更具有现实性和可行性。同时，工作单位也会为员工的职业发展提供科学合理的方法和策略，并尽可能提供公平和持续发展的机会与外部环境，使得员工在完成工作任务的同时能更好地实现自身专业以及综合素质的发展，实现个人发展目标和组织发展目标的有效结合。

在职业生涯早期阶段，个人对职业探索和职业发展之间的关系并没有明确的界定，其初涉职业之时所需的知识技能仅仅来源于学校，而工作单位所需要的知识更多地还需要在社会实践中逐步积累。相对来讲，处于职业探索阶段的新人，只有在职业定位明确以后才会进入职业发展阶段。针对这两个阶段，不同人群所占的比重也不完全相同。

二、职业生涯早期阶段的特征

在职业生涯早期阶段，个人离开学校开始独立工作，完成由学生到职员之间的角色转换。此阶段个人的职业特征主要表现在如下三个方面：

（1）进取心强，具有乐观、积极、竞争的心态。进取心是一种内在的推动力量，它可以促使个人不断进步，以开拓自身的发展空间。但是由于年龄、阅历等各方面因素的限制，有些人会出现浮躁、冲动、过于武断地评判自己，不能给自己的实际水平做精准定位的现象。同时，由于争强好胜，有些人也容易与同事产生不和谐，影响良好人际关系的建立。此外，由于初涉职场，在各种因素的干扰下有些人会对自身的最初职业选择产生动摇或怀疑。

（2）具有远大的职业理想和职业抱负。精力旺盛、充满朝气、因家庭负担较轻而洒脱是年轻人特有的气质。在刚刚步入职场之际，大部分人都会有满腔的工作热忱、宏伟的职业蓝图和强烈的成功欲望，这种内在的动力成为工作发展的内驱力。随着工作经验的积累、工作能力的提高、人际交往范围的扩大、工作业务的拓展，他们可能一步步地走向成功。

（3）组建家庭，承担家庭责任，调适家庭与事业之间的关系。随着工作的稳定，个人开始考虑成家或者生子，此时或多或少会对工作造成影响，如何将家庭与事业调适至最佳的状态成为需要注意的问题。同时，家庭责任使得个人以自我为中心的意识让位于家庭观念，家庭责任感随之增强。

三、入职初期心理调适与职场礼仪

（一）入职初期心理调适

新入职员工会有一种水土不服、孤独、受排挤的感觉，这是正常的。一方面，因为无论你进入哪个新团队，都有一个让别人认识、接纳你的过程，无论是对于你的人品还是才华；另一方面，自己也有一个逐步学习职业技术、提高工作能力、发挥聪明才智的过程。因此入职初期，个人端正态度、调整心态极为重要。

1. 培养职场人心态

既然已经进入这家单位，就不要瞧不起你的单位、老板和同事，怨天尤人。要努力向同事学习，尽快适应这里的环境；正确看待个人与单位、同事和团队的关系，并调整好与各方面的关系，防止游离于集体，难以合群。为此，你必须充分了解单位的制度、发展历史、潜力和前景，明确单位对这个岗位的需求，清楚自己的位置在哪里、自己的能力处在什么层面、能为单位做什么。你必须抛弃打工的心态。打工是得过且过、打一枪换一个地方的短期行为，只看眼前利益，没有长期的打算，这样只会终生为肤浅的个人荣辱得失而工作，无法融入单位的发展洪流，提高自己的层次。

2. 积累职场经验

入职之初最要紧的就是努力工作。你要尽快熟悉自己的业务，不要成为主管部门的负担，或因为自己工作不得力而拖整个团队的后腿，甚至屡屡被投诉。你应该通过个人的努力和工作业绩，建立跟领导和同事的信任关系。人在面对一个新的环境时，往往容易接收到种种危险暗示的影响，譬如这里谁跟谁是一派的、谁是谁的亲戚……受这些危险的暗示，便不敢大胆地工作。而真实的情况往往并不是这样的。在一个新的工作环境中，人缘固然重要，但也要相信，只有好好地工作，才能得到提拔重用。为此，你必须大胆做事，多从新人的视角发现单位的问题，多提合理化建议；树立多学习的心态，多学习、善领悟才有收获。要明确，只有宝贵的知识、经验积累，才是今后晋升或创造财富的资本。

3. 建立目标管理

新员工面对工作时往往不知道从哪里入手，为此，你必须掌握并能正确运用一些常见的工作方法。首先，要学会有效沟通，包括倾听的艺术。与同事和上下级沟通，目的在于建立互信，得到他们的帮助，使你尽快成长起来。其次，要学会目标管理。你的每日行动都应该联系你的长远目标或大目标，不能忙于事务，穷于应付，做一天和尚撞一天钟。再次，要学会正确加工与处理信息。你应该形成良好的工作习惯，培养自己的信息加工与处理能力，使你的工作有条理（包括保持办公桌或工作场地的清洁整齐）。最后，要学会时间管理。分清工作的轻重缓急，学会按顺序完成，减少时间浪费，提高工作效率。

4. 积累人脉资源

一个人要成功，就要多研究成功人士是如何走向成功的。向成功人士靠拢，多与高水平的人相处，学习他们的长处，才能加快成功的步伐。那些功勋卓著的伟人，即使在最困难的时候也能忍辱负重，体现出常人所没有的博大胸怀，这才是真正值得我们学习的。反之，不要与心态不好的人交往。要记住一个公式：成功 = 潜力 - 干扰。

5. 磨炼个人意志

假如你的主管或其他上级故意为难你，找你的茬儿，总给你脸色看，让你的工作很难做，你不要苦恼或干脆辞职逃避。反过来你要敢于承担压力，只有在这样的环境中历练，你才能得到提高。成功从痛苦中来，压力越大，成功就越近。要减少痛苦，就必须去努力，总有一天你会凭自己的实力获得成功。为此，你要注意细节，从小事做起。同事之间也要多帮助。物以稀为贵，我们要多做稀缺的、别人不想做的事情。付出必有回报，光想索取而不付出，是不会有回报的。

6. 坚持人生理想

无情的现实可能会击碎我们最初的职业生涯理想，但是不要轻易放弃理想追求。只有怀抱理想才能助我们事业成功。但是这个理想的实现至少要三五年甚至十年八年，因此我们要善于历练与沉潜，不要抱怨、瞎折腾，不要盲目跳槽。提高个人收入也是理想的有机组成部分，但对于刚出校门的大学生来说，最好不要把收入看得过重，否则将因为金钱而频频跳槽，从而无法相对稳定地工作、学习。稳定的工作可积累被提拔重用的资本，即便你迫切需要金钱去解决很多人生大事，诸如买房买车、结婚生子和孝敬父母等，跳槽也应三思而后行。

（二）入职初期的职场礼仪

入职初期的工作人员应该在仪表与着装、打招呼与称谓、拨打与接听电话、询问与交谈、请示与汇报工作等方面注意职场礼仪。

1. 仪表与着装

上班的工作人员（尤其是在机关上班），精神要饱满，仪表要端庄。站立与人交谈时，身体要直，双目注视对方，双臂自然下垂，也可交叉在腹前，不可东倒西歪、东张西望，不要把手插在裤袋里或叉腰；坐着与人交谈时，可以正坐、侧坐，不可后仰、摇晃，不能跷二郎腿，更不能抖动翘起的脚；行走时步履要轻，不要拖沓；有急事时可加大步幅，但不要慌张奔跑；走路要挺胸抬头，目视前方，忌左顾右盼、低头走路、勾肩搭背；路遇熟人应点头致意；与领导、前辈、女性同行时，原则上应让其先行。

上班或参加公务活动，要尽可能做到穿着整齐、面部洁净。上班要穿工作服，如果公司对穿着没有要求，服饰要干净平整、朴素大方。男性不留长发、胡须，女性不浓妆艳抹，男女都不能穿奇装异服或暴露的服装上班。要把工作牌挂在胸前，并保证工作牌的洁净。高大的人切忌穿太短的服装，服装色彩宜选择深色、单色；身材娇小的人不宜穿太长的上衣，裤子不宜太短；身材较胖的人，不宜穿得太紧；偏瘦的人不宜穿得太宽松，服装色彩要明亮柔和。就年龄而言，年轻人可以穿得活泼、随意、鲜亮些，中年人应该着装庄重些。

2. 打招呼与称谓

进入单位或办公室应主动和同事打招呼，同事之间要注意称呼。称谓得当，能增加对方对你的亲切感和信任感。

3. 拨打与接听电话

企事业单位的很多业务是依靠电话来完成的，因此拨打和接听电话的礼仪不可不知。

（1）拨打电话礼仪：①拨打电话要选择合适的时间。除了紧急要事之外，一般不在上班前、用餐时或下班后拨打工作电话，通话时间最好限定在 1~3 分钟。②做好拨打电话前的准备。拨打电话前要做好准备，考虑好通话内容，可以先把要点写在纸上。注意要在电话机旁备有常用电话号码簿及做电话记录的笔和纸。③电话拨通后，应先自报家门，然后再报出自己要找的人的姓名。④通话语调要平和，不能使用脏话、粗话。⑤电话结束时以"再见"结束通话。

（2）接听电话礼仪：①接听电话要及时。电话铃响不超过三遍就应该接听。②专心聆听对方的说话内容。不要轻易打断对方的说话，并注意不时使用"嗯""啊"等语助词，让对方知道你在认真地听。③如对方找的是别人，应礼貌地请对方"稍等一下"；如果找不到听电话的人，可以询问对方"是否可以转告"；如果对方要求电话记录，应马上进行记录。电话记录一般包括：谁来的电话，找谁，来电原因，来电内容，来电提到的时间和地点。对数字或有关重要内容可与对方再核对一遍。通话完毕，写上电话记录的时间及何人所记，及时交给有关人员。④通话结束时不要仓促挂断电话，应该等对方先挂电话。

4. 询问与交谈

同事之间的询问与交谈是一件极其普通与寻常的事情，但其中所包含的注意事项不可小觑。

（1）询问的礼仪：①选择适合的称谓。切忌使用"喂"等不礼貌的方式打招呼，也不要使用不雅或可能引起误会的称谓。②会应用请求语，如"麻烦您""劳驾""请问""请您"等。③对被询问者表示感谢。不管对方对你的询问有无帮助，都要表示真诚的感谢。

（2）交谈的礼仪：①交谈要先打招呼。如果想加入他人的谈话，应事先打一声招呼。若别人正在进行个别交谈，不可凑上去旁听；如果有事要找正在谈话的人，应站在一旁稍等，让别人把话说完；如果发现有第三者要加入谈话，应以微笑、点头、握手等表示欢迎；如果谈话时有人来找或遇急事要离开，应向双方解释清楚并表示歉意。②与人保持适当距离。说话时与对方离得过远会使对方误以为你缺乏诚意；若是太近，稍有不慎又会把口水溅在别人脸上。有些人有凑近别人交谈的习惯，又顾忌口气熏到别人，于是先用手掩住口腔，形似交头接耳，便显得不够大方。从礼仪角度来讲，与对方保持1米的距离较为合适。③语速、语调和音量要适中。与人交谈，声音既不能细若蚊蝇，也不能如吵架般的大嗓门。语速、语调和音量一般以对方能够听见而又耳感舒适为原则。④要及时赞美。交谈应不时抓住时机用溢美的言辞对对方表示赞美和肯定。⑤注意倾听。谈话本身包括听，不要口若悬河地垄断整个谈话，要给对方发表意见的机会，并全神贯注地聆听对方的讲话，不要轻易打断对方的谈话。⑥交谈的禁忌。切忌在公共场合旁若无人地高谈阔论；切忌喋喋不休地谈论对方一无所知或毫不感兴趣的事情；应避开疾病、死亡、灾祸及其他令人不快的话题；不要出言不逊、恶语伤人，也不要当面斥责别人或跟人辩论。

5. 请示与汇报工作

请示与汇报工作是下级与上级经常联系的方式之一，这其中也颇有学问。

（1）请示工作的礼仪：①请示工作要及时。对于工作责任、权限不明或超出自己职责范围的问题需要做出决策时，要及时请示领导，不要先斩后奏。②请示事项要明确。请示措辞要明确，请示事项包括在什么情况下、根据什么需要、开展什么工作、解决什么问题等，这些都要表述清晰，不要让领导听得一头雾水。③材料准备要充分。请示工作要把需要领导审阅的材料准备充分，避免请示过程中再返回办公室取材料而耽误领导的工作时间。④不要逼领导表态。对于一时难以批复的事项，不要逼领导表态。领导延迟做决定一定有延迟的理由，勿操之过急。

（2）汇报工作的礼仪：①汇报工作要做好充分准备。一方面要理清思路，突出重点，切莫泛泛而谈；另一方面要掌握分寸，说多说少或者不说，要根据问题的性质和工作的轻重缓急程度来决定，不要谎报、瞒报，欺骗领导。如果事关重大，性质严重，一定要第一时间报告领导。②汇报工作要做到结果优先。汇报工作应遵循"结果优先"的原则，而不是首先叙述过程，要符合上级的期待心理。③汇报工作的语调要平和，态度要冷静，并注意适当停顿，给领导提问和发表意见的机会。④无论请示还是汇报都要把握好时间。临时的请示汇报要选择领导不是很忙的时间前去；提前约定的请示汇报应准时到达约定地点；请示汇报由领导提出结束要求后，要及时礼貌地离开。

四、人际关系、团队合作与个人压力管理

入职初期面临的学习任务很多，但最重要的是做好人际关系、团队合作与个人压力管理。

（一）人际关系管理

职场的人际关系是每个人在职业生涯中必然会面临的一个极其复杂的课题。良好的人际关系有助于安心工作、专注做事。

1. 学会如何与领导融洽相处

（1）了解领导的管理风格。

常见的领导管理风格有三种：①专制型。要求员工绝对服从，务必按照他的意愿完成工作。这类领导往往不征求员工的意见，只会确切地告诉员工必须做什么、什么时候做以及如何做。面对这类领导，要遵循服从第一的原则，少提或不提意见。②民主型。注重倾听员工的意见，鼓励员工参与管理的过程，坚持要求员工参与管理并提出解决问题的方法。和这类领导相处，要勤于思考、勤于发问并勇于表达自己的态度。③放任型。对员工采取放任的管理方式，只在员工需要时才提供信息、观点、指导和其他需要的东西。这类领导先设定目标，然后让员工个人或工作团队决定如何实现目标。在这种情况下，员工需要积极主动地工作，并且具有决策、判断与组织能力。

（2）掌握与领导沟通的技巧。

对待领导的指示，要认真地执行，绝对不要找借口推托；站在领导的立场看问题，谅解领导的一些工作习惯；真诚地接受批评，避免犯同样的错误；主动向领导报告工作进程，让领导对工作进展了如指掌。此外，与不同管理风格的领导沟通的技巧还包括：与专制型领导沟通时，要直奔主题；与民主型领导沟通时，要落落大方，并坦诚地表达自己的意见；与放任型领导沟通时，要直截了当，谈他们感兴趣且具有实质性内容的东西。

（3）处理好上下级关系①要摆正上下级关系。要清楚地知道，尊重领导、服从领导、维护领导的尊严是工作的需要，而不是领导个人的需要。②慎重对待领导的不足。当领导在工作中遇到难题或失误时，要主动为领导分忧和担责。③慎重地对领导提出建议。给领导提建议要注意时间、地点和场合，避免越俎代庖，产生适得其反的效果。

2. 处理好同事间的关系

（1）正确对待同事间的竞争。你与同事之间的关系是唇齿相依的，最好能做到情同手足。因此要正确对待同事间的竞争，避免同室操戈。

（2）学会包容、尊重与互相帮助。包容不合作、不同道的同事，尊重不合群、不买账的同事，帮助有困难、有难题的同事。

（3）学会先说"对不起"。同事之间一旦发生矛盾，产生误会，要学会主动化解矛盾、消除误会，不要让关系僵化。

（4）学会正确对待不同性格的同事。对待性格傲慢的同事，勿以言语去挑逗；对待态度冷漠的同事，应该热情洋溢；对待城府深的同事，要多闻其高见；对待心口不一的同事，要坚持原则；对待好胜的同事，勿与其争锋。

（二）团队合作管理

团队合作指的是一群有能力、有信念的人在特定的团队中，为了一个共同的目标相互支持、合作奋斗的过程。它可以调动团队成员的所有资源和才智，并且会自动地驱除所有不和谐、不公正的现象，同时给予那些诚心诚意、大公无私的奉献者适当的回报。团队合作是现代从业人员必须学会的一种职业技能。

1. 认识团队合作原理

每个人的能力都是有限的，这是我们共同面对的生存困境。但是只要有心与人合作，善假于物，互相取长补短，就能收到双赢的效果。我们都知道，一根筷子很容易被折断，但一把筷子就很难被折断。进入一个组织或一个公司，就意味着一个人从个体人变为组织人。无论是对于组织还是个人，团队合作都至关重要。每年秋季，大雁由北向南长途迁徙，字形飞行阵势保持不变，这是为什么？因为头雁在前面开路，使左右两边空气阻力减小。其他大雁在左右两边区域飞行，比单独飞行要省力，这样整个雁群才能飞得更远。正如你帮助一个孩子爬上了果树，你也因此得到了你想品尝的果实。如果你帮助上树的人越多，你能尝到的果实也就越多。

2. 评估个人团队合作素质

团队建设及团队作用发挥的基础是团队中的个人合作意识和愿望。一个优秀的团队成员应该具有以下品质：①同心同德。团队中的成员相互欣赏、相互信任，而不是相互瞧不起、相互拆台；互相发现和认同别人的优点，而不是突显自己的重要性。②互帮互助。不仅是在别人寻求帮助时提供力所能及的帮助，还要主动帮助同事；反过来，也要坦诚地接受别人的帮助。③奉献精神。团队成员总是心甘情愿地为组织或同事付出额外的劳动。④团队自豪感。团队自豪感是每位成员的一种成就感，这种成就感集合起来就凝聚成一种战无不胜的力量。

一个优秀的团队成员不应该具有以下行为：①只想成为团队的中心而不愿成为团队的组成部分。②不表达自己的想法，不提出自己的意见，对任何事都表示同意。③打断别人的发言，限制别人提出意见和建议。④表现得高人一等，喜欢评价别人却不改正自己的错误。⑤推卸责任。

一个优秀的团队成员应该具有以下行为：①参与团队的讨论，积极地提出自己的意见。②与别人共享信息。③虚心听取别人的观点。④愿意寻找大家一致同意的选择。⑤相信别人，勇于承担责任。

3. 提高个人团队合作能力

（1）培养自己主动做事的能力和敬业精神。团队合作需要员工积极主动地寻找自己应该做、必须做的工作。员工不应该被动地等待别人告诉你需要做什么，而应该主动去了解需要做什么，然后进行周密的计划并全力以赴地去完成。团队合作也要求每个成员具有敬业精神，把团队的事情当成自己的事情并尽自己所能，努力发挥自己的聪明才智，实现团队的目标。

（2）培养自己的全局观。团队精神不反对个性张扬，但要求每个成员具有整体意识、全局观念，优先考虑团队的需要。它要求团队成员善于将自己的点子、想法和结果与别人分享，互相帮助，互相配合，一起探讨，一起进步，共同为实现集体的目标而努力。

（3）培养自己的包容品质。团队中的每个成员性格都不一样，个人强项不一样，做事的风格也不一样。有些人动手能力强，点子也多；有些人的见解和主张总是比别人略胜一筹。团队合作要求每个成员以包容的态度看待其他人的优点和缺点，求同存异，互相信任，共同进步。

（4）培养自己的表达与沟通能力。沟通可以让团队中的成员共享资源和信息，让成员的观点、想法产生碰撞从而形成更加具有建设性的意见和方法。持续的沟通能使团队成员更好地发挥作用，共同实现团队的目标。表达与沟通能力对个人是非常重要的，无论你多么优秀，多么出色地完成了工作，不会表达，不能让更多的人去理解和分享，那效果就大打折扣了。团队合作不是各做各的，而是需要团队成员积极地表达自己的看法和意见。

（三）个人压力管理

现代职场就像一个巨大的高压锅，工作量大，担心公司倒闭、裁员、减薪，单位人事复杂，工作时间过长，工作岗位常常转换等，这些都可能使员工产生压力，甚至对工作产生厌倦情绪，严重者可能出现精神问题。因此，学会减压也是现代职场的生存技能之一。

1. 正确认知

职场压力是必然的，也是必要的。压力具有消极的一面，也有积极的一面。适度的工作压力可以增加我们的责任心，但若压力超出我们承受的程度，它就有害无益了。当我们认识到这些以后，就要放弃无意义的执着。有些人总想得到一切而怕失去一点点，带着压力熬过每一天；还有一些人做事追求完美。事实上，不要过高地定位自己，或者因为一点挫折就把自己看得一无是处；也并非所有的工作都要尽善尽美，有些工作只要做到80分就够了。每个人都是有所能有所不能的，只要找到自己最擅长的那一点，并使之最大化，你就会因游刃有余而倍感轻松。不要时时处处与别人比，尤其是不要拿自己的短处同别人的长处比。有时压力在很大程度上来自你对某些事情的逃避，但当你挑战了自己的极限，或者哪怕是走出小小的一步而获得成功时，你都会信心倍增。当你觉得日子一成不变时，也可以设法改善工作方法或尝试新的工作方式。总之，你要保持监控自己的状态并不时进行调整。

2. 调整心态

心理学家认为，我们眼中的世界是你想看到的世界；你做出的反应，不仅是外部因素的引导，也是内心欲望的驱使。缓解压力既需要一个宽松的环境，也需要一个良好的心态。调整心态的内容与方式有：

（1）记住好事，忘记坏事。你的心情不是取决于你尽遇上好事还是尽遇上坏事，而是取决于你是记住好事还是记住坏事。

（2）利用幽默。在工作中，有时适当的幽默可以化解冲突、活跃气氛、缓解压力，并且它们是低成本甚至是无成本的。

（3）积极的自我暗示。要多对自己说"我行"，少对自己说"我不行"。积极的自我暗示可以影响你的心态，进而影响你的行为及其结果。

（4）保持乐观。乐观者认为失败是可以转化的，悲观者则认为失败是一成不变的，这两种迥然不同的看法对人们的心态具有直接、深刻的影响。

（5）珍惜你所拥有的。人性的弱点就是企盼得到自己没有的东西，而不珍惜自己现在所拥有的，只有在失去自己所拥有的东西时才倍感它的珍贵。

（6）善用合理化机制。把得不到的东西说成是不好的，把自己得到的东西看成完美的、符合自己意愿的，由此来减轻内心的失望与痛苦。这种"酸葡萄心理"是对心理防御机制的适当运用，对保持人的心理健康是有益的。

（7）学会取舍。生活中大部分人都在想如何拥有更多的东西，结果是想拥有的东西越多，心理包袱就越大、越重。理想的生活应该是学会取舍。

3. 善于应对工作

单纯地回避工作去谈减压，工作压力是减了，但生活压力和发展压力又来了。减压的前提应该是不低于现有的绩效甚至超过现有的绩效，这样才有意义。如果工作效率与效益提高了，压力自然会有所减轻。有效应对工作压力的具体举措有：

（1）调整职业生涯规划。你可以重新评估一下当前所选择的职业是否适合自己，判定自己到底需要什么、什么目标是可以达到的、什么目标是应该放弃的；如果不适合，你可以根据自己最初的理想和目标对自己的职业生涯规划做一次调整。只有找到自己最恰当的职业定位，你面对工作时才可能乐此不疲，干起事来才能游刃有余，压力也才会变成一个接一个的有趣挑战。

（2）提升工作能力。当你高度胜任某份工作时，你就不会有很大的压力，即使有压力也能坦然面对。

（3）扮演好你在工作中的角色。许多职场人士的工作压力来自工作中没能正确扮演好自己的角色，即角色混乱。

（4）挖掘工作中的积极面。不要仅把工作视为谋生的手段，也要努力去寻找其中的乐趣，体验其中的快感。

（5）学会分解、传递压力。要学会分解压力，把它传递到所在团队的其他人身上。这不是推诿，什么事都是你一人做、一人担，没准别人还在背后抱怨你！

（6）搞好工作中的人际关系。与同事建立良好的合作关系，与老板建立有效的支持关系，多建立一些非工作关系的交往圈子，他们在关键时刻可以成为你的倾听者和意见提供者。

（7）做时间的主人。根据工作的轻重缓急，主动、有序、合理地安排时间，而不是让工作占满所有的时间。

（8）把工作与休息明确分开。工作时好好工作，休息时好好休息。如果无时无刻不在想工作、干工作，对个人不利，对工作也不利。

4. 掌握一些减压方法

（1）简易减压方法。如外出旅游，购物减压，稍后处理，SPA 减压，看电影等。

（2）需要坚持做的减压方法。如读书减压，瑜伽减压，冥想减压，足底按摩，音乐疗法，准时回家，闻香缓压，食味缓压等。

（3）求助式的减压方法。如聊天减压，心理咨询等。

五、职业生涯早期阶段的管理

员工是工作单位的重要组成要素之一，其所具备的能力与技能会直接影响到工作单位的长期可持续发展。在职业生涯早期阶段，如何能够最大限度地发挥个人工作的积极性和创造性，实现个人与工作单位的互动共进，不仅需要个人进行职业生涯学习与规划，更需要高校和用人单位对个人进行早期职业生涯管理。

（一）高校在职业生涯早期阶段对学生个人的职业生涯管理

1. 建立完备的以职业生涯规划指导为中心的就业指导体系

为了有效实现高校毕业生就业的可持续发展，广大高校有必要实施系统的大学生职业生涯规划工程，为大学生正确、合理地规划未来的职业生涯提供明确、有针对性的专业指导。

然而，相比于美国、日本、加拿大等发达国家较为完备的就业指导体系而言，我国在此领域的发展仍很滞后，高校并没有建立起一整套健全的职业生涯规划指导机制和与之相匹配的工作部门。因此，各高校有必要借鉴西方高等教育管理的先进理论和实践经验，并对其进行归纳和整合，形成具有中国特色的有成效的就业指导工作方法，即建立职业生涯规划教研室、职业生涯规划咨询测评室、职业生涯规划网络中心三位一体的工作部门设置模式。

具体而言，职业生涯规划教研室主要负责相关理论研究，制定指导大学生进行职业生涯规划工作的方针政策，并将这些方针政策融入学校职业生涯规划课程中。根据学生职业生涯目标为学生设计个性化课程，进行分阶段教学。职业规划咨询测评室主要由在心理学、人力资源管理学、教育学等方面有造诣的专业人士组成，针对人生定位、职业介绍与规划、用人信息、政策导向等内容提供专业的职业咨询。借助心理学测量科学的研究成果、已有经验和科学手段对大学生个性特征、气质类型、职业能力倾向等进行测评，以帮助学生客观、真实地了解自我，为其制定正确的职业规划战略、做出科学的职业决策提供理论依据。职业生涯规划网络中心可通过建立大学生就业信息网，实现劳动力市场信息系统、各高等教育机构、各用人单位的联网，形成可共享的网络平台，并配以专业人员开发测评职业生涯设计等方面的专业软件，实现网络在线调查、咨询和指导。

2. 开设分阶段、有重点的职业生涯规划课程

有调查数据显示，超过80%的大学生认为职业生涯规划重要或非常重要，70%以上的大学生表示需要或非常需要职业生涯规划指导。特别是在职业变换频率过快的时代背景下，学校分阶段、有重点地开设职业生涯规划课程对大学生就业具有非常重要的现实意义。

（1）开设职业生涯规划课程有助于学生认知自我、准确定位。由于个体对自身能力、个性、兴趣等各方面的认识往往带有主观色彩，科学地分析自我对明确地认知自我就非常重要。职业生涯规划教研室教师应运用科学的测试手段指导学生对自身的个性特征、气质类型、职业能力倾向、职业适应性等进行全面的评估，对自身及所适合职业进行充分认知，为学生自我定位和选择适合自身特性的职业生涯发展道路提供科学的理论指导。

（2）开设职业生涯规划课程有助于学生认知社会、明确目标。在认知自我的基础上，教师需指导学生了解当今社会的发展趋势，如了解社会政治、经济发展状况，社会各职业的发展前景及目前的需求状况，当前的就业政策及导向，劳动力市场上的供求形势等。在明确认知自我和社会的基础上，选择适合自己的职业发展定位和目标。

（3）开设职业生涯规划课程有助于学生坚定不移地实施计划。在学生明确职业生涯目标和职业生涯发展路线后，教师要根据各方面情况制订出教育培训及实践计划等切实有效的措施。具体而言，专业教师要针对学生特点，依据个性化指导模式指导学生规划好大学生活，确立早期职业生涯总目标，同时将总目标细化为多个具体可行的子目标，使每一位学生在每个阶段，甚至每月、每周都有小目标，并真正落实到位。

（二）工作单位在职业生涯早期阶段对员工个人的职业生涯管理

1. 对新员工进行有效的岗前培训、上岗引导，缩短个人与组织融合的进程

新员工在步入职场的初期，往往对工作环境及模式不甚了解，缺乏实践经验，因此，需要用人单位提供岗前培训、上岗引导，内容包括企业文化、组织结构、战略规划、相关岗位业务知识和技能培训、人事制度、职业发展教育等，使员工尽快了解企业的基本情况，减少上岗初期紧张不安的情绪及可能感受到的现实冲击。同时，应尽可能地主动关心、了解新员工，有针对性地引导、帮助他们取得较好的工作成绩和成功体验，建立良好融洽的关系，为以后更好地合作奠定良好的基础。

2. 指导员工明确职业生涯目标，做好职业生涯规划管理

每一位初入职场的员工都希望得到工作单位的关心和重视。对于员工个人而言，为其提供充分必要的锻炼机会，提供专业、业务上的辅导指引，关注其职业生涯发展，是真正

的重视和关心的体现。

用人单位在指导员工确立职业生涯目标时，一方面要适当关注员工自身的特点，了解其兴趣、特长、性格、学识、技能、智商、情商、思维方式等个体因素，同时也要考虑周边环境特征、发展变化情况、员工在环境中所处地位等整体因素；另一方面要注重考虑员工的绩效表现，根据员工的工作表现、工作技能、工作质量等标准考评测量员工的绩效水平。通过对其工作内外的全面认识，更加科学、有效地对员工的职业生涯进行管理。针对个人职业特质并结合用人单位情况与个人经磋商制定出的科学合理的职业生涯规划，不仅能够对员工的发展产生强烈的激励作用，还有助于实现双赢。

3. 支持员工的职业探索

无论是专业技术人员还是管理人员，其对自我的认知在职业生涯早期阶段都有一个探索的过程。为了使工作岗位更加适合员工，用人单位应该提供和宣传各种职位空缺的信息，让有意向的员工参与职位的角逐，从而发现有职业发展潜质的员工。同时，还应采取必要的措施加强新员工对其自身职业规划的参与，使其意识到规划职业生涯和完善职业决策的必要性。此外，还应尽可能多地举办职业咨询会议，通过了解每一位员工的职业目标来评价他们职业生涯的发展情况，同时确认他们还需要在哪些方面开展职业生涯活动，形成双方在职业生涯发展与管理方面的良性互动。

案例

小李的"三岔路口"

小李大学毕业，拥有英语专业八级和高级口译证书，口语水平相当出色。

她选择的第一份工作是在某外贸公司当翻译，但这份工作她只做了一年多。小李认为，这份工作根本不具有挑战性。她总觉得自己的工作就是机械地把别人听不懂的语言转化为别人能听懂的语言，简直是把自己变成了一台没有思想、只会鹦鹉学舌的机器。

通过一位亲戚的关系，也凭借自己出色的学历、能力，小李来到一家中外合资企业做总经理助理。由于重量级亲戚的关照，加上领导特殊的青睐，在这里，小李处处受宠。但这份工作她还是只干了不到一年。原因出奇简单，她感到公司事务性的工作太多太琐碎，丝毫没有成就感。她再次选择炒了老板的鱿鱼。

小李发现，市场咨询是一项相当具有挑战性和趣味性的工作，于是她又来到一家刚刚起步的小型企业，为外企的新产品在中国上市做市场调查和消费者情况分析。正如她所愿，这份工作让她感受到了挑战性和趣味性，月薪也达到了她满意的数字。可是，这份工作经常加班加点，使她根本没有休闲的时间，巨大的工作压力使她不堪重负。小李竟又一次萌生了辞职的想法……一次次的转换工作让小李心力交瘁，自我感觉也越来越差。

她发现，自己在职场中摸爬滚打竟也有四年多了，可是跳来跳去，为何总也找不到自己的归属？自己到底想要什么？究竟适合做什么样的工作？表面上看来，自己似乎可以胜任很多职业，但为什么每一样都做不好，也做不长？小李心里清楚，手上的青春剩下已不算太多，是该认真考虑何去何从的事了……

分析：用一句行话来说，小李处于职业发展探索期。但是她必须立即采取措施，改变这种胡乱跳槽的现状，否则对她的职业发展极其不利。她应该采取的措施是：①理性分析导致目前职业发展状况不佳的原因，多问自己几个为什么，明确认识到是个人原因导致发展不利；②根据自己的性格和核心竞争力，重新定位个人短期或中长期职业目标，画出个人职业生涯发展路线图；③制订计划，一步步实现个人职业生涯增值方案。

　　一般来说，职场上提升个人身价的方法有跳槽、晋升、充电、进入名企和干一行爱一行等，这些方法都在一定程度上有效，但必须以理性规划为基础，才能一步步接近个人目标。

11 大学生职业生涯规划云服务平台（择业宝）

11.1 择业宝单位用户操作指南

11.1.1 电脑端操作指南

一、用户注册及登录

1. 进入"人资易"官网

方式一：输入网址 https：//www. rzyhr. com/。

方式二：打开百度，输入"人资易"，搜索后，进入人资易官网。

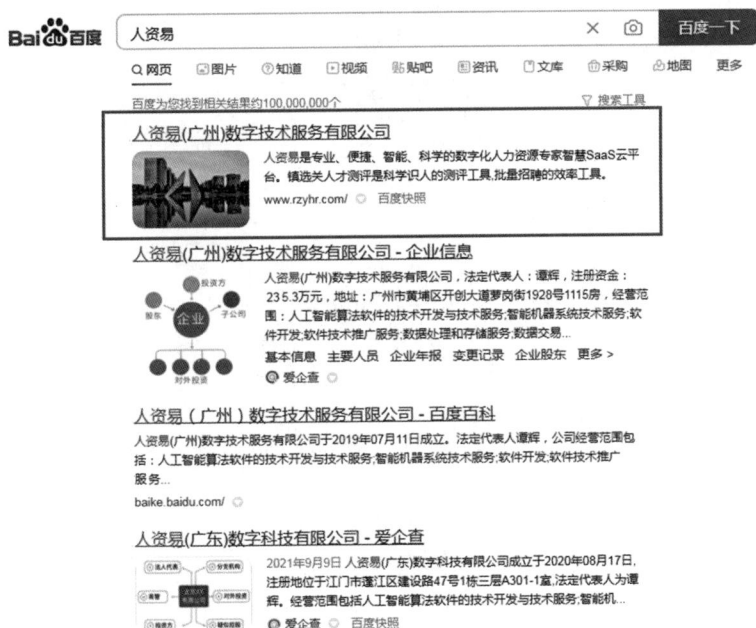

2. 注册企业账号

（1）点击右上角"登录/注册"。

（2）选择"免费注册"。

（3）输入手机号码，点击"下一步"。

（4）填写"基础信息"和"企业信息"，勾选同意《个人信息保护和用户使用服务协议》，点击"完成注册"。

（5）注册成功。

3. 常规登录

（1）点击右上角"登录/注册"。

（2）选择"常规登录"，输入账号密码，点击"马上登录"。

二、测评二维码设置

选择"职业规划"，然后按以下步骤操作。

1. 导入账号

（1）选择"学生账户管理"，点击"导入账号"。

（2）点击"下载账号模板"，选择"下载"。

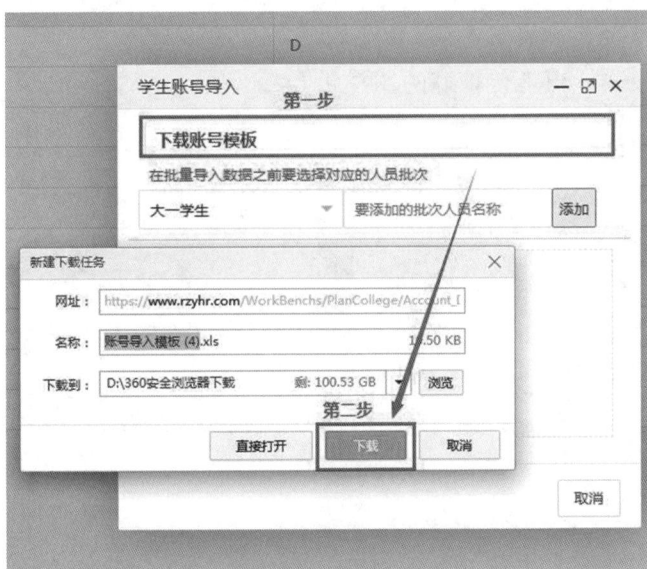

（3）下载打开后填好学号、密码、姓名并保存。

（4）先输入人员批次名称，再点击"添加"，选择已保存的文件，"打开"。

（5）选择人员批次，再上传填好的"模板"。

2. 生成测评

（1）点击"测评设置"—"新增"。

（2）依次填写"测验名称""开始日期""结束日期""设置岗位数量""选择人员批次"，点击"确定"。

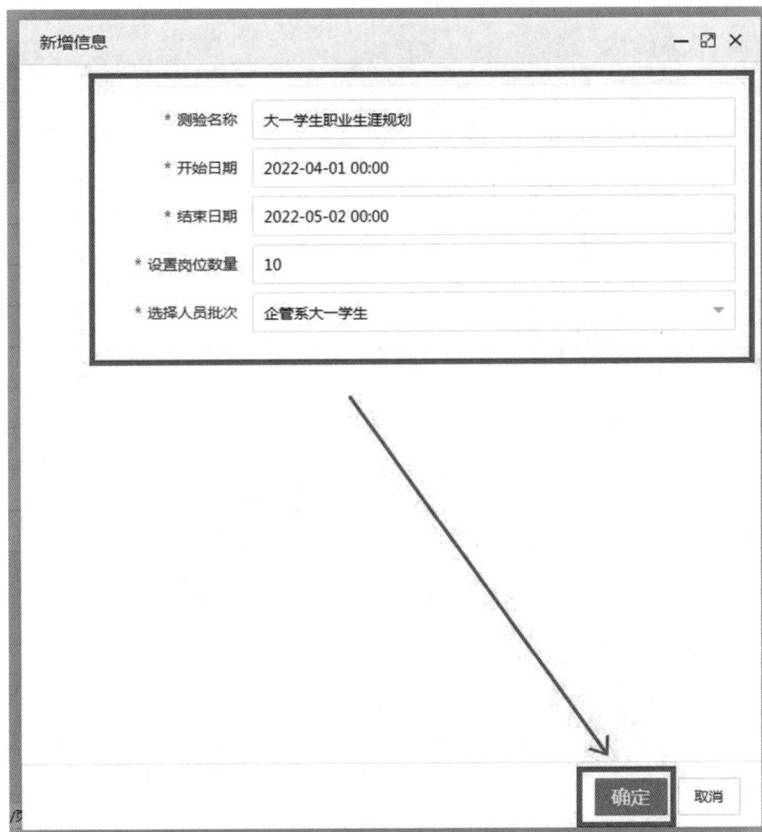

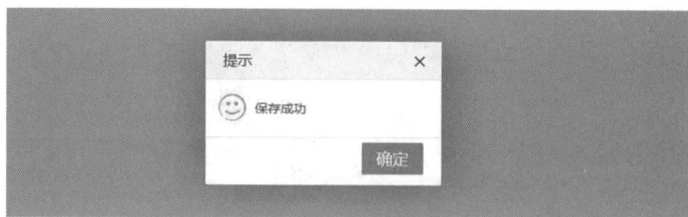

（3）选择"测评设置"，点击"测评二维码"。

（4）点击鼠标右键"复制图片"，发送给测评人员。

（5）选择"测评设置"，点击"测评链接"。

（6）点击"复制"，发送给测评人员。

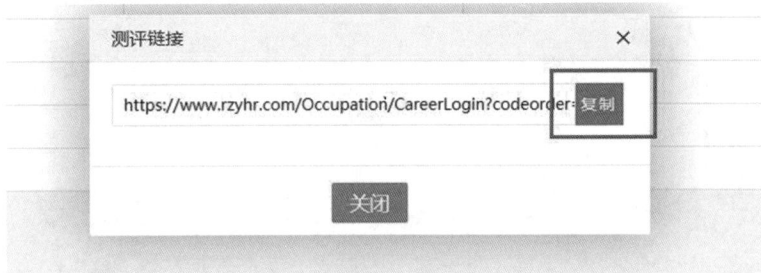

三、查看测评结果

选择"测评结果"，点击"查看报告"。

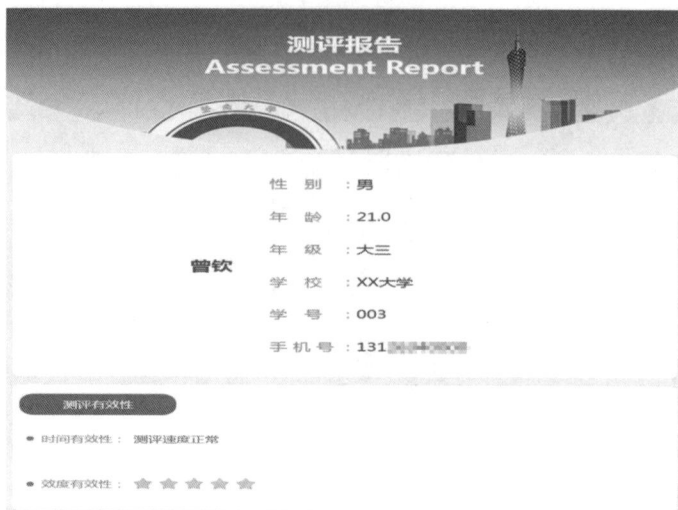

测评报告
Assessment Report

曾钦

性 别	:男
年 龄	:21.0
年 级	:大三
学 校	:XX大学
学 号	:003
手 机 号	:131⬛⬛⬛⬛⬛

测评有效性

● 时间有效性： 测评速度正常

● 效度有效性： ⭐ ⭐ ⭐ ⭐ ⭐

自我认知

霍兰德职业兴趣测验

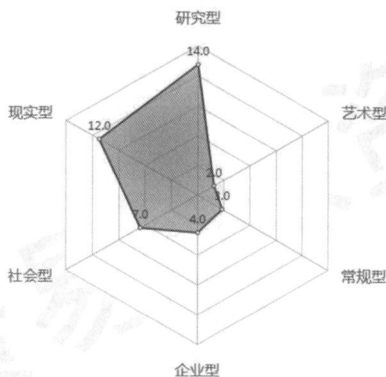

● 研究型

14.0分

0	3	6	9	12	16
显著低分	低分	中等	高分	显著高分	

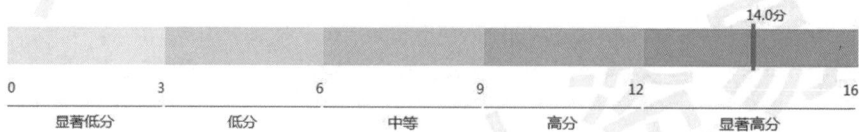

结论(14.0分)：明显倾向于"研究型"职业兴趣。该类型的人坚持性强，有韧性，喜欢钻研，重视科学性和不断地学习，善于分析思考，为人好奇，独立性强，做事谨慎。适合的职业：科学研究人员、实验研究人员、计算机程序设计人员、工程项目设计人员、学者等。

研究型兴趣定义：喜欢钻研，重视科学性和不断地学习，善于分析思考，为人好奇，独立性强，做事谨慎。

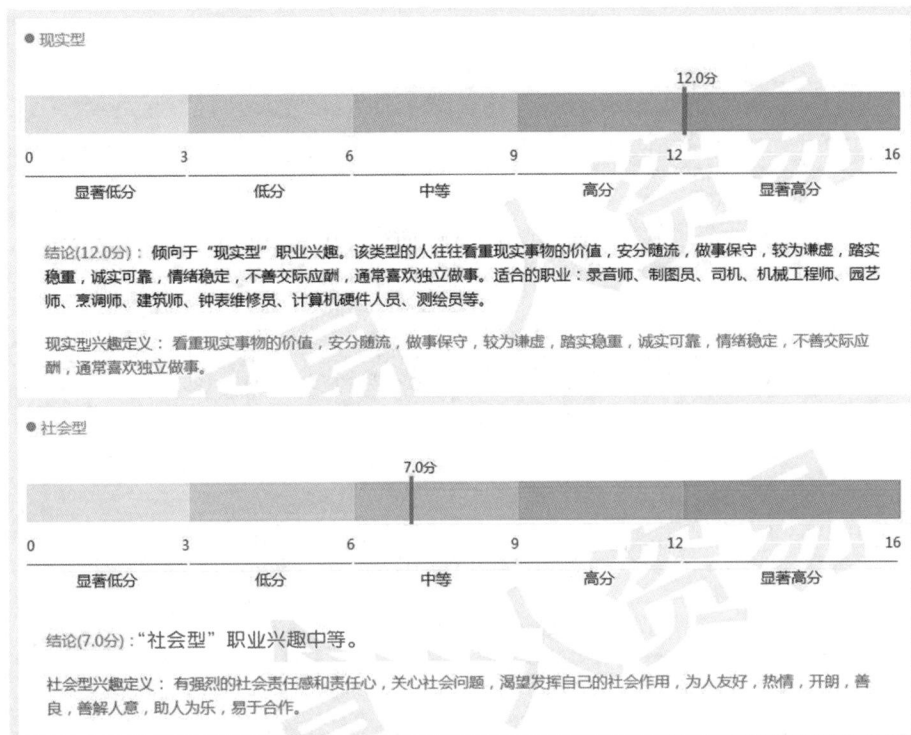

● 现实型

12.0分

| 0 | 3 | 6 | 9 | 12 | 16 |

显著低分　　　低分　　　中等　　　高分　　　显著高分

结论(12.0分)：**倾向于"现实型"职业兴趣。**该类型的人往往看重现实事物的价值，安分随流，做事保守，较为谦虚，踏实稳重，诚实可靠，情绪稳定，不善交际应酬，通常喜欢独立做事。适合的职业：录音师、制图员、司机、机械工程师、园艺师、烹调师、建筑师、钟表维修员、计算机硬件人员、测绘员等。

现实型兴趣定义：看重现实事物的价值，安分随流，做事保守，较为谦虚，踏实稳重，诚实可靠，情绪稳定，不善交际应酬，通常喜欢独立做事。

● 社会型

7.0分

| 0 | 3 | 6 | 9 | 12 | 16 |

显著低分　　　低分　　　中等　　　高分　　　显著高分

结论(7.0分)："社会型"职业兴趣中等。

社会型兴趣定义：有强烈的社会责任感和责任心，关心社会问题，渴望发挥自己的社会作用，为人友好，热情，开朗，善良，善解人意，助人为乐，易于合作。

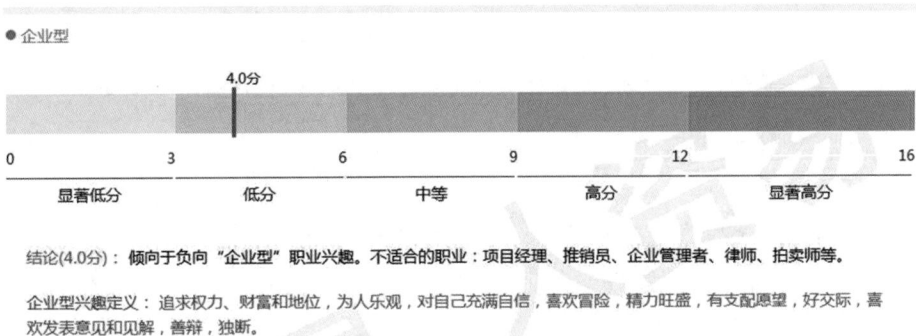

● 企业型

4.0分

| 0 | 3 | 6 | 9 | 12 | 16 |

显著低分　　　低分　　　中等　　　高分　　　显著高分

结论(4.0分)：**倾向于负向"企业型"职业兴趣。**不适合的职业：项目经理、推销员、企业管理者、律师、拍卖师等。

企业型兴趣定义：追求权力、财富和地位，为人乐观，对自己充满自信，喜欢冒险，精力旺盛，有支配愿望，好交际，喜欢发表意见和见解，善辩，独断。

● 常规型

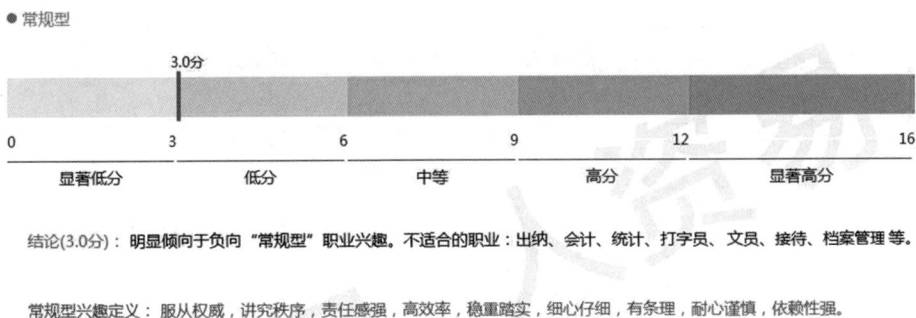

3.0分

| 0 | 3 | 6 | 9 | 12 | 16 |

显著低分　　　低分　　　中等　　　高分　　　显著高分

结论(3.0分)：**明显倾向于负向"常规型"职业兴趣。**不适合的职业：出纳、会计、统计、打字员、文员、接待、档案管理 等。

常规型兴趣定义：服从权威，讲究秩序，责任感强，高效率，稳重踏实，细心仔细，有条理，耐心谨慎，依赖性强。

● 艺术型

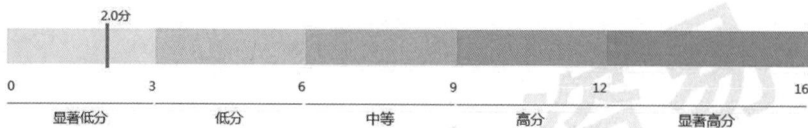

结论(2.0分)：明显倾向于负向"艺术型"职业兴趣。不适合的职业：演员、导演、室内装饰设计师、主持人、化妆师、摄影师、歌唱家、乐队指挥、小说家、诗人、剧作家等。

艺术型兴趣定义：理想主义者，追求完美，不重实际，想象力丰富，富有创造性，具有独创的思维方式，直觉强烈、敏感，情绪波动大，较冲动，不服从指挥。

大五人格

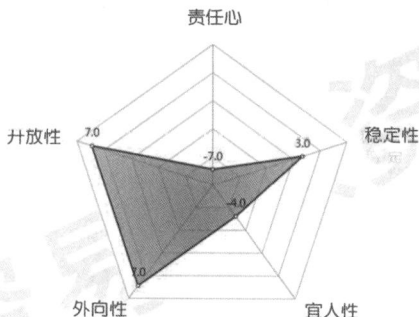

● 责任心

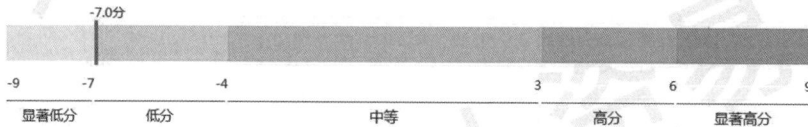

结论(-7.0分)：明显倾向于"不负责"，其特点是：马虎大意，容易见异思迁，不可靠。

责任心定义：自觉主动地做好分内分外一切有益事情的倾向性。
高分特点：做事有计划，有条理，并能持之以恒。
低分特点：马虎大意，容易见异思迁，不可靠。

● 开放性

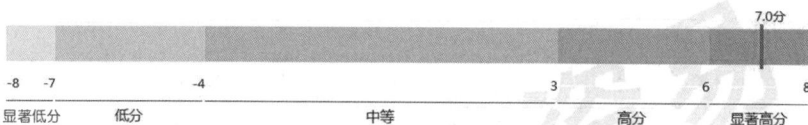

结论(7.0分)：明显倾向于"开放"，其特点是：不墨守成规、独立思考。

开放性定义：喜欢新事物、不墨守成规、独立思考的倾向性。
高分特点：不墨守成规、独立思考。
低分特点：比较传统，喜欢熟悉的事物多过喜欢新事物。

● 外向性

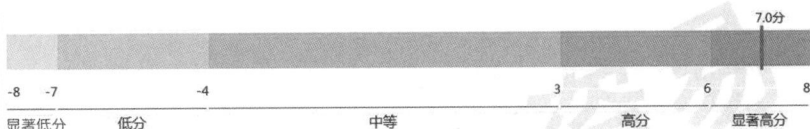

| 显著低分 | 低分 | 中等 | 高分 | 显著高分 |

7.0分

-8　-7　　　　-4　　　　　　　　　　3　　6　8

结论(7.0分)：**明显倾向于"外向"，其特点是：爱交际，表现得精力充沛、乐观、友好和自信。**

外向性定义：指好活动、好交往，活泼而开朗的性格特征。
高分特点：爱交际，表现得精力充沛、乐观、友好和自信。
低分特点：含蓄、自主与稳健。

● 宜人性

-4.0分

-8　-7　　　　-4　　　　　　　　　　3　　6　8

| 显著低分 | 低分 | 中等 | 高分 | 显著高分 |

结论(-4.0分)：倾向于"不宜人"，其特点是：为人多疑，喜欢为了自己的利益和信念而争斗。

宜人性定义：助人、可靠、富有同情心的倾向性。
高分特点：乐于助人、可靠、富有同情心，注重合作而不是竞争。
低分特点：为人多疑，喜欢为了自己的利益和信念而争斗。

● 稳定性

3.0分

-8　-7　　　　-4　　　　　　　　　　3　　6　8

| 显著低分 | 低分 | 中等 | 高分 | 显著高分 |

结论(3.0分)：**情绪稳定性水平中等。**

稳定性定义：恢复平静、不易焦虑、稳重温和、易自我克制的倾向性。
高分特点：自我调适良好，不易出现极端反应。
低分特点：容易因为日常生活的压力而感到心烦意乱。

职业价值观

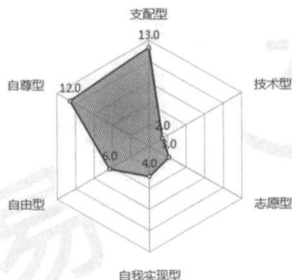

● 支配型

0	2	5	8	11	14
显著低分	低分	中等	高分	显著高分	

13.0分

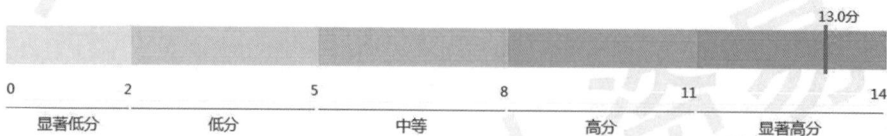

结论(13.0分)：**想领导和控制别人的愿望很强。**

定义：想当组织上的一把手，喜欢解决问题，希望能够领导和控制别人，飞扬跋扈，无视他人的想法，且视此为无比快乐。

职业：推销员、进货员、商品批发员、旅馆经理、广告宣传员、调度员、律师、政治家、零售商等。

● 自尊型

0	2	4	7	10	13
显著低分	低分	中等	高分	显著高分	

12.0分

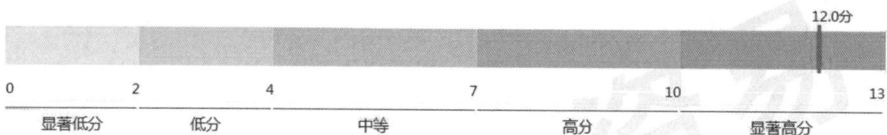

结论(12.0分)：**关心地位、声誉和头衔，受尊敬的愿望很强。**

定义：关心地位、声誉和头衔，受尊敬的愿望很强，追求虚荣，优越感也很强。欲望得不到满足时，由于强烈的自我意识，有时反而很自卑。

职业：会计、银行出纳、法庭速记员、成本估算员、税务员、核算员、打字员、办公室职员、统计员、计算机操作员、秘书 等。

● 自由型

0	2	4	7	10	13
显著低分	低分	中等	高分	显著高分	

6.0分

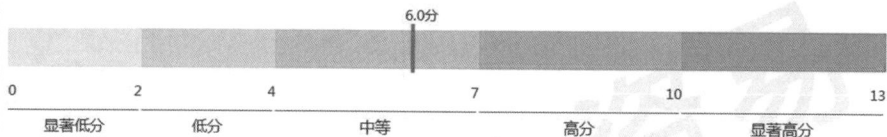

结论(6.0分)：**独立工作倾向中等。特点是：一般能在有组织的环境中工作，遇到合适的机会可能自己独立干。**

定义：不受别人指使，看重自由和独立，凭自己的能力拥有自己的"小城堡"，不愿受别人干涉，行为能充分显示本领。

职业：室内装饰专家、图书管理专家、摄影师、音乐教师、作家、演员、记者、诗人、作曲家、编剧、雕刻家、漫画家等。

● 自我实现型

0	2	5	8	11	14
显著低分	低分	中等	高分	显著高分	

4.0分

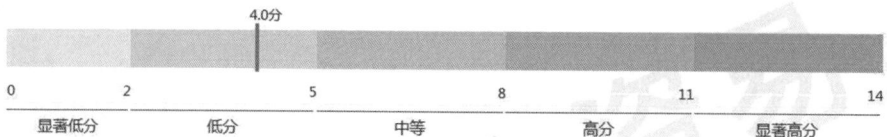

结论(4.0分)：**发挥个性，追求真理的愿望较低。**

定义：对诸如平常的幸福、一般的惯例等毫不关心，一心一意想发挥个性，追求真理，不考虑收入、地位及他人对自己的看法，尽力挖掘自己的潜力，施展自己的本领，并视此为有意义的生活。

职业：气象学者、生物学者、人文学家、药剂师、动物学家、数学家、实验员、科研人员、科技工作者等等。

● 志愿型

3.0分

| 0 | 2 | 4 | 7 | 10 | 12 |

| 显著低分 | 低分 | 中等 | 高分 | 显著高分 |

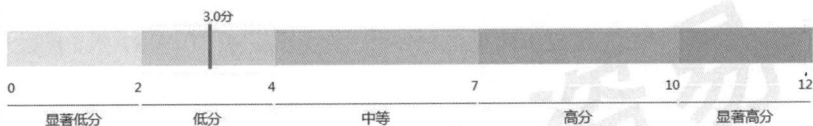

结论(3.0分)：**富于同情心，乐于助人的愿望较低。**

定义：富于同情心，乐于助人，把他人的痛苦看作自己的痛苦，不愿干表面上哗众取宠的事，是把默默地帮助不幸的人视作无比快乐的公益事业的热心人。

职业：社会学者、导游、福利机构工作人员、咨询人员、社会工作者、社会科学教师、护士等。

● 技术型

2.0分

| 0 | 2 | 4 | 6 | 8 | 10 |

| 显著低分 | 低分 | 中等 | 高分 | 显著高分 |

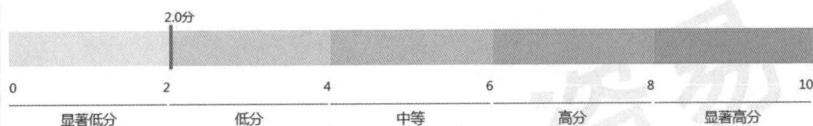

结论(2.0分)：**钻研一门技术，靠本事吃饭的愿望很低。**

定义：认为立足社会的根本是要有一技之长，总是围绕自己正在从事的工作进行挑战，因此，他们都用心钻研一门技术，并认为靠本事吃饭既可靠，又稳当。
职业：木匠、农民、操作X光的技师、工程师、飞机机械师、野生动物专家、自动化技师、机械工（车工、钳工等）、电工、火车司机、长途公共汽车司机、机械制图员。

职业能力——空间知觉

● 相同图案测验

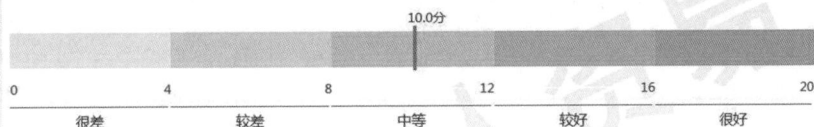

10.0分

| 0 | 4 | 8 | 12 | 16 | 20 |

| 很差 | 较差 | 中等 | 较好 | 很好 |

结论(10.0分)：**相同图案知觉能力中等。**

● 图形组合测验

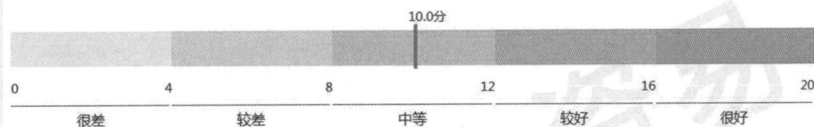

10.0分

| 0 | 4 | 8 | 12 | 16 | 20 |

| 很差 | 较差 | 中等 | 较好 | 很好 |

结论(10.0分)：**图形组合知觉能力中等。**

● 立体图案测验

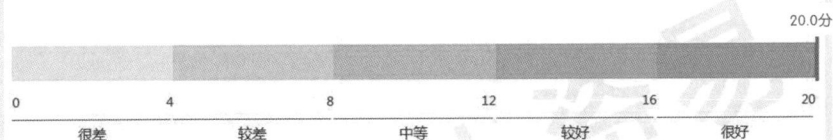

20.0分

| 0 | 4 | 8 | 12 | 16 | 20 |

| 很差 | 较差 | 中等 | 较好 | 很好 |

结论(20.0分)：**立体图案知觉能力很好。**

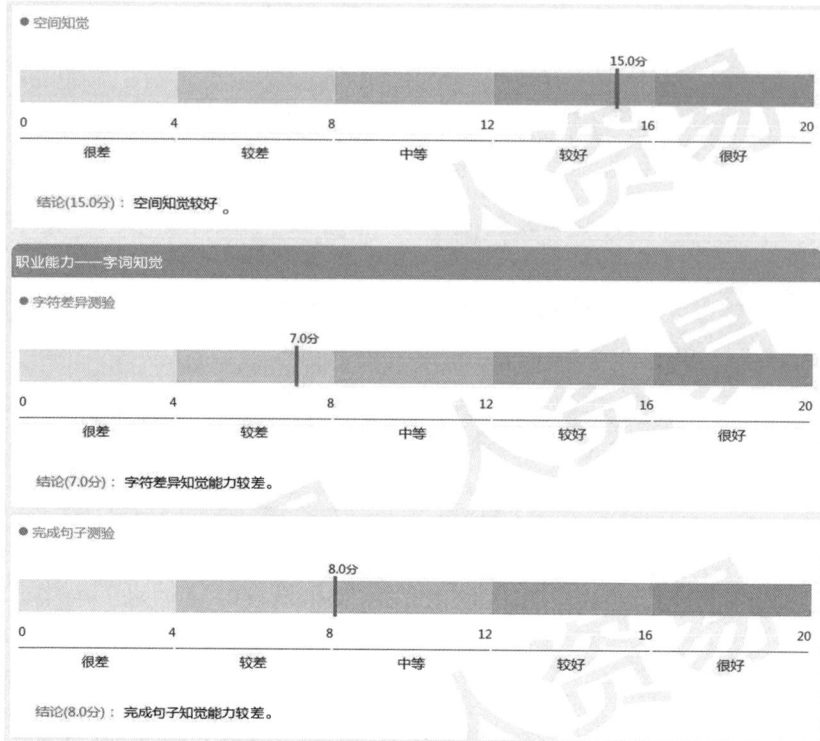

● 空间知觉

| 0 | 4 | 8 | 12 | 16 | 20 |
| 很差 | 较差 | 中等 | 较好 | 很好 |

15.0分

结论(15.0分)：空间知觉较好。

职业能力——字词知觉

● 字符差异测验

7.0分

| 0 | 4 | 8 | 12 | 16 | 20 |
| 很差 | 较差 | 中等 | 较好 | 很好 |

结论(7.0分)：字符差异知觉能力较差。

● 完成句子测验

8.0分

| 0 | 4 | 8 | 12 | 16 | 20 |
| 很差 | 较差 | 中等 | 较好 | 很好 |

结论(8.0分)：完成句子知觉能力较差。

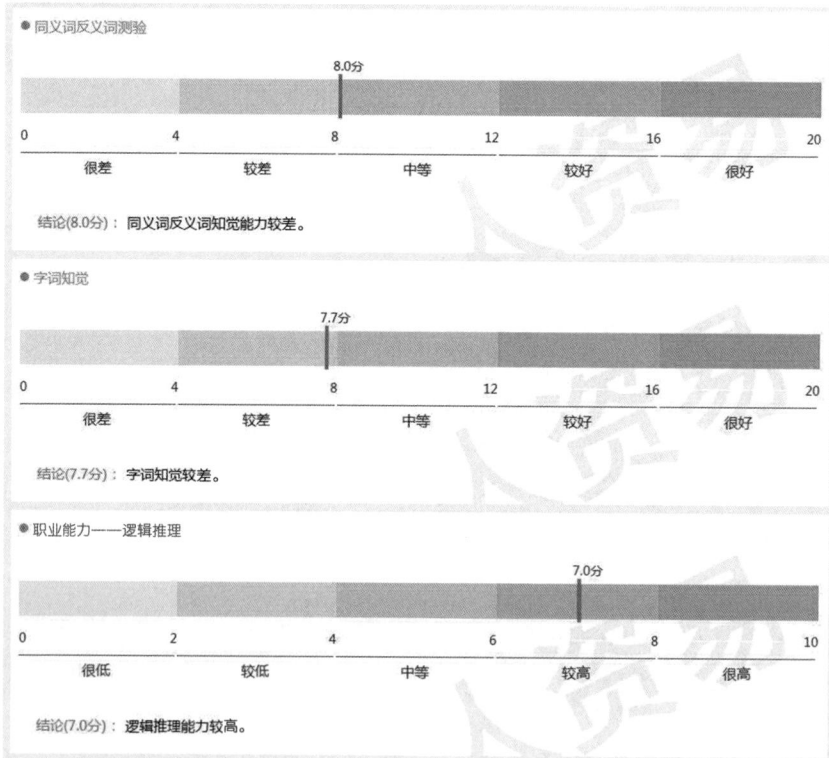

● 同义词反义词测验

8.0分

| 0 | 4 | 8 | 12 | 16 | 20 |
| 很差 | 较差 | 中等 | 较好 | 很好 |

结论(8.0分)：同义词反义词知觉能力较差。

● 字词知觉

7.7分

| 0 | 4 | 8 | 12 | 16 | 20 |
| 很差 | 较差 | 中等 | 较好 | 很好 |

结论(7.7分)：字词知觉较差。

● 职业能力——逻辑推理

7.0分

| 0 | 2 | 4 | 6 | 8 | 10 |
| 很低 | 较低 | 中等 | 较高 | 很高 |

结论(7.0分)：逻辑推理能力较高。

● 职业能力——言语理解

5.0分

0	2	4	6	8	10
很低	较低	中等	较高	很高	

结论(5.0分)：言语理解能力中等。

● 职业能力——数字运算

8.0分

0	2	4	6	8	10
很低	较低	中等	较高	很高	

结论(8.0分)：数字计算与数量关系判断能力较高。

● 瑞文智力测验

114.0分

0	69	89	109	129	139
低下		中下	中等	良好	超常

结论(114.0分)：智力良好。

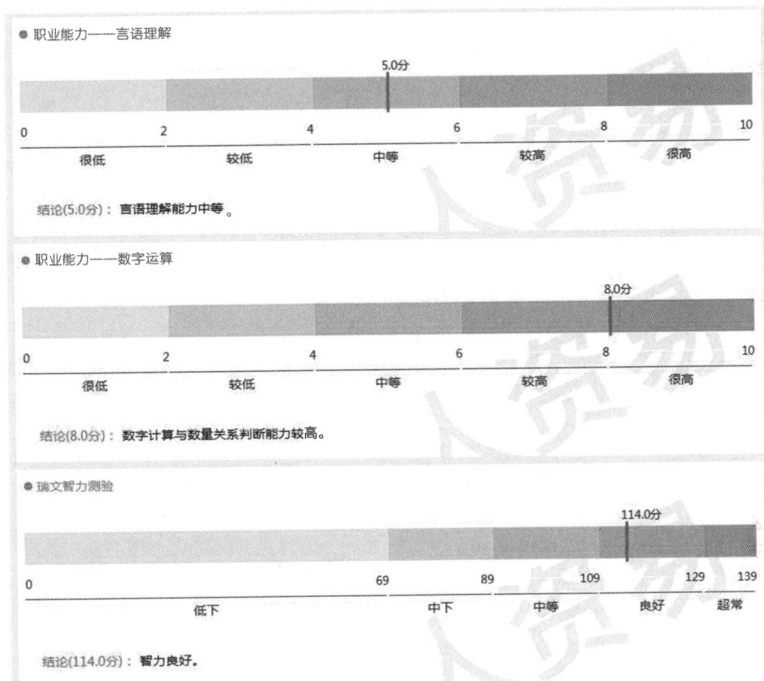

职业能力类型水平

理工医类职业能力(结论)：被试的职业能力适合理工医类发展。
文经管类职业能力(结论)：被试的职业能力在文经管类发展的潜力一般。

职业规划与指导

01 董事长

智力：	适合
职业能力：	一般
职业兴趣：	一般
职业价值观：	适合
个性：	适合

发展指导

1.多看著名企业家的传记、创业成功的案例分析、事迹报道，树立"实业报国"的志向。

2.培养强烈的社会责任感和责任心、关心社会问题、为人友好、热情、开朗、乐于助人的风格。

3.培养做事有计划、有条理、认真负责、持之以恒的风格。

4.培养追求新思想、新知识，跟随时代的发展的风格。

5.培养想当领袖、喜欢解决问题、能够领导和控制别人的风格。

6.学习马斯洛的需要层次理论，理解"自我实现"在人生中的意义，追求卓越的成就，努力成为"自我实现的人"。

参考书目

1.《企业家的成长历程》《野蛮生长》

2.《信仰的力量:中外名人故事》《在人间》

3.《工匠精神：缔造伟大传奇的重要力量》

4.《Vista看天下》《环球人物》

5.《辉煌六十年》《托尼·布莱尔：一位世界级领导人的成长经历》

6.《在追求梦想的路上，我们都一样》《比尔·盖茨给青少年的人生忠告》

专业建议

企业管理及其他相关专业。

02 副总经理

智力：	适合
职业能力：	一般
职业兴趣：	一般
职业价值观：	适合
个性：	适合

发展指导

1.多看著名企业家的传记、创业成功的案例分析、事迹报道，树立"实业报国"的志向。

2.培养强烈的社会责任感和责任心、关心社会问题，为人友好、热情、开朗、乐于助人的风格。

3.培养做事有计划、有条理、认真负责、持之以恒的风格。

4.培养追求新思想、新知识，跟随时代的发展的风格。

5.培养想当领袖、喜欢解决问题、能够领导和控制别人的风格。

6.学习马斯洛的需要层次理论，理解"自我实现"在人生中的意义，追求卓越的成就，努力成为"自我实现的人"。

参考书目

1.《企业家的成长历程》《野蛮生长》

2.《信仰的力量·中外名人故事》《在人间》

3.《工匠精神：缔造伟大传奇的重要力量》

4.《Vista看天下》《环球人物》

5.《辉煌六十年》《托尼·布莱尔：一位世界级领导人的成长经历》

6.《在追求梦想的路上，我们都一样》《比尔·盖茨给青少年的人生忠告》

专业建议

企业管理及其相关专业。

03 技术总监

智力：	适合
职业能力：	一般
职业兴趣：	很适合
职业价值观：	一般
个性：	适合

发展指导

1.培养谦虚、踏实稳重、诚实可靠、独立做事的风格。

2.多看著名科学家的传记、事迹报道，树立"科学报国"的志向。培养喜欢钻研、重视科学、善于分析思考、为人好奇、独立性强的风格。

3.培养做事有计划、有条理、认真负责、持之以恒的风格。

4.培养追求新思想、新知识，跟随时代的发展的风格。

5.培养想当领袖、喜欢解决问题、能够领导和控制别人的风格。

6.培养刻苦学习、钻研科学技术、靠本事吃饭的风格。

参考书目

1.《与信仰对话：50位劳模访谈录》

2.《改变世界的中国力量》《不可不知的伟大科学家的成长历程》

3.《工匠精神：缔造伟大传奇的重要力量》

4.《Vista看天下》《环球人物》

5.《辉煌六十年》《托尼·布莱尔：一位世界级领导人的成长经历》

6.《与未来同行》《影响世界的大发明家故事》

专业建议

自动控制、电气自动化类专业。

04 公关总监

智力：	适合
职业能力：	一般
职业兴趣：	一般
职业价值观：	适合
个性：	很适合

发展指导

1.多看著名企业家的传记、创业成功的案例分析、事迹报道，树立"实业报国"的志向。

2.培养强烈的社会责任感和责任心、关心社会问题、为人友好、热情、开朗、乐于助人的风格。

3.培养追求新思想、新知识，跟随时代的发展的风格。

4.培养好活动、好交往、活泼而开朗的风格。

5.培养想当领袖、喜欢解决问题、能够领导和控制别人的风格。

6.学习马斯洛的需要层次理论，理解"自我实现"在人生中的意义，追求卓越的成就，努力成为"自我实现的人"。

参考书目

1.《企业家的成长历程》《野蛮生长》

2.《信仰的力量·中外名人故事》《在人间》

3.《Vista看天下》《环球人物》

4.《难忘的外交岁月：一个大使的外交情结与观察》《中美关系中的"中国男孩"：卜励德回忆录》

5.《辉煌六十年》《托尼·布莱尔：一位世界级领导人的成长经历》

6.《在追求梦想的路上，我们都一样》《比尔·盖茨给青少年的人生忠告》

专业建议

公共关系、市场营销、经济类专业。

05 财务总监

智力：	适合
职业能力：	一般
职业兴趣：	一般
职业价值观：	很适合
个性：	一般

发展指导

1.多看著名企业家的传记、创业成功的案例分析、事迹报道，树立"实业报国"的志向。

2.培养谦虚、踏实稳重、诚实可靠、独立做事的风格。

3.培养做事有计划、有条理、认真负责、持之以恒的风格。

4.培养平静、不焦虑、稳重温和、保持自我克制的风格。

5.培养自尊、自强、独立的风格。

6.培养想当领袖、喜欢解决问题、能够领导和控制别人的风格。

参考书目

1.《企业家的成长历程》《野蛮生长》

2.《与信仰对话：50位劳模访谈录》

3.《工匠精神：缔造伟大传奇的重要力量》

4.《阳光心理自我调适》《世界不止一扇窗：调整心态，做最好的自己》

5.《你也能创造奇迹》《"大洋彼岸"的中国人》

6.《辉煌六十年》《托尼·布莱尔：一位世界级领导人的成长经历》

专业建议

会计、财务管理或金融专业。

06 人力资源总监

智力：	适合
职业能力：	一般
职业兴趣：	一般
职业价值观：	适合
个性：	不适合

发展指导

1.多看著名企业家的传记、创业成功的案例分析、事迹报道，树立"实业报国"的志向。

2.培养强烈的社会责任感和责任心、关心社会问题、为人友好、热情、开朗、乐于助人的风格。

3.培养做事有计划、有条理、认真负责、持之以恒的风格。

4.培养乐于助人、相互信赖、富有同情心、注重合作而不是竞争的风格。

5.培养想当领袖、喜欢解决问题、能够领导和控制别人的风格。

6.学习马斯洛的需要层次理论，理解"自我实现"在人生中的意义，追求卓越的成就，努力成为"自我实现的人"。

参考书目

1.《企业家的成长历程》《野蛮生长》

2.《信仰的力量·中外名人故事》《在人间》

3.《工匠精神：缔造伟大传奇的重要力量》

4.《最美磬安人》《热心助人的曹慧菊》

5.《辉煌六十年》《托尼·布莱尔：一位世界级领导人的成长经历》

6.《在追求梦想的路上，我们都一样》《比尔·盖茨给青少年的人生忠告》

专业建议

人力资源管理、工商管理或相关管理专业。

改进建议

结论：被试的文字处理能力不足，可以参考以下方法加以改进。

1.要勇于发扬"钉子"精神，善于挤时间学习。克服办公室岗位特殊、工作繁重、平时难以集中时间系统学习的实际困难，保持应有的韧劲、拼劲和钻劲，时刻把学习挂在心上，挤时间看书看报、上网阅读，把学习巧妙地寓于工作之中，在学习中干好工作。

2.要拓宽学习知识面，不断丰富学习内容。"书到用时方恨少"。对于办公室文字人员来说，没有什么知识是无用的，没有什么是不可学的。古今中外、天文地理、科教文化、民俗谚语、正反事例等等，无所不容，无所不包。只有学得多、看得多，想问题才会全面，看问题才会深刻，写材料才有深度。

3.要避重就轻，讲究学习方法。每个人的时间和精力都是有限的。文字工作要求我们成为一个博学多才的"杂家"。结合办公室工作实践，通过通读、摘读、精读相结合，博览多学，兼收并蓄，不断提高自身的文字表达能力、政策理论水平和专业知识，从而不断增强写作的预见性和创造性。

职业适合维度对比

序号	职业	智力	职业能力	职业兴趣	职业价值观	个性
1	董事长	适合	一般	一般	适合	适合
2	副总经理	适合	一般	一般	适合	适合
3	技术总监	适合	一般	很适合	一般	适合
4	公关总监	适合	一般	一般	适合	很适合
5	财务总监	适合	一般	一般	很适合	一般
6	人力资源总监	适合	一般	一般	适合	不适合
7	销售主管	适合	一般	一般	很适合	很适合
8	生产主管	适合	一般	很适合	一般	一般
9	装卸搬运工	超越	很适合	一般	一般	一般
10	会计经理	适合	一般	一般	适合	一般
11	行政经理	适合	一般	一般	很适合	一般
12	档案管理员	很适合	适合	一般	适合	一般
13	培训主管	适合	一般	适合	很适合	不适合
14	保洁员	超越	很适合	一般	适合	一般
15	咨询项目经理	适合	一般	一般	适合	适合
16	大堂经理	适合	一般	一般	很适合	不适合
17	座席班长	适合	一般	一般	适合	一般
18	销售员	很适合	适合	一般	很适合	适合
19	网店文员	很适合	适合	一般	适合	一般
20	总经理	适合	一般	一般	适合	适合
21	工程维修员	很适合	适合	一般	适合	一般
22	收银员	超越	很适合	一般	适合	一般
23	外卖员	超越	很适合	一般	适合	一般

11.1.2　手机端操作指南

一、用户注册及登录

1. 关注"人资易"公众号

方式一：微信"搜一搜"，输入"人资易"，搜索后，点击人资易公众号，关注。

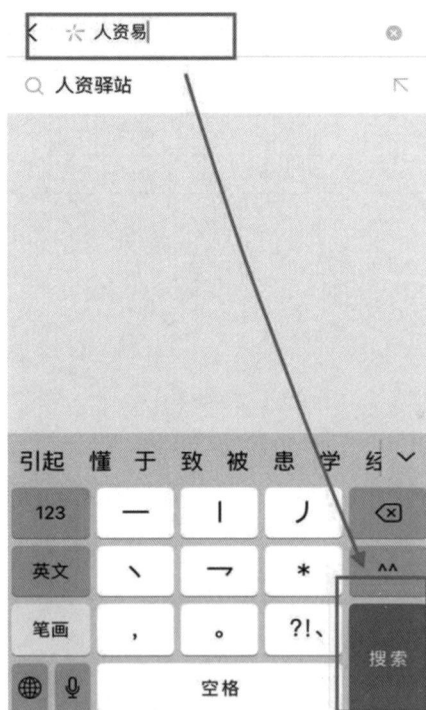

方式二：微信"扫一扫"，扫描人资易公众号二维码，关注人资易公众号。

2. 进入"测评云"

点击"测评云",选择"企业用户",点击"大学生职业生涯规划",再点击"我的"。

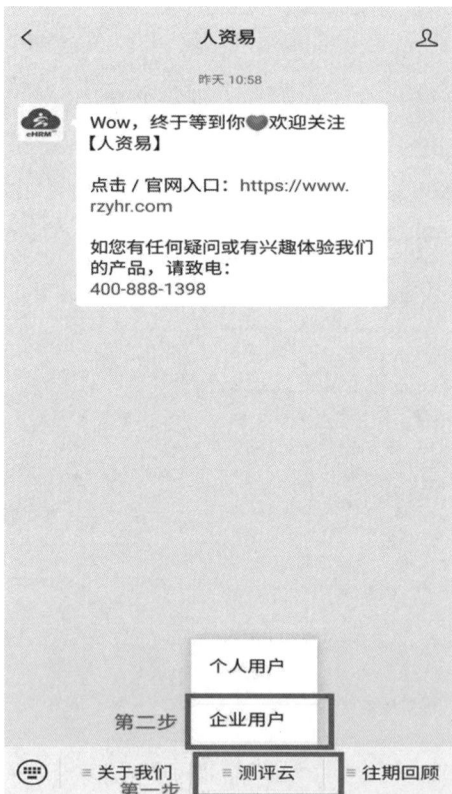

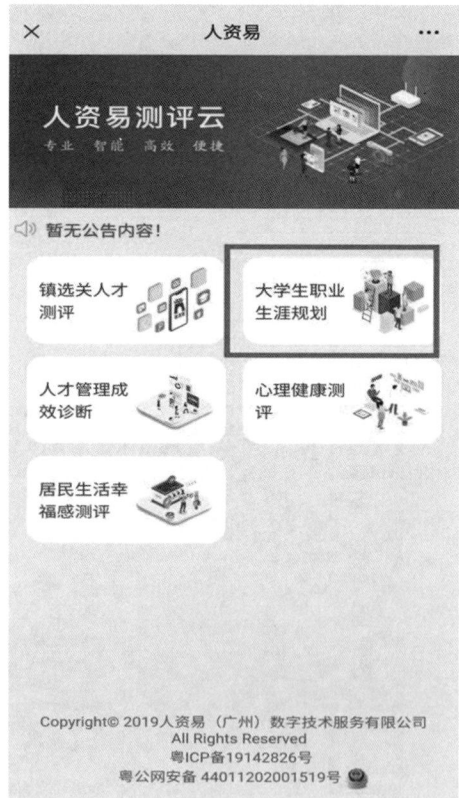

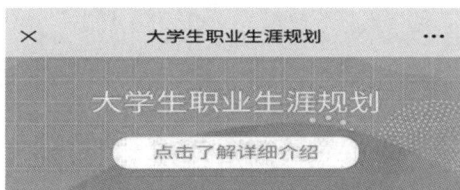

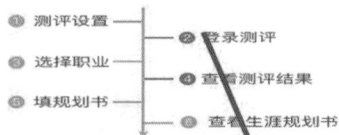

3. 注册企业账号

（1）点击"免费注册"，跳转填写"基础信息""企业信息"，勾选同意《个人信息保护和用户使用服务协议》，点击"完成注册"。

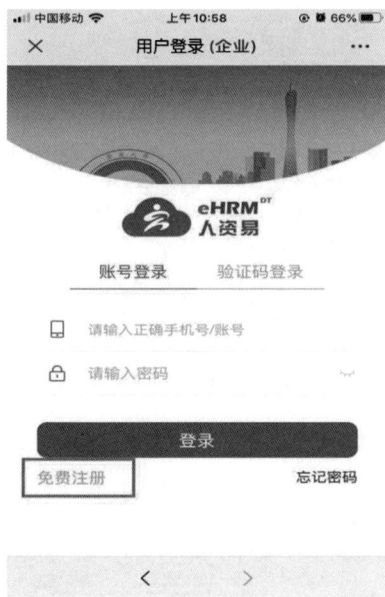

（2）重新选择"账号登录/验证码登录"，填写后点击"登录"。

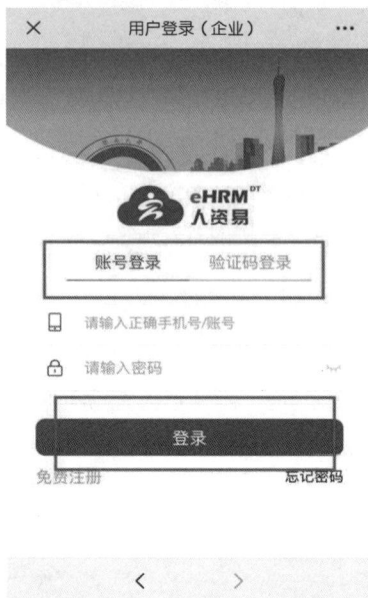

二、测评二维码设置

1. 设置二维码

选择"设置"，点击"测评设置"，依次填写"职业名称""开始时间""结束时间""岗位数量""人员批次"（人员批次需要在电脑端导入才会显示）等内容，点击"保存"，即可生成本次测评的二维码。

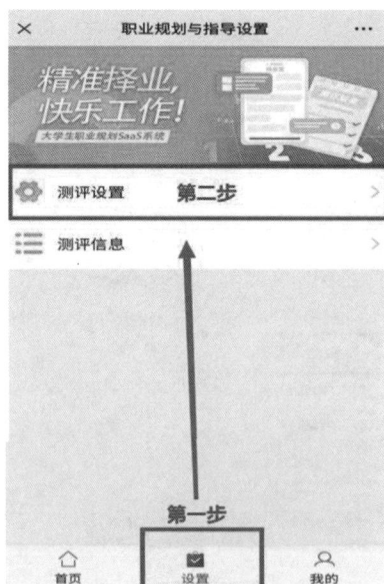

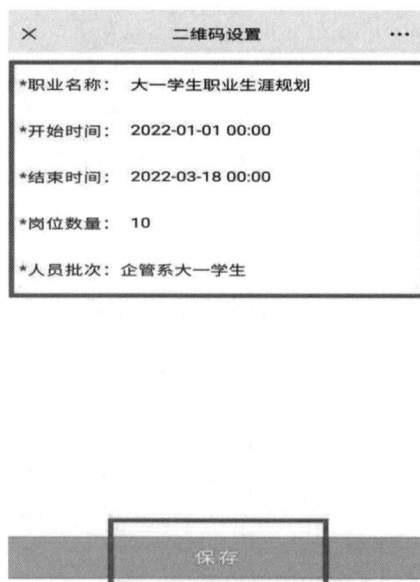

2. 分享二维码

长按二维码页面，点击"转发给朋友"或"保存到手机"，或点击右上角"…"，选择"转发给朋友"。

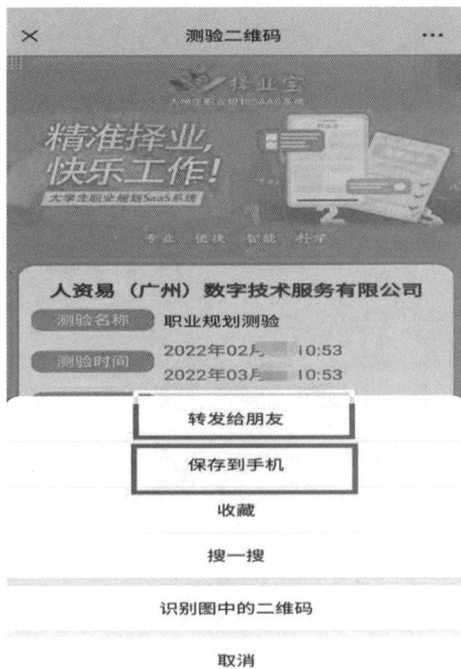

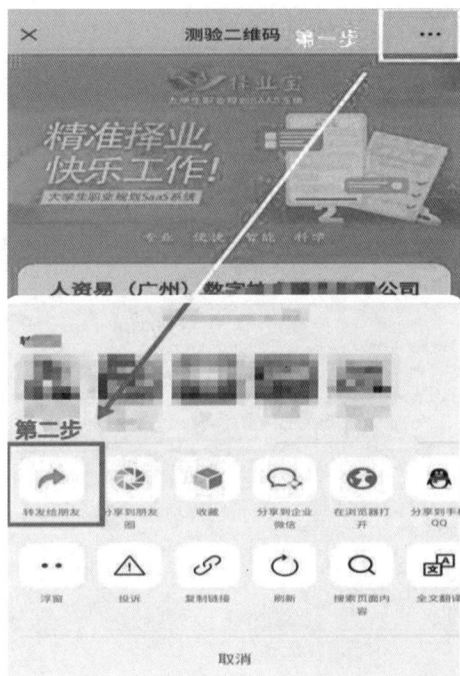

三、查看测评结果

1. 查看测评信息

点击"设置"—"测评信息"，在对应的测评列表里，点击"测评人员"，查找需要查看的测评人员。

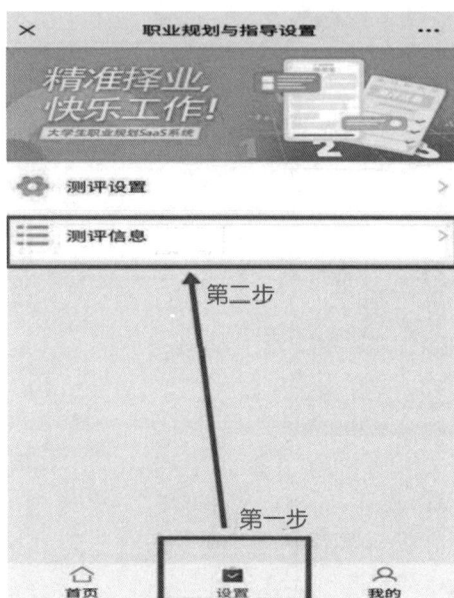

2. 查看测评结果

点击"查看结果/已查看"，即可查看测评结果，点击"查看规划书"，即可查看全面的测评职业规划结果。

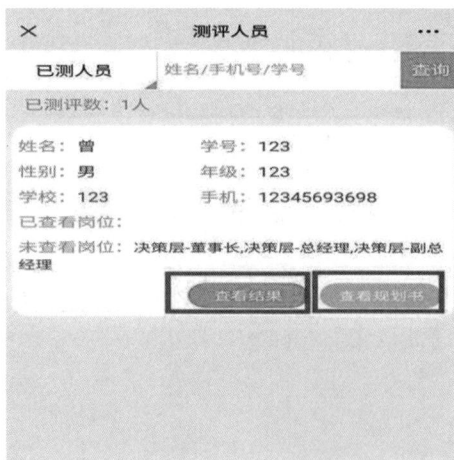

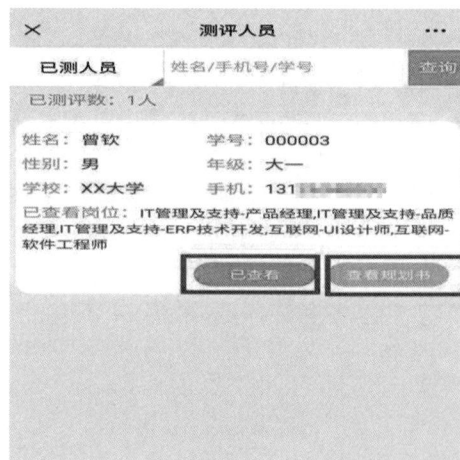

11.1.3　学生登录测评

一、登录做题

打开微信，扫描二维码，随后输入账号密码，勾选同意《个人信息保护和用户使用服务协议》，完善基础信息并"保存"，点击"开始"进行测评答题。

二、选择岗位

选择各类心仪的岗位，点击"确定"，选择"查看结果"。

三、填写职业规划书

方式一：查看测评报告，选择"填写职业生涯规划书"，可直接进入填写界面。

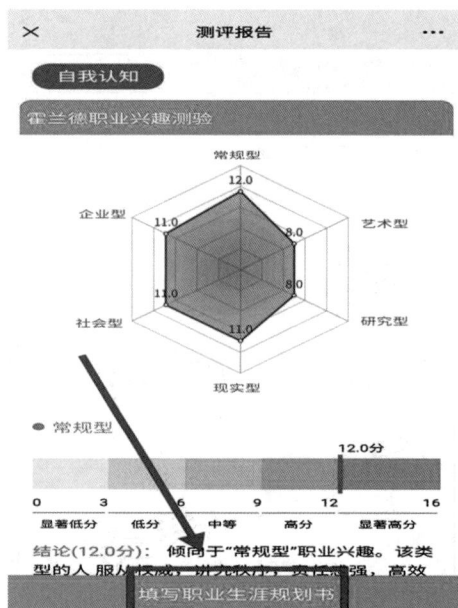

方式二：进入链接 https：//www. rzyhr. com/Occupation/CareerLogin？ company_ code = 1137（注意：每个学校专属链接有差异，具体请以学校的为准）。

1. 选择职业规划书

进入链接，输入账号密码，勾选同意《个人信息保护和用户使用服务协议》，点击"登录"，选择"职业规划书"。

2. 填写信息

填写"个人基础信息""社会环境分析""职业环境分析""学校环境分析""家庭环境分析""SWOT 分析法""5 'WHAT' 分析法""卡茨模式分析""平衡单法分析"。

∷∷∷ 个人基础信息 ∷∷∷

姓名

曾钦

学号

000003

性别

男

年级

大一

班级

计算机三班

年龄

21

专业

信息与计算科学

专业类别

理学

手机号

131

政治面貌

党员

担任职务

学习部长

爱好特长

打篮球、打羽毛球

社会实践经历

高三暑假期间去互联网公司做了两个月暑假工，有过酒店兼职经历

社会环境分析

政治环境

国家对于互联网行业鼓励改革，不断创新，发展人才

经济环境

互联网行业经济形势处于上升阶段，未来还有发展空间

文化环境

互联网行业"996"加班文化成行业公认，国家鼓励适量工作

就业形势

互联网行业就业形势好，目前还是需要大量新鲜血液

就业政策

国家对于互联网行业就业政策开放，鼓励创新

职业环境分析

行业分析

互联网市场空间广阔，政策大力支持

职业分析

互联网各职业不断创新，专业人才需求量大

企业分析

国内互联网巨头数量多，就业环境吃香

地域分析

南方北方各有互联网企业总部，看当地政策以及人才是否符合互联网企业发展

学校环境分析

学校特色

学校是985大学，品牌好，师资力量强大，培养的学生质量高，学校环境好，配套齐全

专业特色

计算机信息专业是学校的优势专业，拥有强大的师资力量，在业界很有影响。互联网专业的当前就业环境较为吃香，能获得不错的薪资

学校本专业就业情况

学校互联网行业就业率为97%，绝大多数学生能找到合适的工作

家庭环境分析

经济状况

家庭经济条件较好

家人期望

家人期望自身能快乐工作，不要过多压力

家族文化影响

受家族影响，对互联网深度喜爱，家族人员整体素质高，文化涵养好

职业定位

一、SWOT分析法

1. 自己的优势（S）

自己的长处（从学校学到什么有价值的东西，获得哪些方面的知识和能力，在校期间获得过什么奖励，获得过什么证书或者有什么特长等）

专业课都在90分以上，在校期间已取得计算机四级证书； 暑假去互联网公司实习过，有一定的工作经验； 在校期间获得过计算机比赛一等奖

自己的优点（个性、智力、职业能力、环境适应性等）

个性温和、智力良好、有一定的职业能力（有工作经验）、适应能力好

自己的资源（家庭、亲友的人脉等）

许多亲戚从事互联网行业，自己从小对互联网较为喜爱

自己的强项（你做过的最成功的事情是什么，如何成功的）

获得计算机比赛一等奖，靠着在学校不断努力练习，最后获得比赛一等奖

哪些方面胜过竞争对手

专业能力、理解能力、适应能力、逻辑思维能力

其他

长期坚持运动，身体素质好

2．自己的劣势（W）

自己的短板（什么事情是你没有把握做好的，做不好的原因是什么，如何努力克服和提高）

社交能力比较弱，不喜欢与人交流；多看社交方面书籍，多跟人打招呼、交流

自己的弱点（比如性格过于内向，不敢在公共场所演讲等）

不敢在人多的场合大声说话，害怕出丑，更不敢上台演讲

失败的经历（最失败的事情是什么，如何失败的，如何避免在以后的职业生涯中再次失败）

因为没有控制好情绪，未去参加选修课考试，导致补考；日常时间多练习对情绪的把控

竞争对手在哪方面比我强

竞争对手社交能力比我强，善于跟他人交流

3．发现外部的机会（O）

社会层面（经济快速发展，网络技术，出国深造的途径，择业双向选择）

经济快速发展，互联网时代选择在国内发展

学校层面（积极拓展就业市场和渠道，为学生提供更多的就业选择）

学校请了很多互联网大公司进行校招活动，帮助大家能找到心仪工作

行业环境（要从事的行业有哪些潜在优势，亟须什么样的人才）

互联网行业目前是蒸蒸日上，亟须专业人才

企业发展（企业的发展前景，人才培养机制、人才晋升渠道）

互联网企业有发展前景，目前市面上互联网企业制度较为完善，晋升通道透明

4．发现外部的威胁（T）

社会层面（毕业生人数的逐年增加，经济下行，就业和创业机会减少，岗位竞争越来越激烈）

毕业生逐年增加，互联网企业也逐年新增，创业机会会越来越少

学校层面（同专业毕业的竞争者以及名校毕业的竞争者）

实习初期选择工作会有竞争，但是过了实习期每个人发展方向不同，竞争会减少一些

行业环境（行业、专业领域发展是否受限）

互联网企业加班严重，以后没多余时间陪家人，年龄大了会逐渐被新人取代

企业环境（初出茅庐的毕业生可能会受到具有丰富技能和经验的求职者的威胁，以及工作晋升机会的限制）

工作年限受限，很多核心内容接触不到，先从基础做起

SO战略（着重考虑优势因素和机会因素，目的在于努力使这两种因素都趋于最大）

了解好公司的前景跟企业文化，以及发挥自身的优势，规划好未来的发展

ST战略（着重考虑优势因素和威胁因素，目的是努力使优势因素趋于最大，使威胁因素趋于最小）

选择好能很好发挥自身能力的工作岗位，并维护好人际关系

WO战略（着重考虑劣势因素和机会因素，目的是努力使劣势因素趋于最小，使机会因素趋于最大）

入职前先了解同行业企业的背景调查，并对比出最有前景的企业

WT战略（着重考虑劣势因素和威胁因素，目的是努力使这两种因素都趋于最小）

入职后跟上司以及同事打好关系，深入了解分析自身优势，并把自身优势发挥出来

二、5"WHAT"分析法

What are you（你是谁？认识自己的优点、缺点、个性特点）

我是曾钦，优点是计算机专业能力强，缺点是社交能力弱，我性格好

What do you want（你想做什么？你最想做的职业）

做ERP技术开发工程师,产品经理，UI设计师

What can you do（你能做什么？智力、职业能力、职业兴趣、职业价值观、成就动机、胜任力以及自身知识结构适合做什么职业）

适合做ERP技术开发工程师、产品经理、UI设计师

What can support you（环境支持你做什么？客观方面：经济发展、人事政策、企业制度和职业空间等；主观方面：同学关系、导师关系和亲戚关系等，将两者综合起来，自己可以获得什么支持）

大环境支持我往互联网方面发展，专业能力强，与爱好相同

What you can be in the end（你最终的职业生涯目标是什么？实现职业生涯目标的有利和不利条件，列出不利条件最少、自己想做且能达成的职业生涯目标）

最终职业目标是产品总监，有利条件是专业能力强，不利条件是社交能力弱，没有管理经验，没有太多工作经验

卡茨模式操作指南

（1）点击输入职业的方框。

三、卡茨模式分析

回报 ↑	优（3）				
	良（2）				
	中（1）				
	差（0）				
	水平	差（0）	中（1）	良（2）	优（3）

→ 机会

输入：

结论：

请输入职业及代号例如（X=总经理,Y=销售总监）中间用逗号隔开

（2）输入想要分析的职业，中间用"，"号隔开，例如（X = UI 设计师，Y = 产品经理），以此类推。

三、卡茨模式分析

第一步	优（3）				
	良（2）				
回报	中（1）				
	差（0）				
第二步	水平	差（0）	中（1）	良（2）	优（3）

→ 机会

输入：

结论：

X＝UI设计师，Y＝产品经理，Z＝ERP技术开发工程师

（3）在表格中输入代表职业的字母，就会得出相关结论（代表职业位置相同，则需要用","隔开填写，例如 X，Y）。

三、卡茨模式分析

	优（3）				Z
	良（2）				
回报	中（1）		X,Y		
	差（0）				
	水平	差（0）	中（1）	良（2）	优（3）

→ 机会

输入：X＝UI设计师,Y＝产品经理,Z＝ERP技术开发工程师

结论：

期望高到低：ERP技术开发工程师(9) > 产品经理(1) = UI设计师(1)

平衡单法分析操作指南：

（1）先填写需要对比的职业方案，再填写分析要素的重要性加权（1~5倍）。

四、平衡单法分析

分析要素		重要性的加权(1~5倍)	第一方案 产品经理		第二方案 UI设计师		第三方案 软件工程师		第四方案 ERP技术开发工程师	
			得(+)	失(-)	得(+)	失(-)	得(+)	失(-)	得(+)	失(-)
个人物质方面得失	1.经济收入	5	8		6		6		8	
	2.升迁机会	5	3		3		4			2
	3.休闲时间	3		3	4		3		4	
	4.福利待遇	3	3		6		6		8	
	5.就业机会	4	6		6		7		4	
他人物质方面得失	1.家庭经济	5	6		5		7		8	
	2.家庭地位	2	6		5		6		7	
	3.与家人相处时间	4		2	5		6		4	
	4.对家庭生活的影响	3	4			2	5		5	
	5.社会资源获取	5	7		3		6		7	
个人精神方面得失	1.生活方式的改变	4	2		5		5		5	
	2.成就感	5	5		2		4		7	
	3.自我实现的程度	4	5		4		4		6	
	4.兴趣的满足	2	5		2			2	3	
	5.社会声望提高	5	3		2		2		4	
他人精神方面得失	1.父母期待	5	8		6		6		8	
	2.师长期待	4	6		4				7	
	3.配偶期待	5	5		3		4		7	
	4.亲戚朋友期待	3	5		5		5		7	
	5.同学同事期待	3	6		5		5		6	
合计			377	17	320	6	378	4	459	10
得失差数			360		314		374		449	
最终排序(高-低)			ERP技术开发工程师 > 软件工程师 > 产品经理 > UI设计师							

四、平衡单法分析

分析要素		重要性的加权(1~5倍)	第一方案 产品经理		第二方案 UI设计师		第三方案 软件工程师		第四方案 ERP技术开发工程师	
			得(+)	失(-)	得(+)	失(-)	得(+)	失(-)	得(+)	失(-)
个人物质方面得失	1.经济收入	5	8		6		6		8	
	2.升迁机会	5	3		3		4			2
	3.休闲时间	3		3	4		3		4	
	4.福利待遇	3	3		6		6		8	
	5.就业机会	4	6		6		7		4	
他人物质方面得失	1.家庭经济	5	6		5		7		8	
	2.家庭地位	2	6		5		6		7	
	3.与家人相处时间	4		2	5		6		4	
	4.对家庭生活的影响	3	4			2	5		5	
	5.社会资源获取	5	7		3		5		7	
个人精神方面得失	1.生活方式的改变	4	2		5		5		5	
	2.成就感	5	5		2		4		7	
	3.自我实现的程度	4	5		4		4		6	
	4.兴趣的满足	2	5		2			2	3	
	5.社会声望提高	5	3		2		2		4	
他人精神方面得失	1.父母期待	5	8		6		6		8	
	2.师长期待	4	6		4		4		7	
	3.配偶期待	5	5		3		4		7	
	4.亲戚朋友期待	3	5		5		5		7	
	5.同学同事期待	3	6		5		5		6	
合计			377	17	320	6	378	4	459	10
得失差数			360		314		374		449	
最终排序(高-低)			ERP技术开发工程师 > 软件工程师 > 产品经理 > UI设计师							

（2）在表格内填写各方案分析要素的"得（＋）"与"失（－）"，给出相应的占比分数（建议以1~10分为标准），系统会自动计算结果，并给出最终排序。

四、平衡单法分析

分析要素		重要性的加权(1~5倍)	第一方案 产品经理		第二方案 UI设计师		第三方案 软件工程师		第四方案 ERP技术开发工程师	
			得(+)	失(-)	得(+)	失(-)	得(+)	失(-)	得(+)	失(-)
个人物质方面得失	1.经济收入	5	8		6		6		8	
	2.升迁机会	5	3		3		4			2
	3.休闲时间	3		3	4		3		4	
	4.福利待遇	3	3		6		6		8	
	5.就业机会	4	6		6		7		4	
他人物质方面得失	1.家庭经济	5	6		5		7		8	
	2.家庭地位	2	6		5		6		7	
	3.与家人相处时间	4		2	5		6		4	
	4.对家庭生活的影响	3	4			2	5		5	
	5.社会资源获取	5	7		3		5		7	
个人精神方面得失	1.生活方式的改变	4	2		5		5		5	
	2.成就感	5	5		2		4		7	
	3.自我实现的程度	4	5		4		4		6	
	4.兴趣的满足	2	5		2			2	3	
	5.社会声望提高	5	3		2		2		4	
他人精神方面得失	1.父母期待	5	8		6		6		8	
	2.师长期待	4	6		4		4		7	
	3.配偶期待	5	6		3		4		7	
	4.亲戚朋友期待	3	5		5		5		7	
	5.同学同事期待	3	6		5		5		6	
合计			377	17	320	6	378	4	459	10
得失差数			360		314		374		449	
最终排序(高-低)			ERP技术开发工程师 > 软件工程师 > 产品经理 > UI设计师							

3. 生成职业规划书

填完所有内容后选择"提交"，即可生成职业规划书。

最后选择的职业

ERP技术开发工程师，产品经理

实施计划

规划好ERP技术开发工程师、产品经理的职业发展路线，并按照职业规划进行发展

提交

个人信息

姓名	曾钦	学号	000003
性别	男	年龄	21
年级	大一	班级	计算机三班
专业	信息与计算科学	专业类别	理学
政治面貌	党员	手机号码	131▓▓▓▓▓
担任职务	学习部长		
爱好特长	打篮球、打羽毛球		
社会实践经历	高三暑假期间去互联网公司做了两个月暑假工，有过酒店兼职经历		

自我认知

（一）智力

IQ值	114分
结论	智力良好

（二）职业能力

1. 空间知觉

得分	15分
结论	较好

2. 字词知觉

得分	7.7分
结论	较差

3. 数字运算

得分	8分
结论	数字计算与数量关系判断能力较高

4. 逻辑推理

得分	7分
结论	逻辑推理能力较高

5. 言语理解

得分	5分
结论	言语理解能力中等

（三）职业兴趣

得分雷达图	

1. 研究型

得分	14分
结论	明显倾向于"研究型"职业兴趣。该类型的人坚持性强，有韧性，喜欢钻研，重视科学性和不断地学习，善于分析思考，为人好奇，独立性强，做事谨慎。适合的职业：科学研究人员、实验研究人员、计算机程序设计人员、工程项目设计人员、学者等。

2. 现实型

得分	12分
结论	倾向于"现实型"职业兴趣。该类型的人往往看重现实事物的价值，安分随流，做事保守，较为谦虚，踏实稳重，诚实可靠，情绪稳定，不善交际应酬，通常喜欢独立做事。适合的职业：录音师、制图员、司机、机械工程师、园艺师、烹调师、建筑师、钟表维修员、计算机硬件人员、测绘员等。

3. 社会型

得分	7分
结论	"社会型"职业兴趣中等。

4. 企业型

得分	4分
结论	倾向于负向"企业型"职业兴趣。不适合的职业：项目经理、推销员、企业管理者、律师、拍卖师等。

5. 常规型

得分	3分
结论	明显倾向于负向"常规型"职业兴趣。不适合的职业：出纳、会计、统计、打字员、文员、接待、档案管理等。

6. 艺术型

得分	2分
结论	明显倾向于负向"艺术型"职业兴趣。不适合的职业：演员、导演、室内装饰设计师、主持人、化妆师、摄影师、歌唱家、乐队指挥、小说家、诗人、剧作家等。

（四）职业价值观	
得分雷达图	

1．支配型

得分	13分
结论	想领导和控制别人的愿望很强。

2．自尊型

得分	12分
结论	关心地位、声誉和头衔，受尊敬的愿望很强。

3．自由型

得分	6分
结论	独立工作倾向中等。特点是：一般能在有组织的环境中工作，遇到合适的机会可能自己独立干。

4．自我实现型

得分	4分
结论	发挥个性，追求真理的愿望较低。

5．志愿型

得分	3分
结论	富于同情心，乐于助人的愿望较低。

6．技术型

得分	2分
结论	钻研一门技术，靠本事吃饭的愿望很低。

（五）大五人格		
得分雷达图		

1. 开放性
得分	7分
结论	明显倾向于"开放"，其特点是：不墨守成规、独立思考

2. 外向性
得分	7分
结论	明显倾向于"外向"，其特点是：爱交际，表现得精力充沛、乐观、友好和自信

3. 稳定性
得分	3分
结论	情绪稳定性水平中等

4. 宜人性
得分	-4分
结论	倾向于"不宜人"，其特点是：为人多疑，喜欢为了自己的利益和信念而争斗

5. 责任心
得分	-7分
结论	明显倾向于"不负责"，其特点是：马虎大意，容易见异思迁，不可靠

职业发展类型
理工医类职业能力	被试的职业能力适合理工医类发展
文经管类职业能力	被试的职业能力在文经管类发展的潜力一般

综合职业能力
综合得分	4.0	适合中层	7分及以上：决策层（董事长，总经理，副总经理）
			5~6分：高层（总监，总师，处长，高级职称）
			3~4分：中层（主任，科长，部门经理，中级职称）
			1~2分：基层（班组长，技术员，主管，专员）
			-1~0分：技术工人，销售员，文员
			-1分以下：普通员工

综合职业能力

综合得分	1.5	适合基层	7分及以上：决策层（董事长，总经理，副总经理）
			5~6分：高层（总监，总师，处长，高级职称）
			3~4分：中层（主任，科长，部门经理，中级职称）
			1~2分：基层（班组长，技术员，主管，专员）
			-1~0分：技术工人，销售员，文员
			-1分以下：普通员工

能力不足判断与改进建议

结论：被试的文字处理能力不足，可以参考以下方法加以改进。

1. 要勇于发扬"钉子"精神，善于挤时间学习。克服办公室岗位特殊、工作繁重、平时难以集中时间系统学习的实际困难，保持应有的韧劲、拼劲和钻劲，时刻把学习挂在心上，挤时间看书看报、上网阅读，把学习巧妙地寓于工作之中，在学习中干好工作。

2. 要拓宽学习知识面，不断丰富学习内容。"书到用时方恨少"。对于办公室文字人员来说，没有什么知识是无用的，没有什么是不可学的。古今中外、天文地理、科教文化、民俗谚语、正反事例等等，无所不容，无所不包。只有学得多、看得多，想问题才会全面，看问题才会深刻，写材料才有深度。

3. 要避重就轻，讲究学习方法。每个人的时间和精力都是有限的。文字工作要求我们成为一个博学多才的"杂家"。结合办公室工作实践，通过通读、摘读、精读相结合，博览多学，兼收并蓄，不断提高自身的文字表达能力、政策理论水平和专业知识，从而不断增强写作的预见性和创造性。

选择职业及匹配度

1. 董事长

智力	适合
职业能力	一般
职业兴趣	一般
职业价值观	适合
个性	适合
发展指导	多看著名企业家的传记、创业成功的案例分析、事迹报道，树立"实业报国"的志向。
	培养强烈的社会责任感和责任心、关心社会问题、为人友好、热情、开朗、乐于助人的风格。
	培养做事有计划、有条理、认真负责、持之以恒的风格。
	培养追求新思想、新知识，跟随时代的发展的风格。
	培养想当领袖、喜欢解决问题、能够领导和控制别人的风格。
	学习马斯洛的需要层次理论，理解"自我实现"在人生中的意义，追求卓越的成就，努力成为"自我实现的人"。
参考书目	《企业家的成长历程》《野蛮生长》
	《信仰的力量·中外名人故事》《在人间》
	《工匠精神：缔造伟大传奇的重要力量》
	《Vista看天下》《环球人物》
	《辉煌六十年》《托尼·布莱尔：一位世界级领导人的成长经历》
	《在追求梦想的路上，我们都一样》《比尔·盖茨给青少年的人生忠告》

2. 副总经理	
智力	适合
职业能力	一般
职业兴趣	一般
职业价值观	适合
个性	适合
发展指导	多看著名企业家的传记、创业成功的案例分析、事迹报道，树立"实业报国"的志向。
	培养强烈的社会责任感和使命心、关心社会问题、为人友好、热情、开朗、乐于助人的风格。
	培养做事有计划、有条理、认真负责、持之以恒的风格。
	培养追求新思想、新知识，跟随时代的发展的风格。
	培养想当领袖、喜欢解决问题、能够领导和控制别人的风格。
	学习马斯洛的需要层次理论，理解"自我实现"在人生中的意义，追求卓越的成就，努力成为"自我实现的人"。
参考书目	《企业家的成长历程》《野蛮生长》
	《信仰的力量·中外名人故事》《在人间》
	《工匠精神：缔造伟大传奇的重要力量》
	《Vista看天下》《环球人物》
	《辉煌六十年》《托尼·布莱尔：一位世界级领导人的成长经历》
	《在追求梦想的路上，我们都一样》《比尔·盖茨给青少年的人生忠告》

3. 技术总监	
智力	适合
职业能力	一般
职业兴趣	很适合
职业价值观	一般
个性	适合
发展指导	培养谦虚、踏实稳重、诚实可靠、独立做事的风格。
	多看著名科学家的传记、事迹报道，树立"科学报国"的志向。培养喜欢钻研、重视科学、善于分析思考、为人好奇、独立性强的风格。
	培养做事有计划、有条理、认真负责、持之以恒的风格。
	培养追求新思想、新知识，跟随时代的发展的风格。
	培养想当领袖、喜欢解决问题、能够领导和控制别人的风格。
	培养刻苦学习、钻研科学技术、靠本事吃饭的风格。
参考书目	《与信仰对话：50位劳模访谈录》
	《改变世界的中国力量》《不可不知的伟大科学家的成长历程》
	《工匠精神：缔造伟大传奇的重要力量》
	《Vista看天下》《环球人物》
	《辉煌六十年》《托尼·布莱尔：一位世界级领导人的成长经历》
	《与未来同行》《影响世界的大发明家故事》

4. 公关总监	
智力	适合
职业能力	一般
职业兴趣	一般
职业价值观	适合
个性	很适合
发展指导	多看著名企业家的传记、创业成功的案例分析、事迹报道，树立"实业报国"的志向。
	培养强烈的社会责任感和责任心、关心社会问题、为人友好、热情、开朗、乐于助人的风格。
	培养追求新思想、新知识，跟随时代的发展的风格。
	培养好活动、好交往、活泼而开朗的风格。
	培养想当领袖、喜欢解决问题、能够领导和控制别人的风格。
	学习马斯洛的需要层次理论，理解"自我实现"在人生中的意义，追求卓越的成就，努力成为"自我实现的人"。
参考书目	《企业家的成长历程》《野蛮生长》
	《信仰的力量·中外名人故事》《在人间》
	《Vista看天下》《环球人物》
	《难忘的外交岁月：一个大使的外交情结与观察》《中美关系中的"中国男孩"：卜励德回忆录》
	《辉煌六十年》《托尼·布莱尔：一位世界级领导人的成长经历》
	《在追求梦想的路上，我们都一样》《比尔·盖茨给青少年的人生忠告》

5. 财务总监	
智力	适合
职业能力	一般
职业兴趣	一般
职业价值观	很适合
个性	一般
发展指导	多看著名企业家的传记、创业成功的案例分析、事迹报道，树立"实业报国"的志向。
	培养谨慎、踏实稳重、诚实可靠、独立做事的风格。
	培养做事有计划、有条理、认真负责、持之以恒的风格。
	培养平静、不焦虑、稳重温和、保持自我克制的风格。
	培养自尊、自强、独立的风格。
	培养想当领袖、喜欢解决问题、能够领导和控制别人的风格。
参考书目	《企业家的成长历程》《野蛮生长》
	《与信仰对话：50位劳模访谈录》
	《工匠精神：铸造伟大传奇的重要力量》
	《阳光心理自我调适》《世界不止一扇窗：调整心态，做最好的自己》
	《你也能创造奇迹》《"大洋彼岸"的中国人》
	《辉煌六十年》《托尼·布莱尔：一位世界级领导人的成长经历》

6. 人力资源总监	
智力	适合
职业能力	一般
职业兴趣	一般
职业价值观	适合
个性	不适合
发展指导	多看著名企业家的传记、创业成功的案例分析、事迹报道，树立"实业报国"的志向。
	培养强烈的社会责任感和责任心、关心社会问题、为人友好、热情、开朗、乐于助人的风格。
	培养做事有计划、有条理、认真负责、持之以恒的风格。
	培养乐于助人、相互信赖、富有同情心、注重合作而不是竞争的风格。
	培养想当领袖、喜欢解决问题、能够领导和控制别人的风格。
	学习马斯洛的需要层次理论，理解"自我实现"在人生中的意义，追求卓越的成就，努力成为"自我实现的人"。
参考书目	《企业家的成长历程》《野蛮生长》
	《信仰的力量·中外名人故事》《在人间》
	《工匠精神：缔造伟大传奇的重要力量》
	《最美磐安人》《热心助人的曹慧菊》
	《辉煌六十年》《托尼·布莱尔：一位世界级领导人的成长经历》
	《在追求梦想的路上，我们都一样》《比尔·盖茨给青少年的人生忠告》

序号	职业	智力	职业能力	职业兴趣	职业价值观	个性
1	董事长	适合	一般	一般	适合	适合
2	副总经理	适合	一般	一般	适合	适合
3	技术总监	适合	一般	很适合	一般	适合
4	公关总监	适合	一般	一般	适合	很适合
5	财务总监	适合	一般	一般	很适合	一般
6	人力资源总监	适合	一般	一般	适合	不适合
7	销售主管	适合	一般	一般	很适合	很适合
8	生产主管	适合	一般	很适合	一般	一般
9	装卸搬运工	超越	很适合	一般	一般	一般
10	会计经理	适合	一般	一般	一般	一般
11	行政经理	适合	一般	一般	很适合	一般
12	档案管理员	很适合	适合	一般	适合	一般
13	培训主管	适合	一般	适合	很适合	不适合
14	保洁员	超越	很适合	一般	适合	一般
15	咨询项目经理	适合	一般	一般	适合	适合
16	大堂经理	适合	一般	一般	很适合	不适合
17	座席班长	适合	一般	一般	适合	一般
18	销售员	很适合	适合	一般	很适合	适合
19	网店文员	很适合	适合	一般	适合	一般
20	总经理	适合	一般	一般	适合	适合
21	工程维修员	很适合	适合	一般	适合	一般
22	收银员	超越	很适合	一般	适合	一般
23	外卖员	超越	很适合	一般	适合	一般

宏观环境分析	
1．社会环境分析	
政治环境	国家对于互联网行业鼓励改革，不断创新，发展人才
经济环境	互联网行业经济形势处于上升阶段，未来还有发展空间
文化环境	互联网行业"996"加班文化成行业公认，国家鼓励适量工作
就业形势	互联网行业就业形势好，目前还是需要大量新鲜血液
就业政策	国家对于互联网行业就业政策开放，鼓励创新
2．职业环境分析	
行业分析	互联网市场空间广阔，政策大力支持
职业分析	互联网各职业不断创新，专业人才需求量大
企业分析	国内互联网巨头数量多，就业环境吃香
地域分析	南方北方各有互联网企业总部，看当地政策以及人才是否符合互联网企业发展

微观环境分析	
1．学校环境分析	
学校特色	学校是985大学，品牌好，师资力量强大，培养的学生质量高。学校环境好，配套齐全
专业特色	计算机信息专业是学校的优势专业，拥有强大的师资力量，在业界很有影响。互联网专业的当前就业环境较为吃香，能获得不错的薪资
学校本专业就业情况	学校互联网行业就业率为97%，绝大多数学生能找到合适的工作
2．家庭环境分析	
经济状况	家庭经济条件较好
家人期望	家人期望自身能快乐工作，不要过多压力
家族文化影响	受家族影响，对互联网深度喜爱，家族人员整体素质高，文化涵养好

职业定位	
一、SWOT分析法	
1.自己的优势（S）	
自己的长处（从学校学到什么有价值的东西，获得哪些方面的知识和能力，在校期间获得过什么奖励，获得过什么证书或者有什么特长等）	专业课都在90分以上，在校期间已取得计算机四级证书；暑假去互联网公司实习过，有一定的工作经验；在校期间获得过计算机比赛一等奖
自己的优点（个性，智力，职业能力，环境适应性等）	个性温和，智力良好，有一定的职业能力（有工作经验），适应能力好
自己的资源（家庭、亲友的人脉等）	许多亲戚从事互联网行业，自己从小对互联网较为喜爱
自己的强项（你做过的最成功的事情是什么，如何成功的）	获得计算机比赛一等奖，靠着在学校不断努力练习，最后获得一等奖
哪些方面胜过竞争对手	获得计算机比赛一等奖，靠着在学校不断努力练习，最后参加比赛获得一等奖
其他	长期坚持运动，身体素质好
2.自己的劣势（W）	
自己的短板（什么事情是你没有把握做好的，做不好的原因是什么，如何努力克服和提高）	社交能力比较弱，不喜欢与人交流；多看社交方面书籍，多跟人打招呼、交流
自己的弱点（比如性格过于内向，不敢在公共场所演讲等）	不敢在人多的场合大声说话，害怕出丑，更不敢上台演讲
失败的经历（最失败的事情是什么，如何失败的，如何避免在以后的职业生涯中再次失败）	因为没有控制好情绪，未去参加选修课考试，导致补考；日常时间多练习对情绪的把控
竞争对手在哪方面比我强	竞争对手社交能力比我强，善于跟他人交流
3.发现外部的机会（O）	
社会层面（经济快速发展，网络技术，出国深造的途径，择业双向选择）	经济快速发展，互联网时代选择在国内发展
学校层面（积极拓展就业市场和渠道，为学生提供更多的就业选择）	学校请了很多互联网大公司进行校招活动，帮助大家能找到心仪工作
行业环境（要从事的行业有哪些潜在优势，急需什么样的人才）	互联网行业目前蒸蒸日上，急需专业人才

企业发展（企业的发展前景，人才培养机制、人才晋升渠道）	互联网企业有发展前景，目前市面上互联网企业制度较为完善，晋升通道透明
4.发现外部的威胁（T）	
社会层面（毕业生人数的逐年增加，经济下行，就业和创业机会减少，岗位竞争越来越激烈）	毕业生逐年增加，互联网企业也逐年新增，创业机会会越来越少。
学校层面（同专业毕业的竞争者以及名校毕业的竞争者）	实习初期选择工作会有竞争，但是过了实习期每个人发展方向不同，竞争会减少一些
行业环境（行业、专业领域发展是否受限）	互联网企业加班严重，没多会时间陪家人，年龄大了以后会逐渐被新人取代
企业环境（初出茅庐的毕业生可能会受到具有丰富技能和经验的求职者的威胁，以及工作晋升机会的限制）	工作年限受限，很多核心内容接触不到，先从基础做起
SO战略（着重考虑优势因素和机会因素，目的在于努力使这两种因素都趋于最大）	了解好公司的前景跟企业文化，以及发挥自身的优势，规划好未来的发展
ST战略（着重考虑优势因素和威胁因素，目的是努力使优势因素趋于最大，使威胁因素趋于最小）	选择好能很好发挥自身能力的工作岗位，并维护好人际关系
WO战略（着重考虑劣势因素和机会因素，目的是努力使劣势因素趋于最小，使机会因素趋于最大）	入职前先了解同行业企业的背景调查，并对比出最有前景的企业
WT战略（着重考虑劣势因素和威胁因素，目的是努力使这两种因素都趋于最小）	入职后跟上司以及同事打好关系，深入了解分析自身优势，并把自身优势发挥出来

二、5 "WHAT" 分析法

What are you（你是谁？认识自己的优点、缺点、个性特点）	我是曾钦，优点是计算机专业能力强，缺点是社交能力弱
What do you want（你想做什么？你最想做的职业）	做ERP技术开发工程师,产品经理,UI设计师
What can you do（你能做什么？智力、职业能力、职业兴趣、职业价值观、成就动机、胜任力以及自身知识结构适合做什么职业）	适合做ERP技术开发工程师、产品经理、UI设计师
What can support you（环境支持你做什么？客观方面：经济发展、人事政策、企业制度和职业空间等；主观方面：同学关系、导师关系和亲戚关系等，将两者综合起来，自己可以获得什么支持）	大环境支持我往互联网方面发展，专业能力强，与爱好相同
What you can be in the end（你最终的职业生涯目标是什么？实现职业生涯目标的有利和不利条件，列出不利条件最少、自己想做且能达成的职业生涯目标）	最终职业目标是产品总监，有利条件是专业能力强，不利条件是社交能力弱，没有管理经验，没有太多工作经验

三、卡茨模式分析

回报↑	优（3）				Z
	良（2）			Y	X
	中（1）				
	差（0）				
	水平	差（0）	中（1）	良（2）	优（3）

→ 机会

输入：X=UI设计师,Y=产品经理,Z=ERP技术开发工程师

结论：
期望高到低：ERP技术开发工程师(9) > UI设计师(6) > 产品经理(4)

四、平衡单法分析

分析要素		重要性的加权(1~5倍)	第一方案 产品经理		第二方案 UI设计师		第三方案 软件工程师		第四方案 ERP技术开发工程师	
			得(+)	失(-)	得(+)	失(-)	得(+)	失(-)	得(+)	失(-)
个人物质方面得失	1.经济收入	5	8		6		6		8	
	2.升迁机会	5	3		3		4			2
	3.休闲时间	3		3	4		3		4	
	4.福利待遇	3	3		6		6		8	
	5.就业机会	4	6		6		7		4	
他人物质方面得失	1.家庭经济	5	6		5		7		8	
	2.家庭地位	2	6		5		6		7	
	3.与家人相处时间	4		2	5		6		4	
	4.对家庭生活的影响	3	4			2	5		5	
	5.社会资源获取	5	7		3		5		7	
个人精神方面得失	1.生活方式的改变	4	2		5		5		5	
	2.成就感	5	5		2		4		7	
	3.自我实现的程度	4	5		4		5		6	
	4.兴趣的满足	2	5		2			2	3	
	5.社会声望提高	5	3		2		2		4	
他人精神方面得失	1.父母期待	5	8		6		6		8	
	2.师长期待	5	6		4		4		7	
	3.配偶期待	5	5		3		4		7	
	4.亲戚朋友期待	3	5		5		5		7	
	5.同学同事期待	3	6		5		5		6	
合计			377	17	320	6	378	4	459	10
得失差数			360		314		374		449	
最终排序(高—低)			ERP技术开发工程师 ＞ 软件工程师 ＞ 产品经理 ＞ UI设计师							

最后选择的职业	ERP技术开发工程师，产品经理
实施计划	
规划好ERP技术开发工程师、产品经理的职业发展路线，并按照职业规划进行发展	

四、测评结果对比分析

案例1：小张

1. 智力

$IQ = 137$，超常。

2. 职业能力：决策层

（1）理工医类能力（LGL）$= 4$；

（2）文经管类能力（WJGL）$= 4$。

3. 职业兴趣

企业型：14分，显著高分；社会型：14分，显著高分；其余均显著低分。

4. 职业价值观

支配型：13 分，显著高分；自我实现型：12 分，显著高分；其余均显著低分。

5. 大五人格

开放性：8 分，显著高分；责任心：7 分，显著高分；其余均显著低分。

适合岗位：董事长、总经理、营销总监。

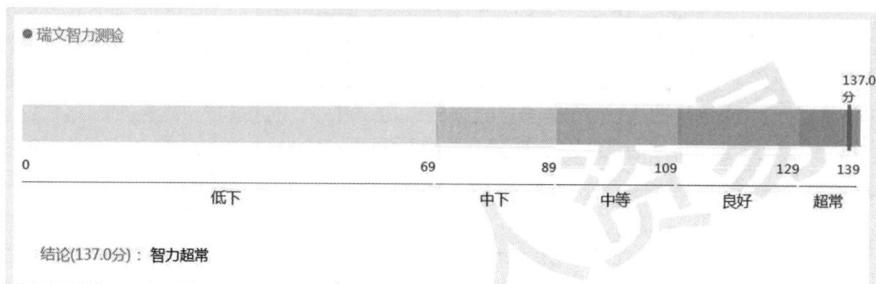

● 瑞文智力测验

137.0
分

| 0 | | 69 | 89 | 109 | 129 | 139 |

低下　　　　　　　　中下　　中等　良好　超常

结论(137.0分)：智力超常

综合职业能力

综合得分	9.0 分	适合决策层	7分及以上：决策层（董事长，总经理，副总经理）
			5-6分：高层（总监，总师，处长，高级职称）
			3-4分：中层（主任，科长，部门经理，中级职称）
			1-2分：基层（班组长，技术员，主管，专员）
			-1-0分：技术工人，销售员，文员
			-1分以下：普通员工

理工医类职业能力(结论)：被试的职业能力很适合理工医类发展

文经管类职业能力(结论)：被试的职业能力适合文经管类发展

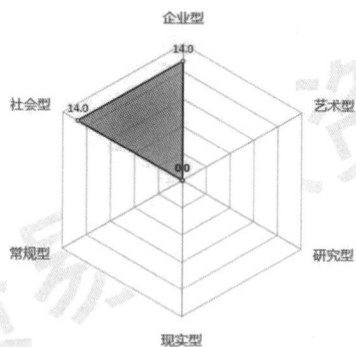

霍兰德职业兴趣测验

职业价值观

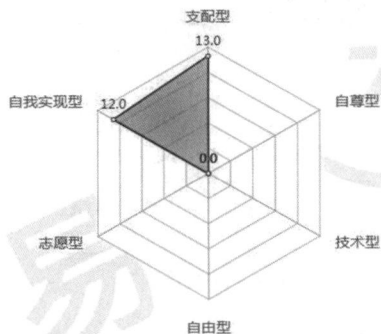

大五人格

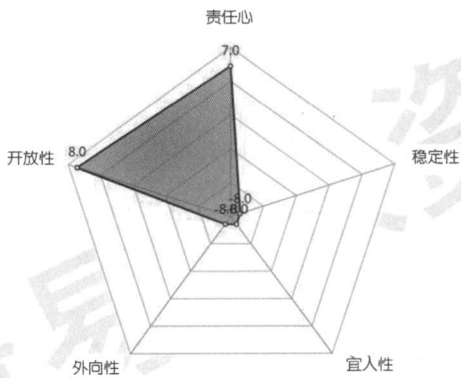

职业适合维度对比

序号	职业	智力	职业能力	职业兴趣	职业价值观	个性
1	董事长	很适合	很适合	很适合	很适合	很适合
2	总经理	很适合	很适合	很适合	很适合	很适合
3	营销总监	很适合	很适合	很适合	很适合	很适合

6. 添加其他职业对比

序号	职业	智力	职业能力	职业兴趣	职业价值观	个性
1	董事长	很适合	很适合	很适合	很适合	很适合
2	总经理	很适合	很适合	很适合	很适合	很适合
3	副总经理	很适合	很适合	很适合	很适合	很适合
4	营销总监	很适合	很适合	很适合	很适合	很适合
5	公关总监	很适合	很适合	很适合	很适合	一般
6	财务总监	很适合	很适合	一般	一般	适合
7	人力资源总监	很适合	很适合	很适合	很适合	一般
8	销售主管	很适合	很适合	很适合	一般	一般
9	生产主管	很适合	很适合	不适合	不适合	适合
10	装卸搬运工	超越	超越	不适合	不适合	适合
11	会计经理	很适合	很适合	一般	一般	适合
12	行政经理	很适合	很适合	一般	一般	适合
13	档案管理员	超越	超越	不适合	不适合	适合
14	培训主管	很适合	很适合	一般	一般	一般
15	保洁员	超越	超越	不适合	不适合	适合
16	咨询项目经理	很适合	很适合	很适合	很适合	很适合
17	大堂经理	很适合	很适合	很适合	一般	一般
18	座席班长	很适合	很适合	不适合	不适合	适合
19	销售员	超越	超越	很适合	一般	很适合
20	网店文员	超越	超越	不适合	不适合	适合
21	工程维修员	超越	超越	不适合	不适合	适合
22	收银员	超越	超越	不适合	不适合	适合
23	外卖员	超越	超越	不适合	不适合	适合

案例 2：小王

1. 智力

$IQ = 114$，良好。

2. 职业能力：高层

（1）理工医类能力（LGL）= 4；

（2）文经管类能力（WJGL）= 3。

3. 职业兴趣

研究型：15 分，显著高分；现实型：14 分，显著高分；其余均显著低分。

4. 职业价值观

技术型：10 分，显著高分；自尊型：12 分，显著高分；其余均显著低分。

5. 大五人格

开放性：8 分，显著高分；责任心：7 分，显著高分；其余均显著低分。

适合岗位：工程师、大学讲师。

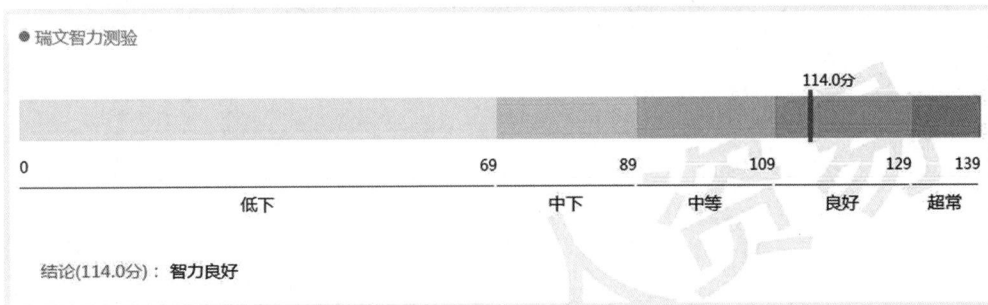

● 瑞文智力测验

					114.0分		
0		69	89	109		129	139
	低下		中下	中等	良好		超常

结论(114.0分)：**智力良好**

综合职业能力			
综合得分	6.5分	适合高层	7分及以上：决策层（董事长，总经理，副总经理）
			5-6分：高层（总监，总师，处长，高级职称）
			3-4分：中层（主任，科长，部门经理，中级职称）
			1-2分：基层（班组长，技术员，主管，专员）
			-1-0分：技术工人，销售员，文员
			-1分以下：普通员工

理工医类职业能力(结论)：被试的职业能力很适合理工医类发展

文经管类职业能力(结论)：被试的职业能力适合文经管类发展

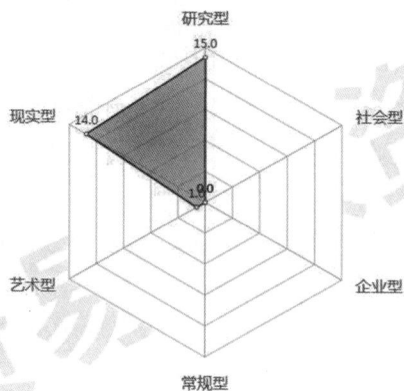

职业价值观

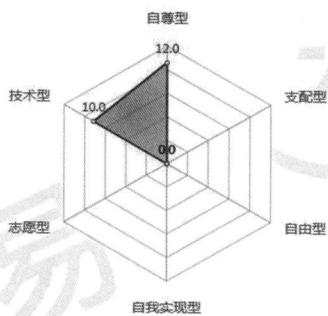

大五人格

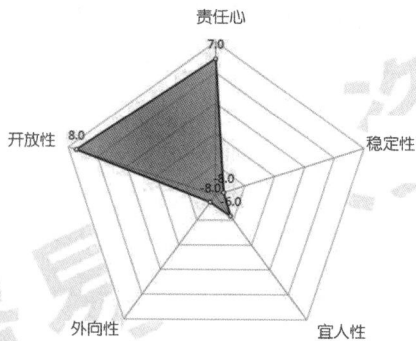

职业适合维度对比

序号	职业	智力	职业能力	职业兴趣	职业价值观	个性
1	软件工程师	适合	适合	很适合	很适合	很适合
2	讲师	适合	适合	很适合	很适合	很适合

6. 添加其他职业对比

序号	职业	智力	职业能力	职业兴趣	职业价值观	个性
1	董事长	适合	适合	不适合	不适合	很适合
2	副总经理	适合	适合	不适合	不适合	很适合
3	技术总监	适合	适合	很适合	一般	很适合
4	公关总监	适合	适合	不适合	不适合	一般
5	财务总监	适合	适合	一般	一般	一般
6	人力资源总监	适合	适合	不适合	不适合	一般
7	销售主管	适合	适合	不适合	一般	一般
8	生产主管	适合	适合	很适合	很适合	一般
9	装卸搬运工	超越	超越	一般	很适合	一般
10	会计经理	适合	适合	一般	一般	一般
11	行政经理	适合	适合	一般	一般	一般
12	档案管理员	很适合	很适合	一般	一般	一般
13	培训主管	适合	适合	一般	一般	一般
14	保洁员	超越	超越	一般	一般	一般
15	咨询项目经理	适合	适合	不适合	不适合	很适合
16	大堂经理	适合	适合	不适合	一般	一般
17	座席班长	适合	适合	一般	一般	一般
18	销售员	很适合	很适合	不适合	一般	很适合
19	网店文员	很适合	很适合	一般	一般	一般
20	总经理	适合	适合	不适合	不适合	很适合
21	工程维修员	很适合	很适合	一般	一般	一般
22	收银员	超越	超越	一般	一般	一般
23	外卖员	超越	超越	一般	一般	一般
24	软件工程师	适合	适合	很适合	很适合	很适合
25	讲师	适合	适合	很适合	很适合	很适合

案例3：小李

1. 智力

$IQ = 102$，中等。

2. 职业能力：中层

（1）理工医类能力（LGL）=3；

（2）文经管类能力（WJGL）=3。

3. 职业兴趣

艺术型：15分，显著高分；社会型：14分，显著高分；其余均显著低分。

4. 职业价值观

自由型：11分，显著高分；自我实现型：12分，显著高分；其余均显著低分。

5. 大五人格

开放性：8分，显著高分；外向性：7分，显著高分；其余均显著低分。

适合岗位：电竞主播，舞蹈老师。

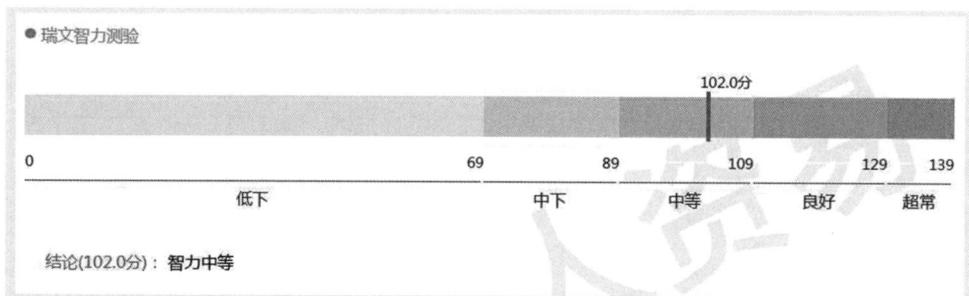

● 瑞文智力测验

0	69	89	109	129 139
低下	中下	中等	良好	超常

结论(102.0分)：**智力中等**

综合职业能力			
综合得分	6.5分	适合中层	7分及以上：决策层（董事长，总经理，副总经理）
			5-6分：高层（总监，总师，处长，高级职称）
			3-4分：中层（主任，科长，部门经理，中级职称）
			1-2分：基层（班组长，技术员，主管，专员）
			-1-0分：技术工人，销售员，文员
			-1分以下：普通员工

职业能力类型水平

理工医类职业能力(结论)：被试的职业能力适合理工医类发展

文经管类职业能力(结论)：被试的职业能力适合文经管类发展

霍兰德职业兴趣测验

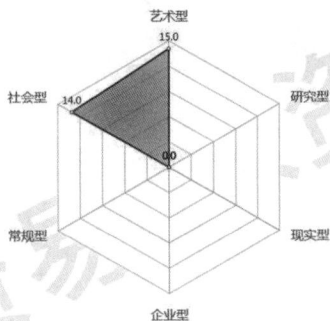

职业价值观

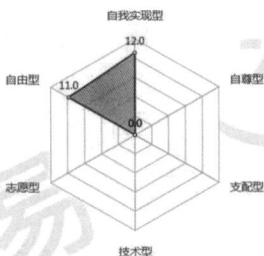

大五人格

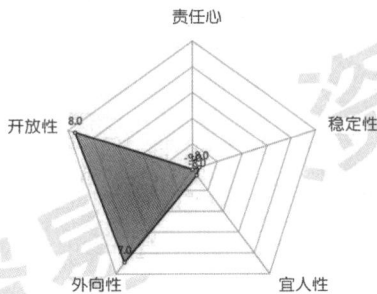

职业适合维度对比

序号	职业	智力	职业能力	职业兴趣	职业价值观	个性
1	主播	一般	适合	很适合	很适合	很适合
2	舞蹈老师	一般	适合	很适合	很适合	很适合

6. 添加其他职业对比

序号	职业	智力	职业能力	职业兴趣	职业价值观	个性
1	董事长	一般	适合	一般	一般	一般
2	副总经理	一般	适合	一般	一般	一般
3	技术总监	一般	适合	不适合	不适合	一般
4	公关总监	一般	适合	一般	一般	很适合
5	财务总监	一般	适合	不适合	一般	不适合
6	人力资源总监	一般	适合	一般	一般	不适合
7	销售主管	一般	适合	一般	不适合	很适合
8	生产主管	一般	适合	不适合	不适合	不适合
9	装卸搬运工	很适合	超越	不适合	不适合	不适合
10	会计经理	一般	适合	不适合	不适合	不适合
11	行政经理	一般	适合	不适合	不适合	不适合
12	档案管理员	适合	很适合	不适合	不适合	不适合
13	培训主管	一般	适合	一般	不适合	不适合
14	保洁员	很适合	超越	不适合	不适合	不适合
15	咨询项目经理	一般	适合	一般	一般	一般
16	大堂经理	一般	适合	一般	不适合	不适合
17	座席班长	一般	适合	不适合	不适合	不适合
18	销售员	适合	很适合	一般	不适合	一般
19	网店文员	适合	很适合	不适合	不适合	不适合
20	总经理	一般	适合	一般	一般	一般
21	工程维修员	适合	很适合	不适合	不适合	不适合
22	收银员	很适合	超越	不适合	不适合	不适合
23	外卖员	很适合	超越	不适合	不适合	不适合
24	主播	一般	适合	很适合	很适合	很适合
25	舞蹈老师	一般	适合	很适合	很适合	很适合

11.2 择业宝个人用户操作指南

11.2.1 用户登录测评

1. 关注"人资易"公众号

方式一：微信"搜一搜"，输入"人资易"，搜索后，点击进入人资易公众号并关注。

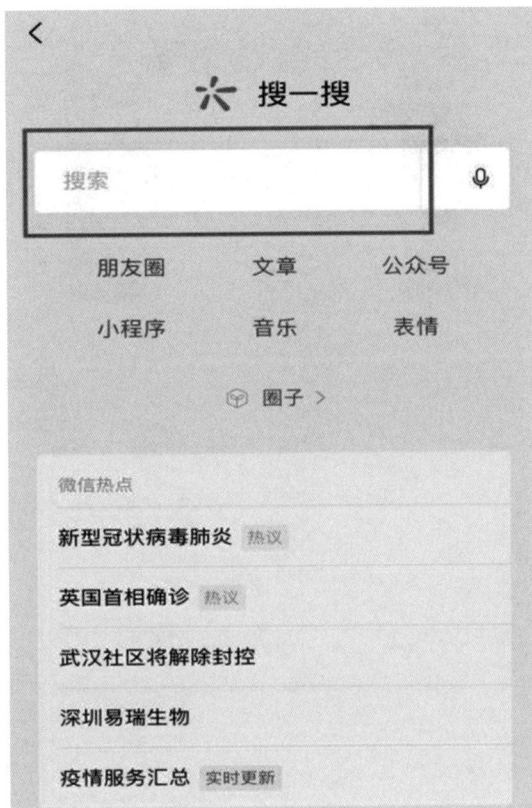

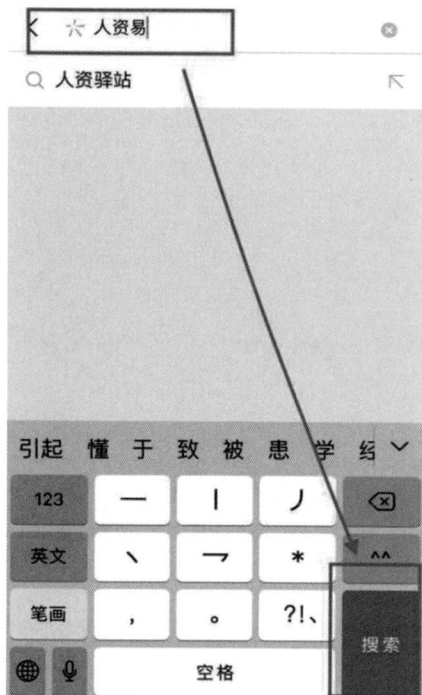

方式二：微信"扫一扫"，扫描人资易公众号二维码，关注人资易公众号。

2. 进入测评

（1）打开公众号，选择"测评云"，点击"大学生职业生涯"，再选择"测评"，点击"开始测评"，完善基础信息，点击"保存"。

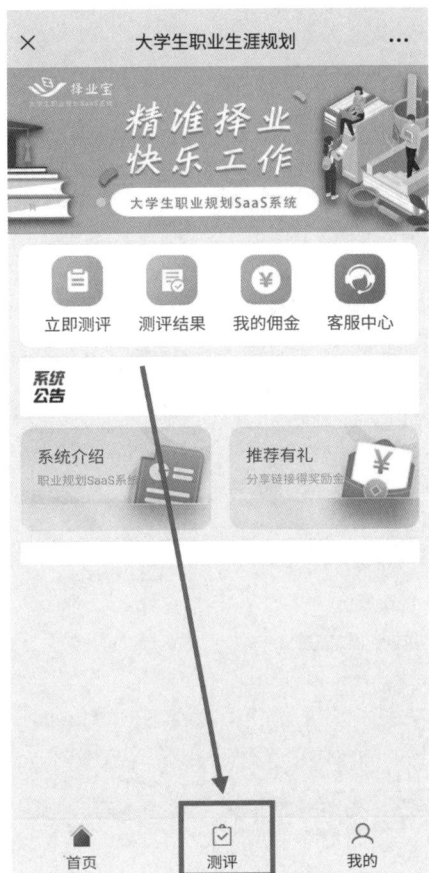

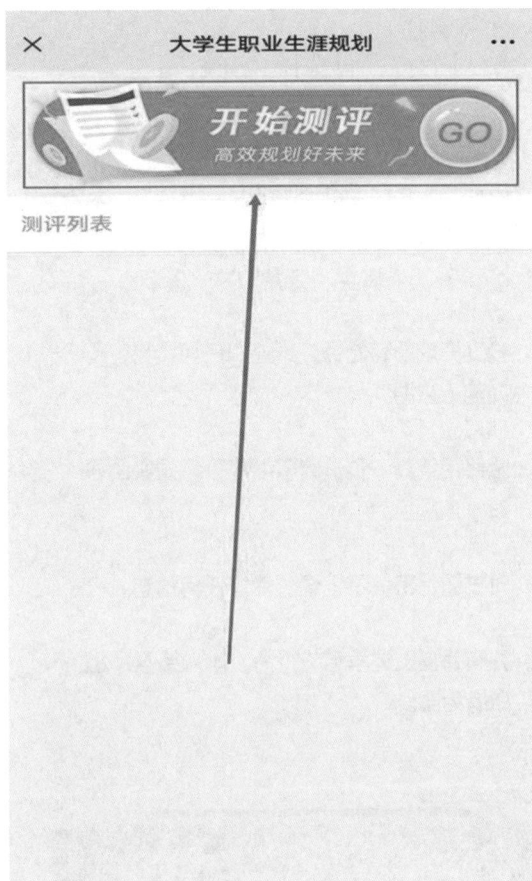

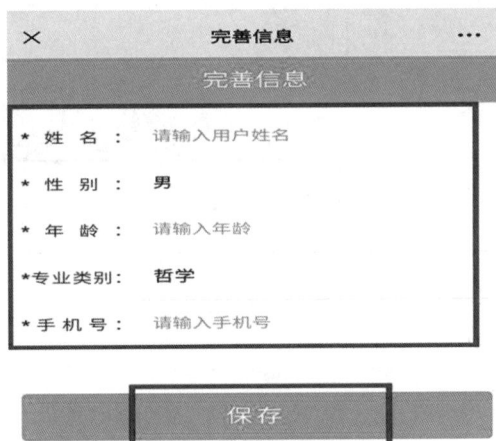

3. 开始测评

点击"同意",再选择"开始"。

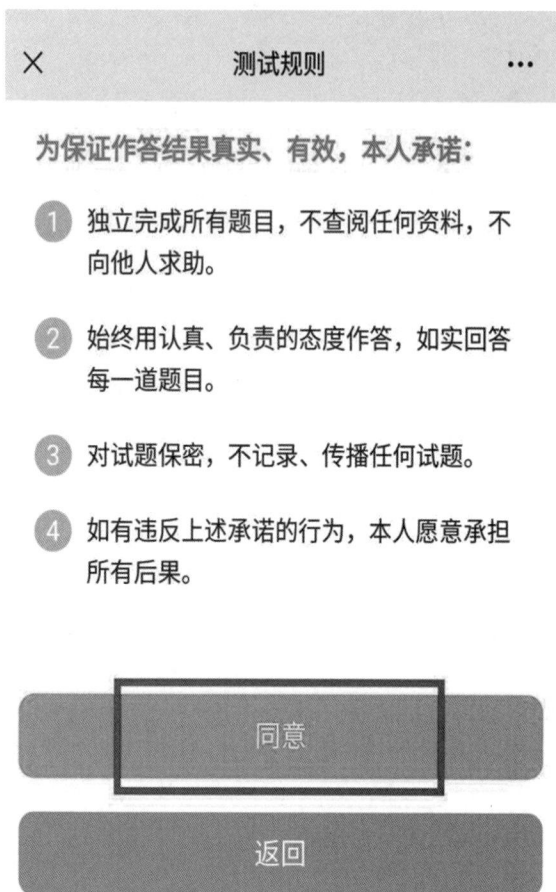

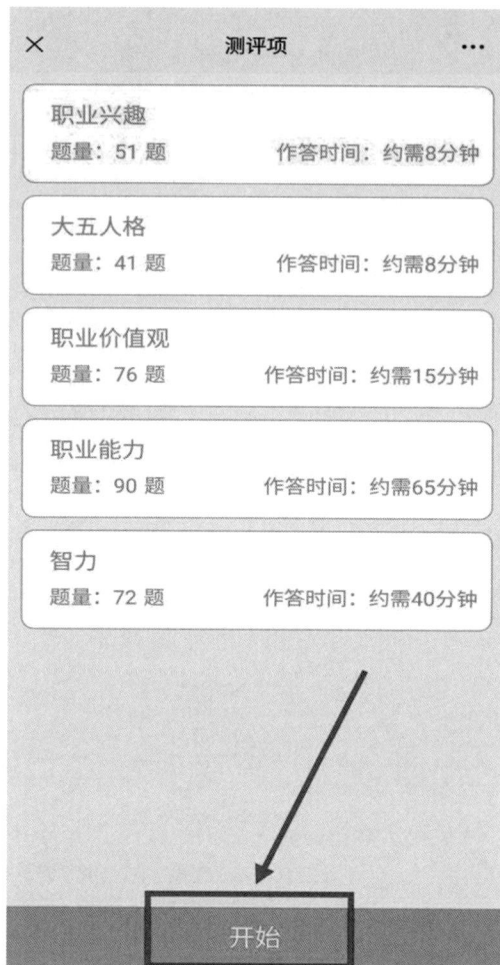

× 测试规则 ···

为保证作答结果真实、有效,本人承诺:

① 独立完成所有题目,不查阅任何资料,不向他人求助。

② 始终用认真、负责的态度作答,如实回答每一道题目。

③ 对试题保密,不记录、传播任何试题。

④ 如有违反上述承诺的行为,本人愿意承担所有后果。

同意

返回

× 测评项 ···

职业兴趣
题量:51 题　　　　作答时间:约需8分钟

大五人格
题量:41 题　　　　作答时间:约需8分钟

职业价值观
题量:76 题　　　　作答时间:约需15分钟

职业能力
题量:90 题　　　　作答时间:约需65分钟

智力
题量:72 题　　　　作答时间:约需40分钟

开始

11.2.2 选择岗位

测评完成后，选择各类心仪的岗位，点击"支付"，选择"确定"，再选择"确认支付"，支付完成后便可查看结果。

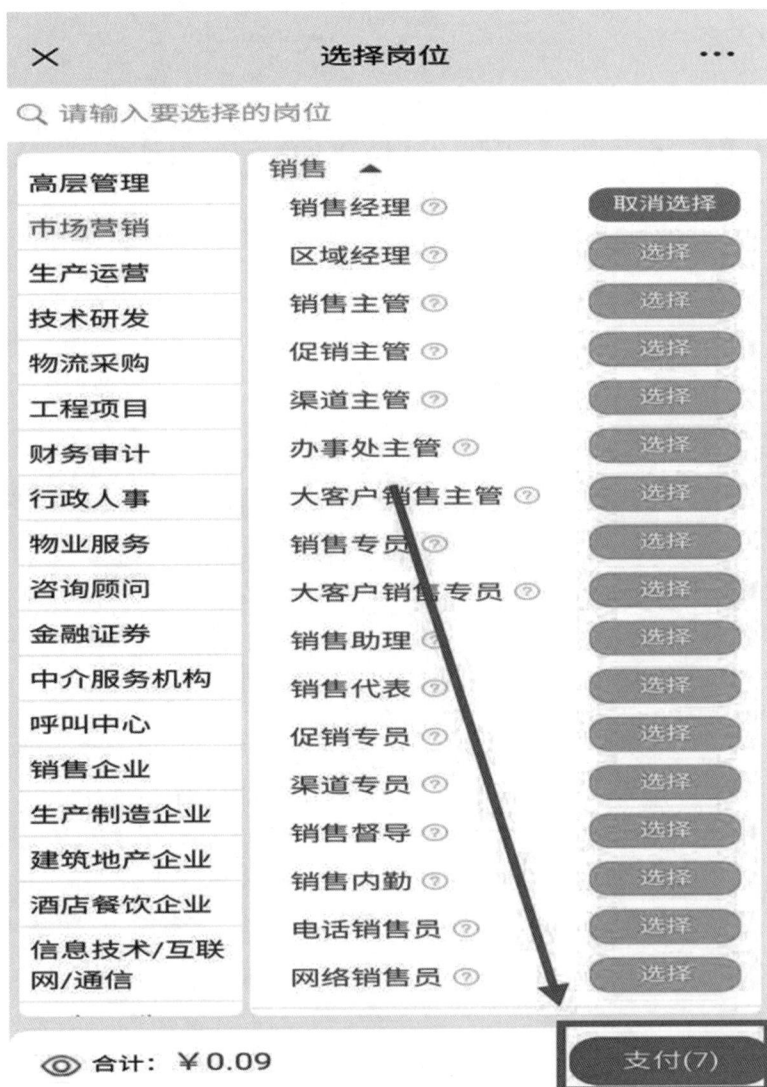

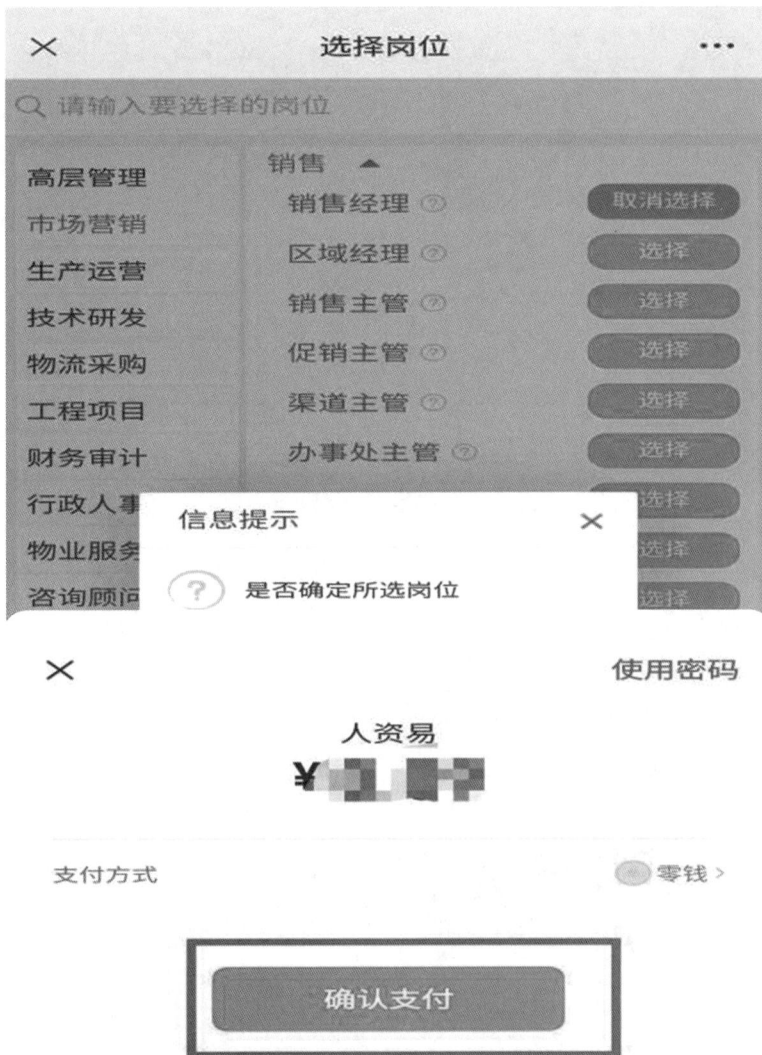

11.2.3　查看测评结果

选择"测评"，点击"查看结果"。

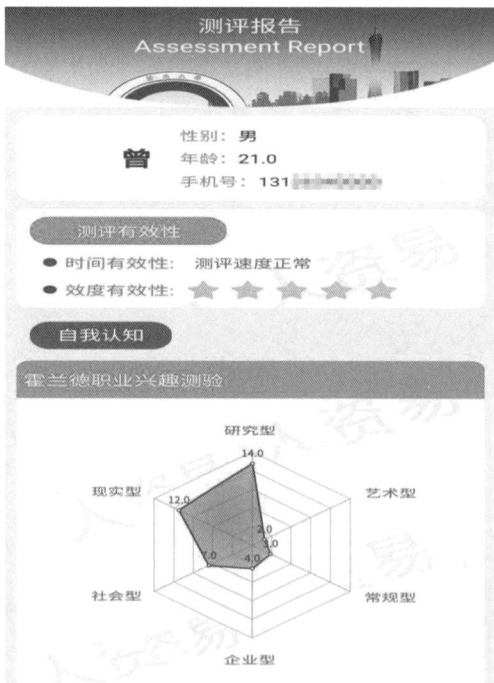

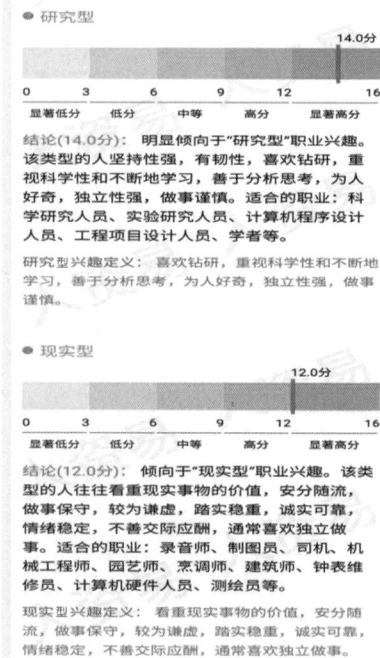

● 社会型

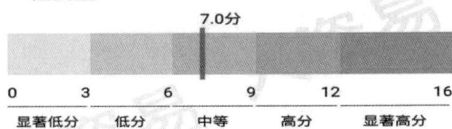

结论(7.0分)：　"社会型"职业兴趣中等。

社会型兴趣定义：　有强烈的社会责任感和责任心，关心社会问题，渴望发挥自己的社会作用，为人友好，热情，开朗，善良，善解人意，助人为乐，易于合作。

● 企业型

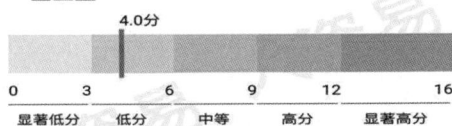

结论(4.0分)：　倾向于负向"企业型"职业兴趣。不适合的职业：项目经理、推销员、企业管理者、律师、拍卖师等。

企业型兴趣定义：　追求权力、财富和地位，为人乐观，对自己充满自信，喜欢冒险，精力旺盛，有支配愿望，好交际，喜欢发表意见和见解，善辩，独断。

● 常规型

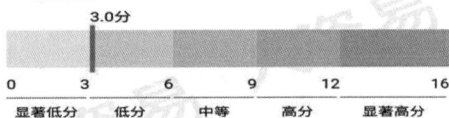

结论(3.0分)：　明显倾向于负向"常规型"职业兴趣。不适合的职业：出纳、会计、统计、打字员、文员、接待、档案管理等。

常规型兴趣定义：　服从权威，讲究秩序，责任感强，高效率，稳重踏实，细心仔细，有条理，耐心谨慎，依赖性强。

● 艺术型

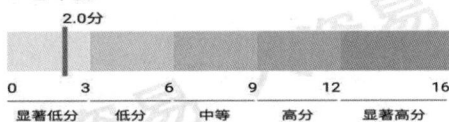

结论(2.0分)：　明显倾向于负向"艺术型"职业兴趣。不适合的职业：演员、导演、室内装饰设计师、主持人、化妆师、摄影师、歌唱家、乐队指挥、小说家、诗人、剧作家等。

艺术型兴趣定义：　理想主义者，追求完美，不重实际，想象力丰富，富有创造性，具有独创的思维方式，直觉强烈、敏感，情绪波动大，较冲动，不服从指挥。

大五人格

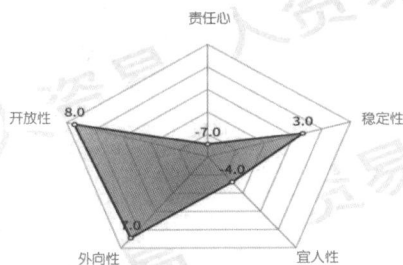

● 责任心

结论(-7.0分)：　明显倾向于"不负责"，其特点是：马虎大意，容易见异思迁，不可靠。

责任心定义：　自觉主动地做好分内分外一切有益事情的倾向性。
高分特点：做事有计划、有条理，并能持之以恒。
低分特点：马虎大意，容易见异思迁，不可靠。

● 开放性

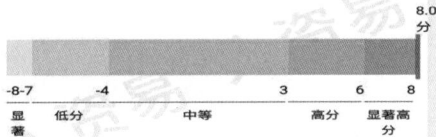

结论(8.0分)：　明显倾向于"开放"，其特点是：不墨守成规、独立思考。

开放性定义：喜欢新事物、不墨守成规、独立思考的倾向性。
高分特点：不墨守成规、独立思考。
低分特点：比较传统，喜欢熟悉的事物多过喜欢新事物。

● 外向性

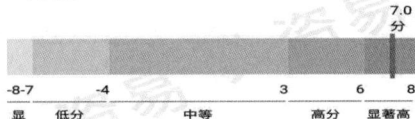

结论(7.0分)：　明显倾向于"外向"，其特点是：爱交际，表现得精力充沛、乐观、友好和自信。

外向性定义：指好活动、好交往、活泼而开朗的性格特征。
高分特点：爱交际，表现得精力充沛、乐观、友好和自信。
低分特点：含蓄、自主与稳健。

● 宜人性

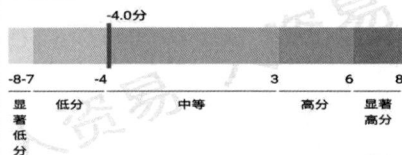

结论(-4.0分)： 倾向于"不宜人"，其特点是：为人多疑，喜欢为了自己的利益和信念而争斗。

宜人性定义：助人、可靠、富有同情心的倾向性。
高分特点：乐于助人、可靠、富有同情心，注重合作而不是竞争。
低分特点：为人多疑，喜欢为了自己的利益和信念而争斗。

● 稳定性

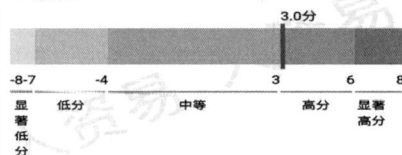

结论(3.0分)： 情绪稳定性水平中等。

稳定性定义：恢复平静、不易焦虑、稳重温和、易自我克制的倾向性。
高分特点：自我调适良好，不易出现极端反应。
低分特点：容易因为日常生活的压力而感到心烦意乱。

职业价值观

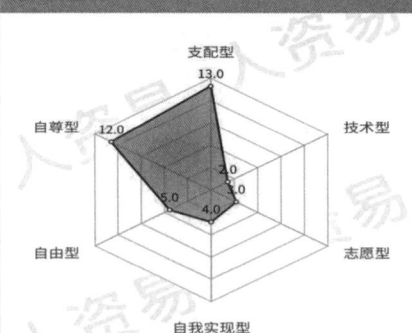

● 支配型

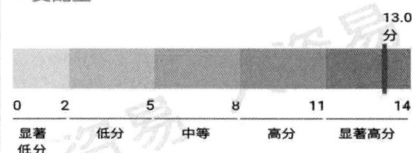

结论(13.0分)： 想领导和控制别人的愿望很强。

定义：想当组织上的一把手，喜欢解决问题，希望能够领导和控制别人，飞扬跋扈，无视他人的想法，且视此为无比快乐。
职业：推销员、进货员、商品批发员、旅馆经理、广告宣传员、调度员、律师、政治家、零售商等。

● 自尊型

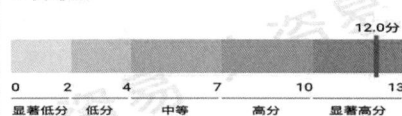

结论(12.0分)： 关心地位、声誉和头衔，受尊敬的愿望很强。

定义：关心地位、声誉和头衔，受尊敬的愿望很强，追求虚荣，优越感也很强。欲望得不到满足时，由于强烈的自我意识，有时反而很自卑。
职业：会计、银行出纳、法庭速记员、成本估算员、税务员、核算员、打字员、办公室职员、统计员、计算机操作员、秘书等。

● 自由型

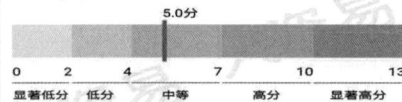

结论(5.0分)： 独立工作倾向中等。特点是：一般能在有组织的环境中工作，遇到合适的机会可能自己独立干。

定义：不受别人指使，看重自由和独立，凭自己的能力拥有自己的"小城堡"，不愿受别人干涉，行为能充分显示本领。
职业：室内装饰专家、图书管理专家、摄影师、音乐教师、作家、演员、记者、诗人、作曲家、编剧、雕刻家、漫画家等。

● 自我实现型

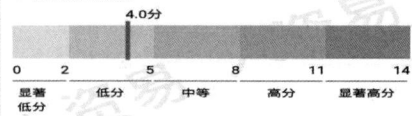

结论(4.0分)： 发挥个性，追求真理的愿望较低。

定义：对诸如平常的幸福、一般的惯例等毫不关心，一心一意想发挥个性，追求真理，不考虑收入、地位及他人对自己的看法，尽力挖掘自己的潜力，施展自己的本领，并视此为有意义的生活。
职业：气象学者、生物学者、人文学家、药剂师、动物学家、数学家、实验员、科研人员、科技工作者等。

● 志愿型

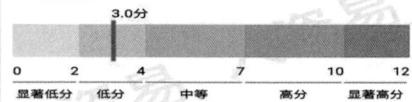

结论(3.0分)：富于同情心，乐于助人的愿望较低。

定义：富于同情心，乐于助人，把他人的痛苦看作自己的痛苦，不愿干哗众取宠的事，是把默默地帮助不幸的人视作无比快乐的公益事业的热心人。
职业：社会学者、导游、福利机构工作人员、咨询人员、社会工作者、社会科学教师、护士等。

● 技术型

2.0分

0	2	4	6	8	10
显著低分	低分	中等	高分	显著高分	

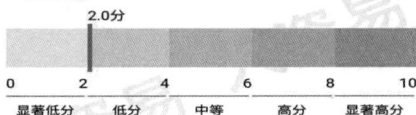

结论(2.0分)：钻研一门技术，靠本事吃饭的愿望很低。

定义：认为立足社会的根本是要有一技之长，总是围绕自己正在从事的工作进行挑战，因此，他们都用心钻研一门技术，并认为靠本事吃饭既可靠，又稳当。

职业：木匠、农民、操作X光的技师、工程师、飞机机械师、野生动物专家、自动化技师、机械工（车工、钳工等）、电工、火车司机、长途公共汽车司机、机械制图员。

职业能力——空间知觉

● 相同图案测验

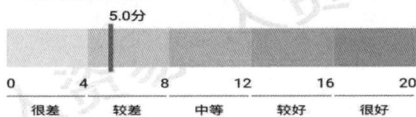

5.0分

0	4	8	12	16	20
很差	较差	中等	较好	很好	

结论(5.0分)：相同图案知觉能力较低差。

● 图形组合测验

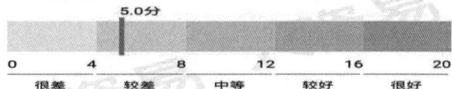

5.0分

0	4	8	12	16	20
很差	较差	中等	较好	很好	

结论(5.0分)：图形组合知觉能力较差。

● 立体图案测验

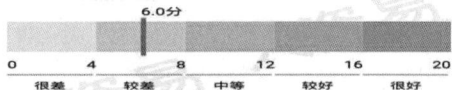

6.0分

0	4	8	12	16	20
很差	较差	中等	较好	很好	

结论(6.0分)：立体图案知觉能力较差。

● 空间知觉

5.3分

0	4	8	12	16	20
很差	较差	中等	较好	很好	

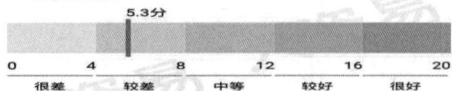

结论(5.3分)：空间知觉较差。

职业能力——字词知觉

● 字符差异测验

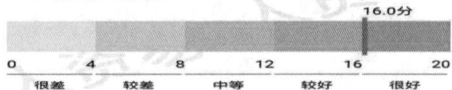

16.0分

0	4	8	12	16	20
很差	较差	中等	较好	很好	

结论(16.0分)：字符差异知觉能力较好。

● 完成句子测验

15.0分

0	4	8	12	16	20
很差	较差	中等	较好	很好	

结论(15.0分)：完成句子知觉能力较好。

● 同义词反义词测验

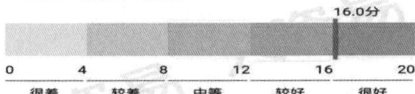

16.0分

0	4	8	12	16	20
很差	较差	中等	较好	很好	

结论(16.0分)：同义词反义词知觉能力较好。

● 字词知觉

15.7分

0	4	8	12	16	20
很差	较差	中等	较好	很好	

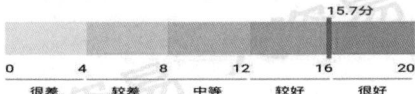

结论(15.7分)：字词知觉较好

● 职业能力——逻辑推理

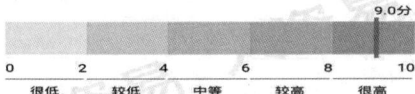

9.0分

0	2	4	6	8	10
很低	较低	中等	较高	很高	

结论(9.0分)：逻辑推理能力很高。

● 职业能力——言语理解

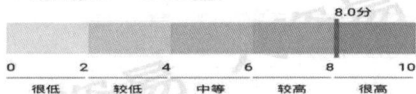

8.0分

0	2	4	6	8	10
很低	较低	中等	较高	很高	

结论(8.0分)：言语理解能力较高。

● 职业能力——数字运算

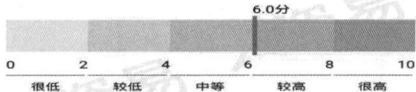

6.0分

0	2	4	6	8	10
很低	较低	中等	较高	很高	

结论(6.0分)：数字计算与数量关系判断能力中等。

● 瑞文智力测验

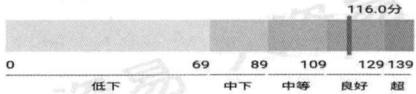

116.0分

0	69	89	109	129	139
	低下	中下	中等	良好	超常

结论(116.0分)：智力良好。

职业能力类型水平

理工医类职业能力(结论)：被试的职业能力在理工医类的发展潜力一般。

文经管类职业能力(结论)：被试的职业能力适合文经管类发展。

职业规划与指导

01 董事长

智力：	适合
职业能力：	一般
职业兴趣：	一般
职业价值观：	适合
个性：	适合

发展指导

1．多看著名企业家的传记、创业成功的案例分析、事迹报道，树立"实业报国"的志向。

2．培养强烈的社会责任感和责任心、关心社会问题、为人友好、热情、开朗、乐于助人的风格。

3．培养做事有计划、有条理、认真负责、持之以恒的风格。

4．培养追求新思想、新知识、跟随时代的发展的风格。

5．培养想当领袖、喜欢解决问题、能够领导和控制别人的风格。

6．学习马斯洛的需要层次理论，理解"自我实现"在人生中的意义，追求卓越的成就，努力成为"自我实现的人"。

参考书目

1．《企业家的成长历程》《野蛮生长》

2．《信仰的力量·中外名人故事》《在人间》

3．《工匠精神：缔造伟大传奇的重要力量》

4．《Vista看天下》《环球人物》

5．《辉煌六十年》《托尼·布莱尔：一位世界级领导人的成长经历》

6．《在追求梦想的路上，我们都一样》《比尔·盖茨给青少年的人生忠告》

专业建议

企业管理及其他相关专业。

02 副总经理

智力：	适合
职业能力：	一般
职业兴趣：	一般
职业价值观：	适合
个性：	适合

发展指导

1．多看著名企业家的传记、创业成功的案例分析、事迹报道，树立"实业报国"的志向。

2．培养强烈的社会责任感和责任心、关心社会问题、为人友好、热情、开朗、乐于助人的风格。

3．培养做事有计划、有条理、认真负责、持之以恒的风格。

4．培养追求新思想、新知识、跟随时代的发展的风格。

5．培养想当领袖、喜欢解决问题、能够领导和控制别人的风格。

6．学习马斯洛的需要层次理论，理解"自我实现"在人生中的意义，追求卓越的成就，努力成为"自我实现的人"。

参考书目

1．《企业家的成长历程》《野蛮生长》

2．《信仰的力量·中外名人故事》《在人间》

3．《工匠精神：缔造伟大传奇的重要力量》

4．《Vista看天下》《环球人物》

5．《辉煌六十年》《托尼·布莱尔：一位世界级领导人的成长经历》

6．《在追求梦想的路上，我们都一样》《比尔·盖茨给青少年的人生忠告》

专业建议

企业管理及其他相关专业。

03 技术总监

智力：	适合
职业能力：	一般
职业兴趣：	很适合
职业价值观：	一般
个性：	适合

发展指导

1．培养谦虚、踏实稳重、诚实可靠、独立做事的风格。

2．多看著名科学家的传记、事迹报道，树立"科学报国"的志向。培养喜欢钻研、重视科学、善于分析思考、为人好奇、独立性强的风格。

3．培养做事有计划、有条理、认真负责、持之以恒的风格。

4．培养追求新思想、新知识、跟随时代的发展的风格。

5．培养想当领袖、喜欢解决问题、能够领导和控制别人的风格。

6．培养刻苦学习、钻研科学技术、靠本事吃饭的风格。

参考书目

1．《与信仰对话—50位劳模访谈录》

2．《改变世界的中国力量》《不可不知的伟大科学家的成长历程》

3．《工匠精神：缔造伟大传奇的重要力量》

4．《Vista看天下》《环球人物》

5．《辉煌六十年》《托尼·布莱尔：一位世界级领导人的成长经历》

6．《与未来同行》《影响世界的大发明家故事》

专业建议

自动控制、电气自动化类专业。

04 公关总监

智力：	适合
职业能力：	一般
职业兴趣：	一般
职业价值观：	适合
个性：	很适合

发展指导

1．多看著名企业家的传记、创业成功的案例分析、事迹报道，树立"实业报国"的志向。

2．培养强烈的社会责任感和责任心、关心社会问题、为人友好、热情、开朗、乐于助人的风格。

3．培养追求新思想、新知识、跟随时代的发展的风格。

4．培养好活动、好交往、活泼而开朗的风格。

5．培养想当领袖、喜欢解决问题、能够领导和控制别人的风格。

6．学习马斯洛的需要层次理论，理解"自我实现"在人生中的意义，追求卓越的成就，努力成为"自我实现的人"。

参考书目

1．《企业家的成长历程》《野蛮生长》

2．《信仰的力量·中外名人故事》《在人间》

3．《Vista看天下》《环球人物》

4．《难忘的外交岁月：一个大使的外交情结与观察》《中美关系中的"中国男孩"：卜励德回忆录》

5．《辉煌六十年》《托尼·布莱尔：一位世界级领导人的成长经历》

6．《在追求梦想的路上，我们都一样》《比尔·盖茨给青少年的人生忠告》

专业建议

公共关系、市场营销、经济类专业。

⑳ 总经理

智力：	适合
职业能力：	一般
职业兴趣：	一般
职业价值观：	适合
个性：	适合

发展指导

1．多看著名企业家的传记、创业成功的案例分析、事迹报道，树立"实业报国"的志向。

2．培养强烈的社会责任感和责任心、关心社会问题、为人友好、热情、开朗、乐于助人的风格。

3．培养做事有计划、有条理、认真负责、持之以恒的风格。

4．培养追求新思想、新知识，跟随时代的发展的风格。

5．培养想当领袖、喜欢解决问题、能够领导和控制别人的风格。

6．学习马斯洛的需要层次理论，理解"自我实现"在人生中的意义，追求卓越的成就，努力成为"自我实现的人"。

参考书目

1．《企业家的成长历程》《野蛮生长》

2．《信仰的力量·中外名人故事》《在人间》

3．《工匠精神：缔造伟大传奇的重要力量》

4．《Vista看天下》《环球人物》

5．《辉煌六十年》《托尼·布莱尔：一位世界级领导人的成长经历》

6．《在追求梦想的路上，我们都一样》《比尔·盖茨给青少年的人生忠告》

专业建议

旅游管理、工商管理及相关专

㉒ 收银员

智力：	超越
职业能力：	很适合
职业兴趣：	一般
职业价值观：	适合
个性：	一般

发展指导

1．培养讲究秩序、责任感强、稳重踏实、细心、有条理、耐心谨慎的风格。

2．培养谦虚、踏实稳重、诚实可靠、独立做事的风格。

3．培养做事有计划、有条理、认真负责、持之以恒的风格。

4．培养平静、不焦虑、稳重温和、保持自我克制的风格。

5．培养自尊、自强、独立的风格。

6．培养富于同情心、乐于助人、不做哗众取宠的事的风格。

参考书目

1．《勇气改变世界：260个震撼人心的真实故事》《平凡人生》

2．《与信仰对话—50位劳模访谈录》

3．《工匠精神：缔造伟大传奇的重要力量》

4．《阳光心理自我调适》《世界不止一扇窗：调整心态，做最好的自己》

5．《你也能创造奇迹》《"大洋彼岸"的中国人》

6．《让青少年学会乐于助人的故事》《托马斯和他的朋友们》

专业建议

专业不限。

㉓ 外卖员

智力：	超越
职业能力：	很适合
职业兴趣：	一般
职业价值观：	适合
个性：	一般

发展指导

1．培养讲究秩序、责任感强、稳重踏实、细心、有条理、耐心谨慎的风格。

2．培养谦虚、踏实稳重、诚实可靠、独立做事的风格。

3．培养做事有计划、有条理、认真负责、持之以恒的风格。

4．培养平静、不焦虑、稳重温和、保持自我克制的风格。

5．培养自尊、自强、独立的风格。

6．培养富于同情心、乐于助人、不做哗众取宠的事的风格。

参考书目

1．《勇气改变世界：260个震撼人心的真实故事》《平凡人生》

2．《与信仰对话—50位劳模访谈录》

3．《工匠精神：缔造伟大传奇的重要力量》

4．《阳光心理自我调适》《世界不止一扇窗：调整心态，做最好的自己》

5．《你也能创造奇迹》《"大洋彼岸"的中国人》

6．《让青少年学会乐于助人的故事》《托马斯和他的朋友们》

专业建议

专业不限。

改进建议

结论：被试的空间想象力不足，应多做一些以下的练习：

1．观看各种基本几何体的三维动画，由滚动的几何体创立空间立体的第一印象，在脑海中建立起空间和立体的概念。

2．观看基本几何体的实物，仔细观察其形状后，闭上眼睛，在脑海里想象出它的样子，用不同几何体反复练习。

3．拿起基本几何体，摆好一个位置不动，再从前后左右上下六个方向观察其形状，然后闭上眼睛，在脑海中想象各个方向看过去时几何体的不同形状，也就是想象各个面的形状，用不同几何体练习，由简单到复杂。

4．把基本几何体置于投影空间（可用废纸箱做出投影空间模型），闭上眼睛，连同投影空间、平行光线一起想象，平行光线从前往后投射、从上往下投射、从左往右投射得到的平面图形是什么样子，由简单到复杂反复练习，想象出来后可在草稿上画草图。

5．由基本几何体的三视图想象其立体形状，主视图是几何体从前面往后面投射得到的形状，府视图是几何体从上往下投射得到的形状，左视图是几何体从左往右投射得到的形状，综合起来，就可想象出几何体的立体形状了。

职业适合表

序号	职业	智力	职业能力	职业兴趣	职业价值观	个性
1	董事长	适合	一般	一般	适合	适合
2	副总经理	适合	一般	一般	适合	适合
3	技术总监	适合	一般	很适合	一般	适合
4	公关总监	适合	一般	一般	适合	很适合
5	财务总监	适合	一般	一般	很适合	一般
6	人力资源总监	适合	一般	一般	适合	不适合
7	销售主管	适合	一般	一般	很适合	很适合
8	生产主管	适合	一般	很适合	一般	一般
9	装卸搬运工	超越	很适合	一般	一般	一般
10	会计经理	适合	一般	一般	一般	一般
11	行政经理	适合	一般	一般	很适合	一般
12	档案管理员	很适合	适合	一般	适合	一般
13	招聘主管	适合	一般	适合	很适合	不适合
14	保洁员	超越	很适合	一般	适合	一般
15	咨询项目经理	适合	一般	一般	一般	适合
16	大堂经理	适合	一般	一般	很适合	不适合
17	座席班长	适合	一般	一般	适合	一般
18	销售员	很适合	适合	一般	很适合	适合
19	网店文员	很适合	适合	一般	适合	一般
20	总经理	适合	一般	一般	适合	适合
21	工程维修员	很适合	适合	一般	适合	一般
22	收银员	超越	很适合	一般	适合	一般
23	外卖员	超越	很适合	一般	适合	一般

11.2.4　填写职业规划书

方式一：查看测评报告，选择"填写职业生涯规划书"，可直接进入填写。

方式二：选择"测评"，点击"职业规划书"。

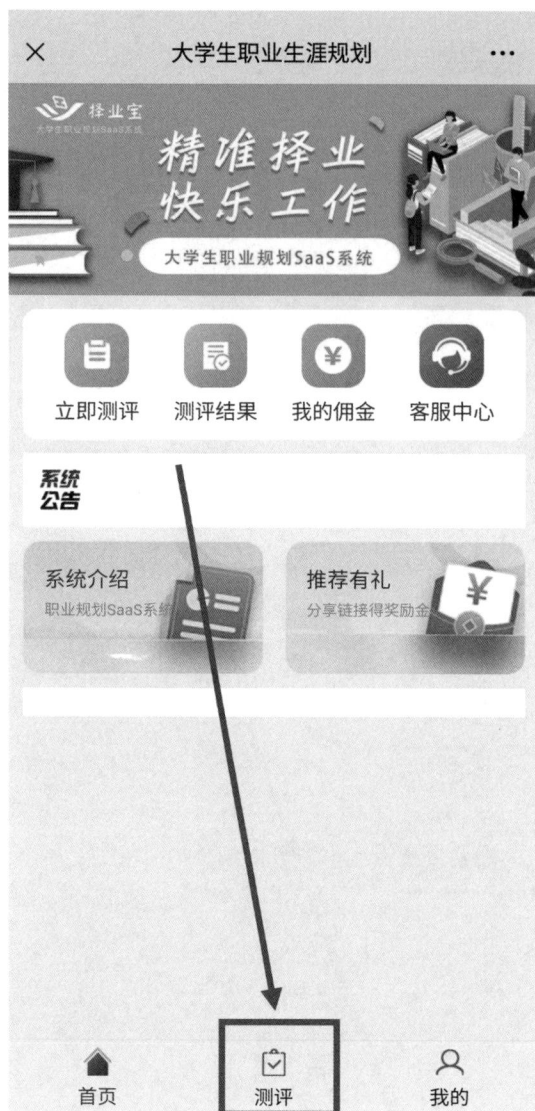

1. 填写职业规划书

卡茨模式操作指南：

（1）找到填写职业的方框。

（2）输入想要分析的职业，中间用逗号隔开，例如（X = UI 设计师，Y = 产品经理），以此类推。

三、卡茨模式分析

回报	优（3）				Z
	良（2）			Y	X
	中（1）				
	差（0）				
	水平	差（0）	中（1）	良（2）	优（3）

→ 机会

第一步

第二步

输入：X=UI设计师,Y=产品经理,Z=ERP技术开发工程师

结论：

期望高到低：ERP技术开发工程师（9）>UI设计师（6）>产品经理（4）

X=UI设计师，Y=产品经理，Z=ERP技术开发工程师

（3）在表格中输入代表职业的字母，就会得出相关结论（代表职业位置相同，则需要用逗号隔开填写，例如Y，X）。

三、卡茨模式分析

回报	优（3）				Z
	良（2）			Y, X	
	中（1）				
	差（0）				
	水平	差（0）	中（1）	良（2）	优（3）

→ 机会

输入：X=UI设计师,Y=产品经理,Z=ERP技术开发工程师

结论：

期望高到低：EPR技术开发工程师（9）>产品经理（4）=UI设计师（4）

X=UI设计师，Y=产品经理，Z=ERP技术开发工程师

平衡单法分析操作指南：

（1）先填写需要对比的职业方案，再填写分析要素的重要性加权（1～5倍）。

四、平衡单法分析

第一步

第二步

分析要素		重要性的加权(1~5倍)	第一方案 产品经理		第二方案 UI设计师		第三方案 软件工程师		第四方案 ERP技术开发工程师	
			得(+)	失(-)	得(+)	失(-)	得(+)	失(-)	得(+)	失(-)
个人物质方面得失	1.经济收入	5	8		6		6		8	
	2.升迁机会	5			3		4			2
	3.休闲时间	3		3	4		3		4	
	4.福利待遇	3	3		6		6		8	
	5.就业机会	4	6		6		7		4	
他人物质方面得失	1.家庭经济	5	6		5		7		8	
	2.家庭地位	2	6		5		6		7	
	3.与家人相处时间	4		2	5		6		4	
	4.对家庭生活的影响	3	4			2	5		5	
	5.社会资源获取	5	7		3		5		7	
个人精神方面得失	1.生活方式的改变	4	2		5		5		5	
	2.成就感	5	5		2		4		7	
	3.自我实现的程度	4	5		4		4		6	
	4.兴趣的满足	2	5		2			2	3	
	5.社会声望提高	5	3		2		2		4	
他人精神方面得失	1.父母期待	5	8		6		6		8	
	2.师长期待	4	6		4		4		7	
	3.配偶期待	5	5		3		4		7	
	4.亲戚朋友期待	3	5		5		5		7	
	5.同学同事期待	3	6		5		5		6	
合计			377	17	320	6	378	4	459	10
得失差数			360		314		374		449	
最终排序(高–低)			ERP技术开发工程师 ＞ 软件工程师 ＞ 产品经理 ＞ UI设计师							

（2）在表格内填写各方案分析要素的"得（＋）"与"失（－）"，给出相应的占比分数（建议以 1～10 分为标准），系统会自动计算结果，给出最终排序。

四、平衡单法分析

分析要素		重要性的加权(1~5倍)	第一方案 产品经理		第二方案 UI设计师		第三方案 软件工程师		第四方案 ERP技术开发工程师	
			得(+)	失(-)	得(+)	失(-)	得(+)	失(-)	得(+)	失(-)
个人物质方面得失	1.经济收入	5	8		6		6		8	
	2.升迁机会	5	3		3		4			2
	3.休闲时间	3		3	4		3		4	
	4.福利待遇	3	3				6		8	
	5.就业机会	4	6		6		7		4	
他人物质方面得失	1.家庭经济	5	6		5		7		8	
	2.家庭地位	2	6		5		6		7	
	3.与家人相处时间	4		2			6		5	
	4.对家庭生活的影响	3	4			2	5		5	
	5.社会资源获取	5	7		3		5		7	
个人精神方面得失	1.生活方式的改变	4	2		5		5		5	
	2.成就感	5	5		2		4		7	
	3.自我实现的程度	4			4		5		5	
	4.兴趣的满足	2	5		2			2	3	
	5.社会声望提高	5	3		2		2		4	
他人精神方面得失	1.父母期待	5	8		6		6		8	
	2.师长期待	4	6		4		4		7	
	3.配偶期待	5	6		3		4		7	
	4.亲戚朋友期待	3	5		5		5		7	
	5.同学同事期待	3	6		5		5		6	
合计			377	17	320	6	378	4	459	10
得失差数			360		314		374		449	
最终排序(高-低)			ERP技术开发工程师 ＞ 软件工程师 ＞ 产品经理 ＞ UI设计师							

填完所有内容，选择"提交"，即可生成职业规划书。

最后选择的职业

ERP技术开发工程师、产品经理

实施计划

规划好ERP技术开发工程师、产品经理的职业发展路线，并按照职

提交

✕	职业规划书	•••

个人信息

姓名	曾先生	性别	男
年龄	21.0	手机号码	131▓▓▓▓▓

自我认知

（一）智力

IQ值	116分
结论	智力良好

（二）职业能力

1. 字词知觉

得分	16分
结论	很好

2. 逻辑推理

得分	9分
结论	逻辑推理能力很强

3. 言语理解

得分	8分
结论	言语理解能力较强

4. 数字运算

得分	6分
结论	数字计算与数量关系判断能力中等

5. 空间知觉

得分	5分
结论	空间知觉较差

（三）职业兴趣

得分雷达图	

1. 研究型

得分	14分
结论	明显倾向于"研究型"职业兴趣。该类型的人坚持性强，有韧性，喜欢钻研，重视科学性和不断地学习，善于分析思考，为人好奇，独立性强，做事谨慎。适合的职业：科学研究人员、实验研究人员、计算机程序设计人员、工程项目设计人员、学者等

2. 现实型

得分	12分
结论	倾向于"现实型"职业兴趣。该类型的人往往看重现实事物的价值，安分随流，做事保守，较为谦虚，踏实稳重，诚实可靠，情绪稳定，不善交际应酬，通常喜欢独立做事。适合的职业：录音师、制图员、司机、机械工程师、园艺师、烹调师、建筑师、钟表维修员、计算机硬件人员、测绘员等

3. 社会型

得分	7分
结论	"社会型"职业兴趣中等

4. 企业型

得分	4分
结论	倾向于负向"企业型"职业兴趣。不适合的职业：项目经理、推销员、企业管理者、律师、拍卖师等

5．常规型	
得分	3分
结论	明显倾向于负向"常规型"职业兴趣。不适合的职业：出纳、会计、统计、打字员、文员、接待、档案管理等

6．艺术型	
得分	2分
结论	明显倾向于负向"艺术型"职业兴趣。不适合的职业：演员、导演、室内装饰设计师、主持人、化妆师、摄影师、歌唱家、乐队指挥、小说家、诗人、剧作家等

（四）职业价值观	
得分雷达图	

1．支配型	
得分	13分
结论	想领导和控制别人的愿望很强

2．自尊型	
得分	12分
结论	关心地位、声誉和头衔，受尊敬的愿望很强

3．自由型

得分	5分
结论	独立工作倾向中等。特点是：一般能在有组织的环境中工作，遇到合适的机会可能自己独立干

4．自我实现型

得分	4分
结论	发挥个性，追求真理的愿望较低

5．志愿型

得分	3分
结论	富于同情心，乐于助人的愿望较低

6．技术型

得分	2分
结论	钻研一门技术，靠本事吃饭的愿望很低

（五）大五人格

得分雷达图	

1．开放性

得分	8分
结论	明显倾向于"开放"，其特点是：不墨守成规、独立思考

2．外向性	
得分	7分
结论	明显倾向于"外向"，其特点是：爱交际，表现得精力充沛、乐观、友好和自信

3．稳定性	
得分	3分
结论	情绪稳定性水平中等

4．宜人性	
得分	-4分
结论	倾向于"不宜人"，其特点是：为人多疑，喜欢为了自己的利益和信念而争斗

5．责任心	
得分	-7分
结论	明显倾向于"不负责"，其特点是：马虎大意，容易见异思迁，不可靠

职业发展类型	
理工医类职业能力	被试的职业能力在理工医类的发展潜力一般
文经管类职业能力	被试的职业能力适合文经管类发展

综合职业能力

综合得分	3.5分	适合中层	7分及以上：决策层（董事长，总经理，副总经理）
			5-6分：高层（总监，总师，处长，高级职称）
			3-4分：中层（主任，科长，部门经理，中级职称）
			1~2分：基层（班组长，技术员，主管，专员）
			-1-0分：技术工人，销售员，文员
			-1分以下：普通员工

能力不足判断与改进建议

结论：被试的空间想象力不足，应多做一些以下的练习：

1. 看各种基本几何体的三维动画，由滚动的几何体创立空间立体的第一印象，在脑海中建立起空间和立体的概念。

2. 观看基本几何体的实物，仔细观察其形状后，闭上眼睛，在脑海里想象出它的样子，用不同几何体反复练习。

3. 拿起基本几何体，摆好一个位置不动，再从前后左右上下六个方向观察其形状，然后闭上眼睛，在脑海中想象各个方向看过去时几何体的不同形状，也就是想象各个面的形状，用不同几何体练习，由简单到复杂。

4. 把基本几何体置于投影空间（可用废纸箱做出投影空间模型），闭上眼睛，连同投影空间、平行光线一起想象，平行光线从前往后投射、从上往下投射、从左往右投射、得到的平面图形是什么样子，由简单到复杂反复练习，想象出来后可在草稿上画草图。

5. 由基本几何体的三视图想象立体形状，主视图是几何体从前面往后面投射得到的形状，俯视图是几何从上往下投射得到的形状，左视图是几何体从左往右投射得到的形状，综合起来，就可想象出几何体的立体形状了。

选择职业及匹配度	
1．董事长	
智力	适合
职业能力	一般
职业兴趣	一般
职业价值观	适合
个性	适合
发展指导	多看著名企业家的传记、创业成功的案例分析、事迹报道，树立"实业报国"的志向
	培养强烈的社会责任感和责任心、关心社会问题、为人友好、热情、开朗、乐于助人的风格
	培养做事有计划、有条理、认真负责、持之以恒的风格
	培养追求新思想、新知识，跟随时代的发展的风格
	培养想当领袖、喜欢解决问题、能够领导和控制别人的风格
	学习马斯洛的需要层次理论，理解"自我实现"在人生中的意义，追求卓越的成就，努力成为"自我实现的人"
参考书目	《企业家的成长历程》《野蛮生长》
	《信仰的力量·中外名人故事》《在人间》
	《工匠精神：缔造伟大传奇的重要力量》
	《Vista看天下》《环球人物》
	《辉煌六十年》《托尼·布莱尔：一位世界级领导人的成长经历》
	《在追求梦想的路上，我们都一样》《比尔·盖茨给青少年的人生忠告》

2．副总经理	
智力	适合
职业能力	一般
职业兴趣	一般
职业价值观	适合
个性	适合
发展指导	多看著名企业家的传记、创业成功的案例分析、事迹报道，树立"实业报国"的志向
	培养强烈的社会责任感和责任心、关心社会问题、为人友好、热情、开朗、乐于助人的风格
	培养做事有计划、有条理、认真负责、持之以恒的风格
	培养追求新思想、新知识，跟随时代的发展的风格
	培养想当领袖、喜欢解决问题、能够领导和控制别人的风格
	学习马斯洛的需要层次理论，理解"自我实现"在人生中的意义，追求卓越的成就，努力成为"自我实现的人"
参考书目	《企业家的成长历程》、《野蛮生长》
	《信仰的力量·中外名人故事》《在人间》
	《工匠精神：缔造伟大传奇的重要力量》
	《Vista看天下》《环球人物》
	《辉煌六十年》《托尼·布莱尔：一位世界级领导人的成长经历》
	《在追求梦想的路上，我们都一样》《比尔·盖茨给青少年的人生忠告》

3．技术总监

智力	适合
职业能力	一般
职业兴趣	很适合
职业价值观	一般
个性	适合
发展指导	培养谦虚、踏实稳重、诚实可靠、独立做事的风格
	多看著名科学家的传记、事迹报道，树立"科学报国"的志向。培养喜欢钻研、重视科学、善于分析思考、为人好奇、独立性强的风格
	培养做事有计划、有条理、认真负责、持之以恒的风格
	培养追求新思想、新知识，跟随时代的发展的风格
	培养想当领袖、喜欢解决问题、能够领导和控制别人的风格
	培养刻苦学习、钻研科学技术、靠本事吃饭的风格
参考书目	《与信仰对话：50位劳模访谈录》
	《改变世界的中国力量》《不可不知的伟大科学家的成长历程》
	《工匠精神：缔造伟大传奇的重要力量》
	《Vista看天下》《环球人物》
	《辉煌六十年》《托尼·布莱尔：一位世界级领导人的成长经历》
	《与未来同行》《影响世界的大发明家故事》

20. 总经理

智力	适合
职业能力	一般
职业兴趣	一般
职业价值观	适合
个性	适合
发展指导	多看著名企业家的传记、创业成功的案例分析、事迹报道，树立"实业报国"的志向
	培养强烈的社会责任感和责任心、关心社会问题、为人友好、热情、开朗、乐于助人的风格
	培养做事有计划、有条理、认真负责、持之以恒的风格
	培养追求新思想、新知识，跟随时代的发展的风格
	培养想当领袖、喜欢解决问题、能够领导和控制别人的风格
	学习马斯洛的需要层次理论，理解"自我实现"在人生中的意义，追求卓越的成就，努力成为"自我实现的人"
参考书目	《企业家的成长历程》《野蛮生长》
	《信仰的力量·中外名人故事》《在人间》
	《工匠精神：缔造伟大传奇的重要力量》
	《Vista看天下》《环球人物》
	《辉煌六十年》《托尼·布莱尔：一位世界级领导人的成长经历》
	《在追求梦想的路上，我们都一样》《比尔·盖茨给青少年的人生忠告》

22．收银员

智力	超越
职业能力	很适合
职业兴趣	一般
职业价值观	适合
个性	一般
发展指导	培养讲究秩序、责任感强、稳重踏实、细心、有条理、耐心谨慎的风格
	培养谦虚、踏实稳重、诚实可靠、独立做事的风格
	培养做事有计划、有条理、认真负责、持之以恒的风格
	培养平静、不焦虑、稳重温和、保持自我克制的风格
	培养自尊、自强、独立的风格
	培养富于同情心、乐于助人、不做哗众取宠的事的风格
参考书目	《勇气改变世界：260个震撼人心的真实故事》《平凡人生》
	《与信仰对话：50位劳模访谈录》
	《工匠精神：缔造伟大传奇的重要力量》
	《阳光心理自我调适》《世界不止一扇窗：调整心态，做最好的自己》
	《你也能创造奇迹》《"大洋彼岸"的中国人》
	《让青少年学会乐于助人的故事》《托马斯和他的朋友们》

23．外卖员

智力	超越
职业能力	很适合
职业兴趣	一般
职业价值观	适合
个性	一般
发展指导	培养讲究秩序、责任感强、稳重踏实、细心、有条理、耐心谨慎的风格
	培养谦虚、踏实稳重、诚实可靠、独立做事的风格
	培养做事有计划、有条理、认真负责、持之以恒的风格
	培养平静、不焦虑、稳重温和、保持自我克制的风格
	培养自尊、自强、独立的风格
	培养富于同情心、乐于助人、不做哗众取宠的事的风格
参考书目	《勇气改变世界：260个震撼人心的真实故事》《平凡人生》
	《与信仰对话：50位劳模访谈录》
	《工匠精神：缔造伟大传奇的重要力量》
	《阳光心理自我调适》《世界不止一扇窗：调整心态，做最好的自己》
	《你也能创造奇迹》《"大洋彼岸"的中国人》
	《让青少年学会乐于助人的故事》《托马斯和他的朋友们》

职业适合表

序号	职业	智力	职业能力	职业兴趣	职业价值观	个性
1	董事长	适合	一般	一般	适合	适合
2	副总经理	适合	一般	一般	适合	适合
3	技术总监	适合	一般	很适合	一般	适合
4	公关总监	适合	一般	一般	适合	很适合
5	财务总监	适合	一般	一般	很适合	一般
6	人力资源总监	适合	一般	一般	适合	不适合
7	销售主管	适合	一般	一般	很适合	很适合
8	生产主管	适合	一般	很适合	一般	一般
9	装卸搬运工	超越	很适合	一般	一般	一般
10	会计经理	适合	一般	一般	一般	一般
11	行政经理	适合	一般	一般	很适合	一般
12	档案管理员	很适合	适合	一般	适合	一般
13	招聘主管	适合	一般	适合	很适合	不适合
14	保洁员	超越	很适合	一般	适合	一般
15	咨询项目经理	适合	一般	一般	适合	适合
16	大堂经理	适合	一般	一般	很适合	不适合
17	座席班长	适合	一般	一般	适合	一般
18	销售员	很适合	适合	一般	很适合	适合
19	网店文员	很适合	适合	一般	适合	一般
20	总经理	适合	一般	一般	适合	适合
21	工程维修员	很适合	适合	一般	适合	一般
22	收银员	超越	很适合	一般	适合	一般
23	外卖员	超越	很适合	一般	适合	一般

三、卡茨模式分析

回报	优（3）				Z
	良（2）			Y	X
	中（1）				
	差（0）				
水平	差（0）	中（1）	良（2）	优（3）	

→ 机会

输入：X=UI设计师，Y=产品经理，Z=ERP技术开发工程师

结论：

期望高到低：ERP技术开发工程师（9）＞UI设计师（6）＞产品经理(4)

15:39:33   4.03 KB/S   📶 4G 70% 🔋

✕   **职业规划书**   ⋯

四、平衡单法分析

分析要素		重要性的加权(1-5倍)	第一方案 产品经理 得(+)	失(-)	第二方案 UI设计师 得(+)	失(-)	第三方案 软件工程师 得(+)	失(-)	第四方案 ERP技术开发工程师 得(+)	失(-)
个人物质方面得失	1.经济收入	5	8		6		6		8	
	2.升迁机会	5	3		3		4			2
	3.休闲时间	3		3	4		3		4	
	4.福利待遇	3	3		6		6		8	
	5.就业机会	4	6		6		7		4	
他人物质方面得失	1.家庭经济	5	6		5		7		8	
	2.家庭地位	2	6				6		7	
	3.与家人相处时间	4		2	5		6		4	
	4.对家庭生活的影响	3	4			2	5		5	
	5.社会资源获取	5	7		3		5		7	
个人精神方面得失	1.生活方式的改变	4	2		5		5		5	
	2.成就感	5	5		2		4		7	
	3.自我实现的程度	4	5		4		4		6	
	4.兴趣的满足	2	5		2			2	3	
	5.社会声望提高	5	3		2		2		4	
他人精神方面得失	1.父母期待	5	8		6		6		8	
	2.师长期待	4	6		4		4		7	
	3.配偶期待	5	5		3		4			
	4.亲戚朋友期待	3	5		5		5		7	
	5.同学同事期待	3	6		5		5		6	
合计			377	17	320	6	378	4	459	10
得失差数			360		314		374		449	
最终排序(高—低)			ERP技术开发工程师 > 软件工程师 > 产品经理 > UI设计师							

最后选择的职业	ERP技术开发工程师、产品经理
实施计划	
规划好ERP技术开发工程师、产品经理的职业发展路线,并按照职业规划进行发展	

参考文献

［1］戴良铁. 云服务下的人力资源管理［M］. 广州：暨南大学出版社，2015.

［2］戴良铁，白利刚. 管理心理学［M］. 广州：暨南大学出版社，2002.

［3］戴良铁. 人力资源管理实务：方法、工具、计算机软件［M］. 广州：暨南大学出版社，2003.

［4］石洪发. 大学生职业生涯规划［M］. 北京：北京理工大学出版社，2020.

［5］王金龙. 大学生职业生涯规划与学业指导［M］. 北京：中国石化出版社，2017.

［6］何慧刚. 大学生职业生涯规划与就业创业指导［M］. 2版. 北京：中国财政经济出版社，2021.

［7］张瑞颖. 就业导向下的大学生职业生涯规划与管理研究［M］. 北京：中国书籍出版社，2021.

［8］李晓军. 应用型高校大学生职业生涯规划与就业创业指导［M］. 上海：上海教育出版社，2021.

［9］陈姗姗. 大学生职业生涯规划与就业创业指导［M］. 重庆：重庆大学出版社，2017.

［10］庄明科，谢伟. 大学生职业生涯规划［M］. 2版. 北京：中国人民大学出版社，2019.

［11］钟谷兰，杨开. 大学生职业生涯发展与规划［M］. 2版. 上海：华东师范大学出版社，2016.

［12］刘周，郭斌，张坤. 大学生职业生涯规划与就业指导［M］. 北京：人民邮电出版社，2021.

［13］孙鑫，李华. 大学生职业生涯规划与就业指导［M］. 北京：中国电力出版社，2019.

［14］张林，布俊峰，石兆俊. 大学生职业生涯规划［M］. 成都：电子科技大学出版社，2017.

［15］阮爱民. 大学生职业生涯规划与就业指导教程［M］. 上海：上海交通大学出版社，2017.

［16］周艳秋，曹永胜，大学生职业生涯规划［M］. 北京：中央民族大学出版社，2015.

［17］杨炜苗. 大学生职业生涯规划与就业指导［M］. 北京：清华大学出版社，2020.

［18］舒卫华. 大学生职业生涯发展与就业指导［M］. 武汉：华中科技大学出版社，2018.

［19］杨红英．大学生职业生涯规划［M］．昆明：云南大学出版社，2015.

［20］刘少华，马明亮，戴丽梅．大学生职业生涯规划与就业指导［M］．北京：北京大学出版社，2020.

［21］张卿，王孝胜．大学生职业生涯规划与就业指导［M］．西安：西北工业大学出版社，2018.

［22］许秀娟，刘雅．大学生职业生涯规划［M］．2版．北京：人民邮电出版社，2019.

［23］王兆明，顾坤华．大学生职业生涯规划［M］．苏州：苏州大学出版社，2018.

［24］谷晓红．大学生职业发展规划［M］．北京：中国中医药出版社，2017.

［25］陈彩彦，兰冬蓉．大学生职业生涯规划［M］．北京：航空工业出版社，2018.

［26］吴兴惠，许芳，白军福．大学生职业生涯规划与就业创业指导［M］．北京：人民邮电出版社，2021.

［27］李可依，毛可斌，朱余洁．大学生职业生涯规划［M］．上海：上海交通大学出版社，2017.

［28］方伟．大学生职业生涯规划咨询案例教程［M］．2版．北京：北京大学出版社，2015.

［29］崔凯，龙绘锦．大学生职业生涯规划与就业指导［M］．南京：南京大学出版社，2019.

［30］杨克林．大学生职业生涯规划［M］．北京：北京理工大学出版社，2015.

［31］钟思嘉，金树人．大学生职业生涯规划：自主与自助手册［M］．北京：高等教育出版社，2017.

［32］苏文平．大学生职业生涯规划与就业创业指导［M］．北京：中国人民大学出版社，2018.

［33］肖俊涛．大学生职业生涯规划［M］．天津：天津大学出版社，2014.

［34］宗敏，夏翠翠．大学生职业生涯规划［M］．北京：人民邮电出版社，2019.

［35］张季菁，张雪松．大学生职业生涯规划与就业指导［M］．北京：中国经济出版社，2018.

［36］北森生涯学院，王占军．大学生职业生涯规划咨询案例精编［M］．上海：华东师范大学出版社，2017.

［37］刘梅月，王斌．大学生职业生涯规划与发展［M］．济南：山东人民出版社，2018.

［38］王莹．大学生职业生涯规划［M］．北京：清华大学出版社，2019.

［39］王炼，苏斌．大学生职业生涯规划［M］．成都：四川大学出版社，2018.

［40］王林，王天英，杨新惠．大学生职业生涯与就业指导［M］．北京：中国铁道出版社，2018.

［41］林佩静，刘荣．大学生职业生涯规划与就业创业指导［M］．西安：西安电子科技大学出版社，2017.

［42］方晓义，张明敏，张惟亮．高中生生涯规划理论与实务［M］．北京：科学出版

社，2020.

　　［43］王佳，张健，姚圆鑫．大学生职业生涯规划与就业指导［M］．北京：国家行政学院出版社，2017.

　　［44］夏忠．大学生职业生涯规划与就业指导［M］．北京：北京理工大学出版社，2017.

　　［45］钟谷兰，杨开．大学生职业生涯发展与规划［M］．上海：华东师范大学出版社，2021.